重庆工商大学企业管理研究中心开放基金项目资助

企业共性技术合作研发
形成机制研究
——基于演化博弈论的视角

郑月龙　著

Study on Formation Mechanism of Generic Technology
Cooperative R&D Based on Evolutionary Game Theory

经济管理出版社
ECONOMY & MANAGEMENT PUBLISHING HOUSE

图书在版编目（CIP）数据

企业共性技术合作研发形成机制研究——基于演化博弈论的视角/郑月龙著 . —北京：经济管理出版社，2017.2

ISBN 978 - 7 - 5096 - 4929 - 9

Ⅰ . ①企…　Ⅱ . ①郑…　Ⅲ. ①企业管理—技术合作—技术开发—研究　Ⅳ. ①F273. 7

中国版本图书馆 CIP 数据核字（2017）第 025229 号

组稿编辑：陈　力
责任编辑：陈　力　舒　林
责任印制：司东翔
责任校对：王淑卿

出版发行：经济管理出版社
　　　　　（北京市海淀区北蜂窝 8 号中雅大厦 A 座 11 层　100038）
网　　　址：www. E - mp. com. cn
电　　　话：（010）51915602
印　　　刷：玉田县昊达印刷有限公司
经　　　销：新华书店
开　　　本：720mm×1000mm/16
印　　　张：12. 5
字　　　数：191 千字
版　　　次：2017 年 5 月第 1 版　　2017 年 5 月第 1 次印刷
书　　　号：ISBN 978 - 7 - 5096 - 4929 - 9
定　　　价：42. 00 元

前　言

演化博弈论来源于生物进化论，以"物竞天择，适者生存"思想理解现实世界。它是在发展传统博弈论完全理性假设过程中逐渐产生和发展起来的，是演化经济学的一个重要分析工具。经济管理领域学者在运用演化博弈论方面取得了瞩目成就。从中国经济理论研究现状来看，演化博弈论逐渐被学者们认识和利用，基于演化博弈论的学术论文在我国顶级期刊也常有刊载，然而关于企业共性技术合作研发形成机制的演化博弈分析是学者们忽略的一个领域。本书对其研究背景以及国内外相关理论研究动态进行归纳和述评；对演化博弈理论产生、发展及应用进行概述，对演化博弈基本假设及建模思想以及演化稳定策略、选择机制及演化均衡进行分析；并对企业共性技术合作研发形成机制进行演化博弈分析研究。本书主要内容如下：

（1）共性技术内涵、研发主体、合作范围及演化博弈适用性研究。

这是本书的基础知识和基本前提。基于现有文献资料，在对共性技术内涵进行重新界定的基础上，探讨了共性技术合作研发主体及合作研发范围。研发主体包括企业、政府和科研院所、高等院校，共性技术合作研发以企业为主导，同时充分发挥政府和学研方作用，并系统分析和讨论了演化博弈适用性。

（2）企业技术选择决策研究。

考虑企业是出于某个供应链节点上的企业，且在供应链中扮演着多种角色，将研究情景设定为供应商面向多个制造商进行研发决策。为此，结合共性技术自身基础性、准公共品性及竞争前技术等，通过建立演化博弈模型，考虑共性技术外部性、共性技术转化难度及政府支持等情形，对供应商在面向制造商技术研发的决策过程进行分析。

（3）企业间产业共性技术合作研发形成机制研究。

企业共性技术合作研发供给是本书关注的核心问题，而合作研发机制的形成是本书主要研究对象。为此，在合作研发氛围形成机理研究基础上，进一步研究：①实力相当和实力相异情形下，企业共性技术合作研发的动态演化，并考虑有共性技术合作研发系统的演化，同时分析企业的系统演化；②基于多人演化雪堆模型，实现对模型的改进，并将其作为研究工具运用于研究的动态演化过程。

（4）企业共性技术合作研发促进策略和案例研究。

根据研究结论提出共性技术合作研发形成机制的概念模型，并结合国内外共性技术研发典型案例，提出并详细分析促进共性技术合作研发的策略；通过对浙江绍兴纺织业共性技术合作研发案例的梳理和分析，为上述概念模型及促进共性技术合作研发策略合理性提供现实支撑。

本书写作得到众多老师和朋友的热情关心和帮助，在此表示诚挚的谢意。首先感谢西南大学经济管理学院张卫国教授和重庆大学经济与工商管理学院李华副教授，张卫国教授对本书提出了许多建设性意见，并审定了初稿；李华副教授对本书框架完善给予了很多建议，对于本书质量的提高起了很大的作用。同时感谢罗军博士、李思寰博士以及其他同仁朋友。

本书得到重庆市人文社会科学重点研究基地"重庆工商大学企业管理研究中心"资助。借此机会，衷心感谢重庆工商大学企业管理研究中心及中心主任梅洪常教授的支持与帮助，也感谢代春燕教授、郑欢副教授的协调和支持。

枯燥而艰辛的研究和写作工作给我的家庭带来了很大影响，我要向我的家人献上由衷的谢意，感谢我的家人，是他们陪我走过艰苦的岁月，也是他们的理解和支持使我能够坚持不懈地走出研究困境，在此，再次向我的家人表示深深的感谢。

郑月龙

2016 年 10 月 30 日

目　录

0 绪 论

随着知识经济的发展，技术创新已成为国家和区域经济增长的主要驱动因素，更成为企业适应外部环境并保持持续竞争优势的重要来源。经济全球化使各个国家及地区逐渐融入全球生产网络，企业面临消费需求和市场环境也愈加复杂，仅依赖自身资源进行技术研发创新已不能满足生存与发展的需要，合作研发成为企业实现技术创新的重要选择，而区域中普遍存在的产业集群现象为此提供了便利。随着技术创新互补性及科技与经济结合的增强，产业或企业竞争已从市场化阶段的技术竞争逐步演变为竞争前共性技术的角逐。正处于经济发展方式转变关键期的我国，传统产业升级和战略性新兴产业培育对共性技术的研发与突破提出了迫切要求，而共性技术创新主体缺失、供给"失灵"及政府定位不清等问题仍然是制约我国产业技术升级的关键。

目前，我国产业共性技术供给主要以政府主导和以产学研为平台的供给模式为主，而以企业为主体的共性技术合作研发供给在实践中较少，在学术研究上也大多停留在理论探讨及案例研究，鲜有学者对共性技术供给模式进行专门研究，而对企业间共性技术合作研发的微观行为的考察更少；然而，企业作为市场经济的细胞，对应研发什么样的共性技术有着更加深入的理解，以企业为主体的共性技术研发供给模式应得到该有的重视，探索以企业为主体的共性技术合作研发供给模式可成为现有模式的重要补充，更可成为共性技术供给的又一种重要选择，具有较强的理论和现实意义。

0.1 研究背景及研究问题的提出

0.1.1 研究背景

实施创新驱动发展战略，最根本的就是增强自主创新能力，最大限度解放和激发科技作为第一生产力所蕴藏的巨大潜能。这就要求我们产业融入全球创新体系，以共享思维参与全球创新，培养真正的全球化的创新企业（柳卸林，2013）。然而，创新资源的匮乏以及总体质量欠佳，制约了我国在国际分工中地位的提高，也不利于产业升级及经济结构转换（赵昱，2014）。世界经济论坛（WEF）发布的《2013~2014 年全球竞争力报告》显示，中国全球竞争力排名第 29 位，并不是创新驱动型经济体，创新能力排名仅处于第 33 位，与德国、美国和英国等有较大的差距，也落后于日本、中国台湾、中国香港、韩国等亚洲国家和地区。WEF 的研究表明，我国整体创新水平不高，需要付出更多的努力，同时也表明我国技术创新水平还有较大提升空间。

1995 年美国科技政策文件《技术与国家利益》指出："一个新的战场以全球市场的形式呈现，世界各地有能力的竞争者正在为争夺该市场份额而战斗"，该文件表明，为争夺市场份额而战斗的关键性武器就是技术。随着知识经济及创新 2.0 时代的到来，技术创新已成为国家及区域经济增长的主要驱动因素，更成为企业适应外部动态环境并保持可持续性竞争优势的重要来源。经济全球化使各个国家及地区逐渐融入全球生产网络，企业面临的市场环境愈加复杂，加之技术研发本身的不确定性，仅依赖自身资源进行技术研发已不能满足企业生存和发展的需要，通过合作研发实现技术创新成为企业获取竞争优势的重要选择，企业技术创新模式也经历着从"线性范式"逐渐向"网络范式"的转变（陈柳钦，2007），而区域中普遍存在的产业集群现象为企业技术合作研发创新提供了便利。

规模经济和范围经济有利于节约交易费用以及有助于技术创新等竞争优势，其对区域乃至国家的经济繁荣发挥日益重要作用。在世界经济版图中，产业集群逐渐变成最突出的经济地理特征，成为世界性的经济现象（Krugman，1991），受到各国政府重视，并已成为区域经济发展的主流模式及地方政府重要的区域发展战略（汪少华、佳蕾，2003），如美国硅谷及128公路高新产业区、德国巴登针织业集群等。著名战略管理专家Porter（1998）指出，正是这些集群的"本垒"作用造就了所在国家或地区的优势产业与企业，奠定了其在全球经济中独特的竞争能力。就我国而言，产业集群也是与我国经济快速发展相伴而出现的经济现象，在东南沿海不少地区（如广东、浙江等地）依靠产业集群取得了显著发展成果。在我国经济发展相对落后的中西部地区的产业集群现象也初见端倪，例如成都鞋业集群、重庆汽摩业集群、西安电子业集群等。但就产业集群整体发展而言，传统产业集群大多呈现出技术创新能力偏弱、动态适应性欠佳和组织僵化等问题，面临着进一步成长的障碍（邬爱其，2006）。总的来说，我国产业集群发展处于起步阶段，主要表现在以要素低成本带动的产品低成本优势，在技术上也是模仿胜于创新、技术含量低及创新能力不足（陈旭，2007；于斌斌、陆立军，2012）。由此可见，强化产业技术研发，尤其是产业内或跨产业企业间合作研发，实现我国产业集群转型升级及区域经济持续繁荣，进一步挖掘我国技术创新潜力势在必行。

伴随技术同质化、交融性、创新互补以及科技与经济结合度的增强，产业及企业的竞争已从市场化阶段的技术竞争逐渐演变为"竞争前技术"的角逐（陆立军、赵永刚，2012），即共性技术的竞争。对我国而言，共性技术得到重视是因为改革开放后持续施行的科技体制改革以及我国众多产业集群的发展（李纪珍，2006）。所谓共性技术是指可在同产业或跨产业的很多领域已经或未来可能被普遍应用的、研发成果可共享并对整个产业或多个产业产生深度影响的、可进行后续应用性研发的一类竞争前阶段技术，例如可应用于汽车、摩托车等多个产业的发动机技术，钢铁行业的连铸连轧技术，煤炭业的煤矿安全技术等。由此可知，共性技术不仅仅涉及一个产业或产业集群，更可能是多个产业或产业集群共享的基础性技术，其在整个技术创新链中发挥基础性地位，能够为专有技术的进步及产业的发展提供有力的支撑（肖阿妮，2011）。共性技术的研发供给状况直接决定着产业技术发展水平，进而影响区域乃至国家的竞争力，正如Tassey

（2005）研究指出的，共性技术的确能发挥概念验证的实质性作用，从而可充分降低技术及市场风险，使应用型研发投资变成企业的理性选择。目前，我国正处于转变经济发展方式关键时期，传统产业升级以及战略性新兴产业培育都对产业共性技术的创新突破提出迫切要求（李纪珍、邓衢文，2011）。此外，2006 年我国《国家中长期科学和技术发展规划纲要（2006～2020）》明确指出，将发展产业共性技术作为政府支持科技进步的重要举措，共性技术已得到我国政府重视。

然而，由于我国科研院所改制的"一刀切"倾向，即产业应用类科技机构与政府完全脱离，转变为市场经济活动组织（胡艳果，2005），且仅仅依靠政府供给共性技术显然违背了市场经济规律，更可能造成资源的浪费、强制"搭便车"及政府"寻租"行为等，加之共性技术固有的准公共物品特性，共性技术研发面临的额外市场风险会导致研发企业面临高风险和高贴现率组合，企业的理性选择结果必然是对共性技术的"投资不足"（Tassey，2005），极易导致共性技术研发供给出现"公地悲剧"的无人供给现象。学术界普遍认为，产业共性技术创新主体缺失、供给能力不足、扩散机制不健全和政府作用定位不清等，依然是制约我国产业技术创新的关键问题（孙福全、李纪珍，2006；郭晓林，2006；吴进，2013），研究产业共性技术已成为企业参与全球分工体系并获得某种领先的技术优势，促进其不断向价值链高端移动的必然趋势（于斌斌、陆立军，2012）。因此，知识经济和创新 2.0 时代下，如何实现共性技术的有效供给，进而满足我国产业对共性技术的迫切需求，是一个不可规避的现实性问题。

0.1.2 研究问题的提出

从当前国内外相关理论研究和实践经验看，共性技术供给主要有三种模式：一是以政府为载体的研发供给模式，就我国而言，主要包括国有技术研究机构、区域科技创新服务中心和产业共性技术开发基金三种政府主导模式；二是以产学研为平台的研发供给模式，这是一种充分发挥学研方（科研院所和高等院校）与企业资源互补优势的模式；三是企业间合作研发模式，这是一种共同投入、风险共担和成果共享的以企业为研发主体的合作研发供给模式。目前，我国产业共性技术供给模式主要以政府主导研发供给和产学研研发供给为主（于斌斌、陆立军，2012），政府主导模式仍然是主要供给力量，而以企业为主体的共性技术合作研发较少，学术研究也大多停留在理论探讨和少数案例分析，鲜有学者对通过企业合作研发实现共性技术供给模式进行专门研究，而对于企业间共性技术合作研发的微观研究更加稀少。然而，企业作为市场的经济细胞，对应该研发什么样的共性技术有着更加深刻理解，以企业为主体的共性技术供给模式应该得到应有重视，探索以企业为主体的共性技术合作研发供给模式将是现有模式的重要补充，更可为企业共性技术供给提供另一种重要模式选择，具有重要理论和现实意义。

目前，在我国相对成熟的产业集群中，大部分企业的产业相关度较高，它们对共性技术有着共同的需求，需要共性技术为其市场化阶段的技术研发提供基本的技术支撑（李晓冰，2012）。然而，产业共性技术固有的公共品特性，可能会造成营利机构（以企业为代表）和非营利机构（以政府为代表）都不供给的"双重失灵"局面（Tassey et al.，1992，1997；李纪珍，2002）。此外，由于共性技术具有明显的外部性，研发不确定性高、独占性较低、开发风险大等特征，导致单个企业无能力也不愿独自承担产业共性技术研发重任。因此，以同产业或跨产业相关企业为研发主体，对产业共性技术进行合作研发，才是真正解决共性技术供给不足和失灵的较现实的办法，但仍需要发挥政府和学研作用。

尽管国内外很多学者都对共性技术进行了研究，但大多是关于产业共性技术概念、特征及共性技术的识别和预见等方面，有关共性技术研发供给方面的研究主要集中在基于供给失灵的政府主导组织模式以及共性技术创新网络探索，少数学者还结合案例进行研究，对共性技术的理解具有重要启示。现有文献鲜有研究涉及产业共性技术合作研发形成机制方面，运用演化博弈进行系统而专门研究该问题的文献更少。而博弈论为研究企业合作问题提供了便利框架，演化博弈论在对传统博弈论完全理性的扬弃中逐步发展起来，其以有限理性为基本假设，以参与人群体为研究对象，以寻找演化稳定策略为基本目标，强调经济或行为变迁的动态过程，运用演化博弈论研究合作问题的演化，将得到更贴切、更深入、更令人信服的解释与结论（易余胤，2009）。

基于以上分析，本书拟在知识经济的背景下，运用演化博弈理论，以企业共性技术合作研发形成机制为研究对象，系统研究企业共性技术合作研发氛围的形成、实力相当和实力相异企业共性技术合作研发以及多企业共性技术合作研发形成机制问题，旨在探寻企业共性技术合作研发演化规律，为促进企业共性技术合作研发策略的制定提供理论指导，借以丰富产业共性技术研发创新领域相关研究。

在吸收和借鉴国内外既有相关研究成果的基础上，本书着重对以下问题进行界定与研究：共性技术合作研发主体是什么？主体间应存在怎样的主次关系？在多大范围内展开合作研发？将演化博弈理论用研究产业共性技术合作研发问题是否适用、合理？共性技术合作研发氛围如何形成？合作研发参与主体间存在差异情形下，共性技术合作研发形成机制如何演化？政府和学研方在其中发挥怎样作用？用什么方法或工具或模型研究多企业共性技术合作研发行为演化？群体规模对合作研发影响如何？研究所得的结论是否具有实际意义？能否得到共性技术合作研发现实案例的支持？以上问题的解答和分析既是实现共性技术合作研发供给必须面临和解决的问题，也是本书展开的基本逻辑和思路，更是本书意义所在。

0.2 研究现状及基本问题界定

0.2.1 相关概念及问题界定

（1）共性技术内涵、特征及分类。

共性技术和产业共性技术这两个概念在学术上基本不做区分，国外较多使用共性技术这个说法，我国更多使用产业共性技术说法（李纪珍，2006），甚至对于产业集群共性技术这个概念也不做太多区分，仅仅是作用范围上的限定，如于斌斌和陆立军（2012）认为，产业集群共性技术是一种潜在的、未来可能在集群中广泛使用的竞争前阶段的技术，而共性技术内涵本身就含有同产业或跨产业通用的意思。因此，本书依据内容阐述的具体语境混合使用以上说法。

1）共性技术内涵。

尽管共性技术受到世界各国推崇，但与其他学科一样，到目前为止学术界仍没有一个关于共性技术统一的概念界定。

国外对共性技术研究始于 20 世纪 80 ~ 90 年代，源于对技术黑箱理论的剖析（王先亮，2014）。具体地讲，就产业共性技术（Generic Technology）概念，最早是在 1988 年 ATP（先进技术计划）中 NIST（美国国家标准和技术研究院）给出了明确定义，认为共性技术是一种可能被广泛应用于产品或工艺中的概念、部件、工艺或科学现象的进一步深入研究（Huber, 1991），此定义强调共性技术的"基础性"，并将共性技术依据服务范围与专有技术进行区分；1990 年，布什（George H. W. Bush）政府在 Federal Register 中将共性技术定义为：存在潜在的机会，可以在多个产业中广泛使用的竞争前产品或工艺概念、构成、过程，或需要进一步研究的科学现象的统称（Huber, 1991），在此定义中，"潜在的""广泛应用"及"竞争前"等用语，强调了共性技术并不能直接应用商业或其他用途，但具有潜在的广泛应用价值并需要进一步开发的技术，相比 KIST 的定义，其对共性技术内涵的界定更加明确和具体。

从学术研究视角看，共性技术概念最早由 NIST（美国国家标准与技术研究院）经济学家 G. Tassey 和 A. Link 等于 1992 年给出的，Tassey 等提出了一个用于科技政策研究的"技术开发模型"，1997 年其对该模型加以修正并称之为"以技术为基础的经济增长模型"（见图 0.1），并将技术划分为基础技术、共性技术和专有技术三类；并据此对共性技术内涵进行了界定，认为共性技术是与基础技术共同构成技术基础设施的技术，企业的专有技术也是在此基础上研发的，这充分强调了共性技术的基础性和竞争前技术特征。

Tassey（2005）认为，共性技术是这样的一种技术，处于基础研究后的第一个阶段，该阶段始于基础研究成果而止于实验室原型，能够发挥对概念验证的实质性作用，从而可充分降低技术及市场风险，此定义充分体现了与之前思想的一脉相承；Kumiko Miyazaki（1994）认为，共性技术是形成一系列关键组成部分的技术基础，是基础的、潜在的根本技术，此定义强调各部分的共性技术与系统、主要部分之间存在的内在关联性以及共性技术的关键性和重要性；Bresnahan 和 Trajtenberg（1995）认为，技术具有树状结构，根部的少数几类通用技术（共性技术）不断衍生出末端各种不同的专有技术。他们强调的是技术的层次性，而共性技术是处于技术层次的最底层（树的根部）。

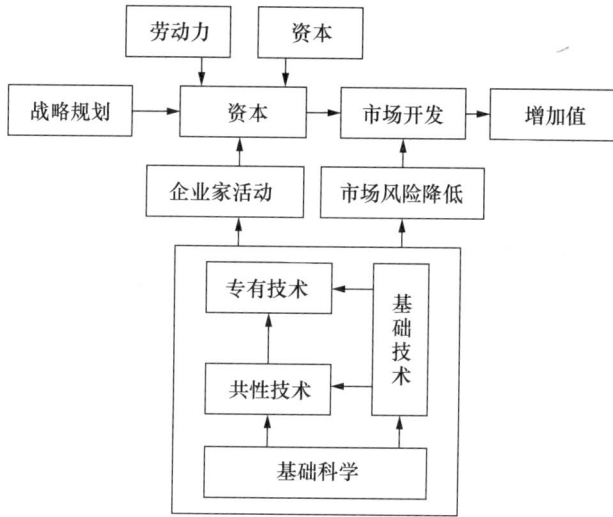

图0.1 以技术为基础的经济增长模型

国内学者也对共性技术概念做了相应研究。徐冠华（1999）认为，共性技术是对整个行业或产业的技术水平、产业质量和生产效率均发挥迅速带动作用，并具有巨大经济及社会效益的一类技术，强调了共性技术的潜在价值；李纪珍（2004）认为，产业共性技术是指在诸多领域内已经或未来可能被普遍使用，其研发成果可共享并对整个产业或多个产业及其企业产生深度影响的一类技术，此定义为目前认可度较高、使用较广的定义；费方域（2003）认为，共性技术是几个企业在技术开发中都会遇到的技术问题，强调了共性技术的"共享"特征；马名杰（2004，2005）认为，共性技术是一种能在一个或多个行业中得到广泛应用的、处于竞争前阶段的技术；虞锡君（2006）提出产业集群内关键共性技术的定义，即产业集群内众多企业共同面临的，对其生存、提升及发展具有决定性作用的技术；付敬（2013）将共性技术定义为：处于基础研究与实验阶段之间的、兼具公私属性的一类技术产品，此类技术已经或者未来可能在很多产业或领域内得到广泛应用，研发成果可共享并对多个产业或整个产业及其企业产生深远影响。

综上可知，国内外学者从应用及影响范围、潜在价值、技术创新链上所处地位等视角对共性技术进行了界定。据此，本书将共性技术界定为：可以在同产业或跨产业的很多领域内已经或未来可能被普遍应用的、研发成果可共享并对整个产业或多个产业产生深度影响的、相关企业可按自身需要进行后续应用性研发的竞争前阶段技术。

2）共性技术特征。

Lai 和 Chang（2010）认为，技术的特性由三个基本元素组成，即技术的不确定性、技术隐性和技术复杂性；而共性技术作为竞争前阶段技术，具有其自身特征，有关共性技术特征的现有研究，成果较多但具有较大的相似性。

国外学者 Tassey（1996）认为，共性技术是基础科学转化为商用技术的第一步，具有先导性、基础性特征，通过共性技术的转化应用可以创造经济价值；Kulniko Myazaki（1994）认为，共性技术具有基础性、潜在性特征，是基础性技术，且具有技术创新与整合的潜力；Keenan（2002）诠释了共性技术的特征，即技术之间密切相关、能够广泛地应用于其他技术、能够为诸多社会部门带来积极影响；Jovanovic 和 Rousseau（2005）认为，共性技术有三个基本特征，即扩散性、促进生产效率提高及推动产品创新性。国内学者李纪珍（2002）认为，共性技术具有基础性、开放性、外部性和关联性等特征；操龙灿和杨善林（2005）认为，产业共性技术具有超前性、非独占性、共享性、风险性、集成性和社会效益性特征；罗芳和王绮（2006）认为，共性技术具有前瞻性、同享性、风险性和联合性特征；胡林浪（2009）将共性技术特征归纳为基础性、共享性、风险性及外部性；类似地，肖阿妮（2011）认为，共性技术具有基础性、外部性、风险性、关联性、准公共品性及经济和社会效益性。

通过学者们对共性技术特征研究的深入分析，按照是否有利于共性技术研发，可将共性技术特征归纳为两大属性和四大特征：一是研发动力属性，即对企业参与共性技术研发有吸引力的特性，包括基础性和潜在价值性；二是研发阻力属性，即不利于企业参与技术研发的特性，包括风险性和准公共品性。详见表0.1。

3）共性技术分类。

就共性技术分类，国内学者进行了一些探索，从不同视角给出了共性技术的不同分类方式。按重要性视角可将共性技术划分为关键共性技术、基础性共性技术和一般共性技术（马名杰，2005），学者李纪珍（2006）的相关研究较为全面和深入，他从三个视角对共性技术进行了分类，通过整理可直观如表0.2所示。

表0.1　共性技术特性

共性技术特性	内容	释义
研发动力属性	基础性	可作为后续专有技术开发、产品开发和产业化的技术基础，企业的核心竞争力也是建立在共性技术基础之上的特定产品或工艺
	潜在价值性	共性技术一旦被成功地研发出来，其将能同时被多个产业及其企业应用，通过共性技术的转化应用可以创造经济价值，促进产业技术升级
研发阻力属性	风险性	共性技术（尤其是关键性的）的研发往往需要多学科研究人员的联合攻关；此外，研发资金投入规模大、研发周期长、预期收益也不确定
	准公共品性	具有公共产品和私人产品的双重属性，其具有公共属性，但又不满足非排他性，因此共性技术研发者难以独占技术产生的收益

表0.2　共性技术分类

视角	分类	释义与举例
按涉及层次	产业间共性技术	属于国家层次的共性技术，为多个产业提供技术平台，如发动机技术
	产业内共性技术	属于产业层次的共性技术，为某个产业内的多家企业提供技术平台，如连铸连轧技术
按技术创新	产品共性技术	为一系列产品提供技术基础，包括较大的技术变动和对现有技术的局部改进或者综合集成
	工艺共性技术	可以运用于多产业/流程的工艺技术，通常包括较大的工艺变动和对现有工艺的局部改进
按确认的时间	事前共性技术	在研究开发之前，已确定能够为多企业所需或为多项其他技术提供基础支撑的技术
	事后共性技术	在研发时并未意识到是未来的共性技术，但开发成功后成为通用的技术，如激光技术

（2）共性技术合作研发。

1）合作研发主体：企业、政府和学研方。

合作研发指企业、学研方（科研院所和高等院校）和政府等组织机构，为了分担巨额研发资金投入、规避研发风险、缩短研发周期以及节约交易成本而形成的一种互惠的合作关系。它是以合作研发创新为目的，以合作方的共同利益为基础，以资源优势互补为前提，并通过协议等实现协同行动而自愿形成的组织（Faems et al.，2005），通过合作研发模式实现共性技术的有效供给，在学术界已经形成基本共识（肖阿妮，2011）。

在现阶段，我国产业共性技术研发主体主要是行业性科研机构，主要由国家出资并由行业性科研机构承担共性技术的研发工作（胡林浪，2008），而这种以科研机构为主体的共性技术研发模式，与企业技术开发结合较少，不具有贴近市场的优势，难以满足企业对共性技术的实际需要。随着科技体制市场化改革进一步深入，共性技术研发应将企业作为主要研发主体，同时要充分发挥政府和学研方在共性技术研发中的应有作用，李纪珍（2005）认为，政府在共性技术发展中的作用应主要体现在支持研发和提供技术合作平台、解决市场及组织失灵、选择共性技术供给的组织模式以及营造宏观环境四个方面；孙鳌（2005）研究认为，政府可通过税收、直接资助等政策手段，避免技术生命周期各阶段可能产生的市场失灵。在共性技术研发过程中，学研方应该发挥其技术基础研发诸如研发力量优势突出、研发辅助设施完善以及研发管理体系完整等方面的优势。

综上所述，结合共性技术定义，共性技术合作研发主体应包括企业、政府和学研方（科研院所和高等院校），本书在对共性技术合作研发研究中，遵循将企业作为共性技术研发主要主体，充分发挥政府和学研方的应有作用的思想。

2）合作研发范围：同产业或跨产业。

共性技术合作研发范围的界定，是研究进一步展开的重要前提。根据本书关于产业共性技术定义可知，共性技术是一种可以在一个产业或多个产业得到普遍应用的技术，即一项共性技术应用范围不限于产业内，其研究成果还可以应用于多个产业。因此，共性技术的合作研发主体可以是来自同一产业的企业，也可以是不同产业的企业。鉴于此，本书将共性技术合作研发范围规定为来自同产业或跨产业的对共性技术有需求的企业，并以此为基础展开进一步建模和研究。

0.2.2　共性技术相关研究概述

（1）共性技术识别和预见。

国外相关研究多从共性技术与其他技术联系密切方面进行识别，并未从共性技术所具备的其他特点方面进行综合识别（黄鲁成、张静，2014）。黄鲁成和张静指出，英国较早通过技术预见来确定产业共性技术，并运用德尔菲法提出一份共性技术清单；Petra Moser 和 Tom Nicholas 根据专利引文数据分析技术间的内在联系，利用技术共性度指数来识别某项技术是否为共性技术；日本在其第八次技术预见活动中采用文献计量法研究不同技术簇间的内在关联。

国内学者的研究多集中于利用定性方法进行识别和预见的探讨，例如，郭晓林（2006）从技术的供给源、关联特性、需求特性、动态发展过程以及共性技术的反向识别 5 个角度讨论共性技术识别问题；魏永莲和唐五湘（2009）研究共性技术筛选指标体系，运用模糊综合评价法建立了一个共性技术筛选模型；肖阿妮（2011）从共性技术的供给特性、应用特性、需求特性以及动态发展过程四个维度探讨共性技术识别问题；于晓勇、尚赞娣和李金林（2011）基于多属性决策理论，采用德尔菲法考察共性技术课题的预见方法；栾春娟（2012）从对产业共性技术界定的视角出发，设计技术共现率等指标并用以对战略性新兴产业共性技术进行测度；相比而言，定量化研究稀少，黄鲁成和张静（2014）利用对专利信息的分析，进行了共性技术识别的研究，具有一定代表性。

由上可知，国内外对共性技术识别和预见的研究，现有成果大多集中在定性研究，带有明显的主观色彩，需要进一步应用科学方法进行定量研究。

（2）共性技术研发创新研究现状。

关于共性技术研发创新的研究，学界更多关注共性技术创新体系的构建。鲍健强等（2004）从技术和经济的视角剖析了共性技术特点及内在规律，并提出如何构建以共性技术为基础的科技创新体制构想；操龙灿和杨善林（2005）在分析产业共性技术内涵基础上，提出共性技术创新体系概念，并指出我国应建立以政府为主导的产业共性技术创新体系；郭晓林（2006）通过所建立的产业共性技术创新体系分析框架，探讨共性技术创新体系运行机理和运行模式，并对适合我国共性技术创新体系的运行模式进行了分析；王先亮（2014）通过对体育用品共性技术的系统研究，提出体育用品共性技术创新的实践应用体系，等等。

有关共性技术合作研发领域的研究，多集中于共性技术合作研发组织与管理方面，即采取什么样的合作模式与管理机制实现共性技术合作研发。李纪珍（2004）在《产业共性技术供给体系》一书中，根据组织的具体特征与基本功能及国内情况，将共性技术的合作研发组织模式分为六种：技术合同合作模式、技术项目合作模式、技术基地合作模式、技术基金合作研发模式以及技术联合体合作模式以及其他模式，并就技术联合体问题进行了深入探讨；薛捷和张振刚（2006）鼓励学习发达国家在共性技术研发供给方面的经验，联合政府、大学、科研机构以及企业等力量，建立"官产学研"这种组织模式，这才是进行共性技术研发的有效组织形式；陈宝明（2007）认为，产业技术联盟是促进产业技术发展的重要组织形式，应该作为共性技术研发供给体系的重要组成部分；孙福全和彭春燕（2009）探讨了共性技术研发的组织模式及其运行机制，并指出共性技术组织模式要与共性技术的类型及其特征相适应，更要有利于共性技术研发、扩散及应用；李纪珍（2011）通过对项目组织、技术联盟、科研基地以及共性技术研究机构四种模式的比较，得出技术联盟是最适合共性技术研发的结论。

由上述文献梳理可知，现有关于共性技术研发创新的研究，学者们大多关注共性技术创新体系的构建以及共性技术合作研发的组织与管理，对于企业间共性技术合作研发方面的系统性研究明显不足。

（3）共性技术研发供给失灵问题。

共性技术供给的市场失灵和组织失灵着眼点分别为研发供给主体的研发意愿与研发能力（王庆，2008），市场失灵是指在纯市场机制下，由于共性技术自身诸如基础性、准公共物品性等特性，导致企业技术研发积极性不高，出现共性技术供给不足；而组织失灵是指由于共性技术研发投入规模大、研发周期长、预期收益不确定及研发技术关联性等，使得单个企业难以承担这种高风险，企业的能力和资源也无法支撑研发需要，从而造成共性技术供给在组织上的无力和实践上的无人供给。

有关共性技术研发市场失灵方面。Tassey（1992，1997）认为，共性技术的公共物品特性必然导致其供给的市场失灵；据此，李纪珍（2002）通过博弈论模型对市场机制失灵问题分析指出，共性技术的外部性导致在市场机制下企业对共性技术的研发投入不足，进而导致共性技术研发效率低下和供给不足，这一结论为政府参与共性技术供给奠定了理论基础；项浙学和陈玉瑞（2003）从准公共品性、潜在经济效益以及资本运作特殊性角度对共性技术进行深入分析，间接对导致共性技术供给市场失灵因素进行挖掘和解释；刘满凤和石光宁（2007）从共性技术的准公共品特性入手分析认为，共性技术生产和需求的双重外部效应是导致产业共性技术供给"市场失灵"的主因；根据将技术划分为基础技术、共性技术和专有技术思路，Tassey（2008）构建了一个新模型，并用来分析技术研发创新投入市场失灵的评估问题；方福前和张平（2008）通过对共性技术所具有的公共物品非竞争性、非排他性和非分割性特征分析认为，正是这些属性导致了共性技术在研发与使用上的"搭便车"行为，进而导致市场失灵。在组织失灵方面，李纪珍（2002）还从共性技术本身的"共享"特性出发，探讨了共性技术的组织失灵问题；近年来，李纪珍（2011）在对其之前提出模型修正基础上建立了一个新的理论模型，统筹分析共性技术的供给和扩散，并在共性技术区间层次分析的基础上，得出市场机制下共性技术供给与扩散存在多重失灵的结论；此外，陈静和唐五湘（2007）基于共性技术特性和政策不完善分析，认为我国产业共性技术供给存在"市场失灵""组织失灵"和"政府干预失灵"三重失灵现象。

企业是市场中无可争辩的主体，也应是技术研发和技术应用主体，产业共性技术研发供给的市场失灵与组织失灵主要指向作为市场主体的企业，为了解决这种双失灵现象需要采取合作研发的组织方式（王庆，2008），而双失灵现象又在很大程度上决定了政府和学研方（高等院校和科研机构）应该在共性技术合作研发中发挥应有的支持作用。

0.2.3 共性技术合作研发困境的理论溯源：公共物品理论

（1）公共物品理论发展概述。

公共物品理论的研究最早可追溯至古典学派，并以大卫·休谟对"草地排水"问题的分析及亚当·斯密关于政府的三项职能等理论为代表（贾晓璇，2011），而系统的公共物品理论出现于 19 世纪 80 年代的奥意学派，他们系统分析并提出了公共品供给理论，为现代公共物品理论的研究奠定了基础；Samuelson（1954）首先对私人消费产品和公共物品进行了最经典描述，1955 年在其发表的《公共支出理论的图解》中通过图形方式描述了公共物品供给的帕累托最优解；20 世纪 70 年代以后，经济学家运用新的理论来研究公共物品问题，开创了不同于早期 Samuelson 等的研究方法，其中一个重要的发展方向是公共物品选择理论，布坎南（Buchanan）被认为是公共选择理论的集大成者和代表人物。

总的来说，公共物品理论最新进展基本集中体现在如下两个方面（张梦龙，2014）：一是内容上重点围绕公共物品供给问题开展研究；二是方法上越来越注重现代经济理论成果的运用，例如博弈论、信息经济学等。

（2）公共物品的内涵与特征。

"公共物品"是相对于"私人物品"而言的，无论其内涵还是外延一直存在着各种各样表述。经济学家们从不同视角对公共物品的内涵进行了阐述，其中最具代表性的有以下两种：①萨缪尔森（P. A. Samuelson）的定义，认为公共物品是由集团中所有成员集体消费和均等享用的商品，社会全体成员可以在同一时间享用该商品，且每个人对该商品的消费均不会影响其他社会成员对该商品的消费，这一描述为判断某种物品是不是公共物品提供了一个经典标准，即非竞争性（Non - rival）与非排他性（Non - exclusive）；②布坎南（J. M. Buchanan）的定义，其在著作《民主财政论》中明确指出，任何集团或社团不论何种原因利用集体组织所生产的商品或服务，均可被认定为公共物品，并指出"某一种公共物品可能只会使很小的团体受益，如仅包含有两人的小团体；而另一些公共物品却可能使得很大的团体甚至是全世界的人都受益"，明确了公共物品受益对象的范围。

随着研究工作的逐渐深入及实践的发展，公共物品内涵不断扩大，从消费和使用的特性出发，公共物品具有如下四个基本特征（张梦龙，2014）：①消费的非竞争性，即增加一个人消费并不会影响其他成员从中获得好处，消费者增加消费所产生的边际成本为零；②消费的非排他性，即试图排除某一个体于公共物品消费之外的努力是徒劳的，或至少需要付出很大代价；③消费的不可分割性，即公共物品向特定群体共同提供，所有成员共同或联合享用，不能将其分割为归属于不同个体的部分；④消费的共用性，即公共物品通常表现为被集体成员公共使用的共同财产或共用性财产，它既不在乎是否为公共所有，更不限于是否为有形物品，其着重强调之处在于是否"共用"。

此外，就准公共物品的研究，1954年萨缪尔森（P. A. Samuelson）第一次提出准公共品的形式化定义，认为准公共物品应具备非竞争性特征，也称"共同消费性"。此后，在对萨缪尔森关于准公共物品定义或特征完善的基础上，学者们提出了四种不同观点（闫龙飞，2012）：一是具有非竞争性和非排他性，萨谬尔森和马斯格雷夫（R. A. Musgrave）是其代表人物；二是着重强调准公共物品的共用性，美国的鲍德维（R. W. Boadway）和奥斯特洛姆夫妇（Elinor Ostrom & Vincent Ostrom）是其代表人物；三是强调准公共物品的非排他性；四是强调准公共物品的非竞争性。由此易知，共性技术也可视作一种准公共物品。

（3）公共物品供给存在的主要问题。

由公共物品特征可知，公共物品供给很可能出现不劳而获的"搭便车"行为以及无人供应的"公地悲剧"，具体分析如下。

1）"搭便车"问题。

美国经济学家曼瑟尔·奥尔森（1965）首先提出集体行动中的"搭便车"问题。"搭便车"是集体行动困境的本质性问题，学者赵鼎新（2006）甚至将奥尔森的集体行动理论直接称作为"搭便车"理论。奥尔森所提出的搭便车理论，是基于公共物品理论视角的（付刚，2011），奥尔森认为，集体利益就是集团（一些拥有共同利益的个人）的公共物品，具有非排他性，这也就意味着不论集团成员是否为此付出了成本，每一个成员都能够从集团获得相等的收益，即收益在集团成员中进行平均分配。正是公共物品非排他性的存在使集团成员"搭便车"变得可能（蒋文能，2009），加之个体理性的存在，集团成员具有只享受利益而不愿付出成本的行为动机，两者结合不可避免地会导致"搭便车"行为进而集体行动困境的产生。

对于如何解除"搭便车"问题，奥尔森提出两种基本途径：一是充分运用集体成员收益的"不对称"，相对于其他成员来说，某个集团成员能够从集团物品获得的收益份额越大，他就越可能提供这种集体物品，甚至让他承担全部的成本他也愿意；二是对集体成员进行"选择性激励"，奥尔森指出，"只有某种独立的或者选择性的激励方式，才会促使集团中理性的个体选择利于集团的行动"。

2）"公地悲剧"问题。

加勒特·哈丁（G. Hardin）于1968年在《科学》发表了题为"公地悲剧"的文章之后，"公地悲剧"便成为学者们对公共物品供给困境描述的流行性术语。在该文章中，哈丁分析了在无政府状态和自愿选择情形下，人们均在一块公共草地上放牧的情况，"让我们想象有一块面向所有人开放的草地，在这块公共的草地之上每一个牧人都将尽可能多地放养他的牲畜……"作为理性的个体，每个牧人都期望实现收益的最大化，于是牧人们均短视地增加放牧的数量，如此一来，产生的消极后果由所有人承担，个人却得到了额外收益，由于个人理性使每一个人都将无限制地增加牲畜数量，这样最终会使公共草地长期超负荷，不可避免地造成"公地悲剧"的发生。正如哈丁所言："在一个信奉公地自由使用的社会里，每个人追求他自己的最佳利益，毁灭的却是所有人趋之若鹜的目的地。"

由上述分析可知，"公地悲剧"主要缘于"公地"的非排他性，非排他性使牧人不用支付额外成本就能够享受增加放牧带来的额外好处，长此以往，终将导致公地因超负荷而荒废，最终导致悲剧发生。

（4）公共物品理论之于共性技术合作研发。

乔治·泰奇（G. Tassey）最先从公共物品视角对技术基础设施的概念等问题进行分析（吴建南、李怀祖，1999）。产业共性技术作为一种准公共品，具有公共产品和私人产品的双重属性，其具有公共属性，但又不满足非排他性。由于共性技术非排他性的存在，尽管不如上述所描述的纯公共物品那么严重，也使"搭便车"行为难以彻底消除，而个人理性的存在更可能加剧这一行为，如果任其发展就可能造成共性技术研发供给的"公地悲剧"，即无人供给的局面。基于公共物品理论的启示是：如何预防共性技术研发的"搭便车"行为，进而规避出现共性技术无人供给的"公地悲剧"，构成本书企业共性技术合作研发形成机制建模和分析的重要着眼点。

0.2.4　合作演化的相关研究

演化博弈论可作为共性技术合作研发机制形成的研究工具，而共性技术合作研发问题实质上是一个合作演化的问题，多企业的合作又可以抽象为一个由企业为节点，企业与企业之间的合作关系为边的网络，这又涉及有关网络博弈的问题，下面就相关理论问题进行梳理与综述。

（1）合作演化难题及其促进机制。

1）合作演化难题。

有限理性的存在决定了个体之间合作不可能一开始就形成，而是一个不断互动演化的结果，以有限理性为基本假设的演化博弈论，为个体之间合作演化提供了基本分析工具和框架。合作演化的核心问题是：在一个由利己且相互竞争的个体形成的社会，合作行为怎样在无外力强制作用下产生、持续以及演化的（张路等，1999）合作现象在人类和自然界中都是非常普遍的，例如国家之间的合作、社会中人与人之间的相互协作以及种群生物之间的合作捕食等（Brock，2007；Dugatkin，1997；Nowak & Sigmund，2004），以及不同企业之间的合作等。毋庸置疑，合作已成为生物种群及企业组织在恶劣的生存和竞争环境中能够顺利生存下来的重要手段。因此，合作可被认为除了变异与自然选择之外的第三种基本的演化法则（Nowak，2006）。

然而，没有哪一种本能专门是为他人谋利所形成的，相反所有动物均会欺骗或者利用对方（Darwin，1859），个体的合作行为很容易被其他自私个体的舞弊行为侵害和利用（Doebeli et al.，2004；Fiegna，2006），理性的个体为了在演化中更好生存下来均可能选择竞争和利用其他合作伙伴，并通过剥夺其合作伙伴利益而获得好处，例如，在企业合作创新中的机会主义行为（易余胤，2005）及公共物品供给中的"搭便车"行为，从而破坏合作关系的持续性。归纳起来，"合作困境"实质是由以下两个原因引起（杨勇，2009）：一是信息不充分可能导致的非合作博弈局势；二是任何交往都是利益与冲突并存的统一体。

由上可知，合作困境与合作行为普遍性形成了鲜明对比，如何促进个体、组织及群体之间合作的涌现和持续是一个非常值得研究的话题。

2）合作演化的促进机制。

如何确保选择合作策略的个体或群体在演化过程中存活下来？如何或者采用怎样的促进机制才能够破解合作面临的困境？为了解释普遍存在的合作现象，一些合理的合作促进机制逐渐被提出（高佳，2012；黄少安、张苏，2013），出于研究需要，这里仅仅介绍以下几种较典型的促进机制。

直接互惠，是一种"你帮助我，我帮助你"形式的互惠（Nowak & Sigmund，2005），即互惠利他。对直接互惠机制的最简单而直接的应用是 Tit - for - Tat，即博弈方采取针锋相对（TFT）的策略（Axelrod & Hamilton，1981；Axelrod，1998），是指在博弈的第一轮选择合作策略，以后的每一轮博弈均采取对方上一轮的策略。TFT 容易使双方进入永远相互背叛之中，为此，Nowak 和 Sigmund（1992）提出了一种感慨的"针锋相对"策略，即面对对方的背叛行为，博弈方能够容忍偶尔的背叛，或者以一定概率继续保持合作。

间接互惠，是一种"你帮助我，我帮助他"形式的互惠（Binmore，1994），与个体的间接互惠紧密相连的一个概念就是：声誉（Reputation），基于间接互惠的声誉机制是促成社会合作的重要条件（于同奎，2011），博弈方可通过自己的合作或者利他行为树立自己的形象和提升自己的声誉（Milinski et al.，2002；Fehr，2004；Santos et al.，2011），以期赢取别人信任及未来的合作与帮助。间接互惠对于理解和解释经济社会中众多合作尤其是不很熟悉人之间的合作现象具有重要启示，同时对制定促进合作策略亦具有重要指导意义。

有成本的惩罚，是指人们愿意花费一定成本给不合作或违反社会契约的人造成一定损失（Rockenbach et al.，2006；Hauert et al.，2007；Ohtsuki et al.，2009），也被称为利他性惩罚（Altruistic Punishment）（de Quervain et al.，2004；Fowler，2005；Egas et al.，2008），合作者中拒绝实施惩罚的个体享受了惩罚者惩罚行为带来的好处，却又逃避了为此付出的代价，因此也被称作"二阶背叛问题"（Dreber et al.，2008；Ohtsuki et al.，2009），有成本的惩罚已被视为一种有效的促进合作的间接互惠机制（Brandt et al.，2003，2006；Helbing et al.，2010），然而惩罚毕竟是一种有代价行为，通过惩罚带来的好处能否抵消因惩罚而付出的代价，是有成本惩罚机制能否发挥效果的关键。

其他相关合作机制，例如亲缘选择（kin selection）、空间互惠（spatial reciprocity）等，详见文献 Nowak（2006）的相关研究。

（2）合作演化的经典模型：囚徒模型和雪堆模型。

基于囚徒困境（Prisoner's Dilemma，PD）和雪堆博弈（Snow – drift Game，SG）模型的演化博弈是研究合作演化现象的一个强有力工具（Zheng et al.，2007）。经典 PD 模型是一个两人博弈（Rapoport & Chammah，1965），在博弈中，两个博弈参与人（称之为代理人）同时对合作（Cooperate，C）和背叛（Defect，D）策略做出选择。若其中一个代理人选择 C 策略而另一个代理人选择 D 策略，则合作代理人支付成本 $S = -c$，而选择背叛的代理人将获得支付 $T = b$，其中 $b > c > 0$；若两个代理人均选择 C 策略，则每人获得的支付为 $R = b - c > 0$；若双方均选择 D 策略，每人获得的支付都为 $P = 0$。于是，PD 模型的支付可表示为 $T > R > P > S$，且有 $2R > T + S$，由此可知，全混合（Well – mixed）或全连通群体情形下，如果只进行一次博弈，不管对方选择哪种策略，背叛均是代理人的最优策略选择。若考虑重复博弈及代理人角色的演化，可能会导致合作的出现（Axelrod & Hamilton，1981），在实践中，归因于难以对 PD 模型支付进行准确测度和排序（Milinski et al.，1997），在竞争环境中，PD 作为研究合作演化的最合适模型得到越来越多的质疑，演化雪堆博弈作为对 PD 模型的替代被提出（Hauert & Doebell，2004），并已得到学者们的关注（Zhong et al.，2006；Wang et al.，2006；Santos et al.，2005）。

类似地，经典 SG 博弈模型也是一个包含两个代理人的博弈，也称鹰鸽博弈或斗鸡博弈（Sugden，1986；Smith，1982）。可将 SG 描述为：路上行驶的两名司机同时被一个雪堆挡住，只有将雪堆铲走他们才能继续前往目的地，每个司机均有两个可能的策略选择：铲雪（即合作）和不铲雪（即背叛）。此时，可能发生 3 种情况：两个人都不铲雪，因此没有人能够顺利前往目的地；两个司机合作铲雪，他们都能到达目的地，两个共同承担由铲雪而引致的成本；如果仅仅一个人铲雪，两人均可到达目的地，但只有铲雪者承担了铲雪的全部成本。将 SG 中的支付及符号做如下定义：到达目的地获得的收益为 b，铲雪的全部成本为 c；如果选择铲雪（C），每人获得净收益 $R = b - c/2$；如果两人均选择不铲雪（D），则两人获得的收益都为 $P=0$；如果只有一人铲雪，选择铲雪者获得的收益为 $S=b-c$，背叛者获得 $T=b$，满足 $b>c>0$，因此有 $T>R>S>P$。

由上述分析可知，PD 和 SG 不同之处在于其支付中 P 和 S 顺序不同，这一微小的差异却导致了合作行为和现实应用的较大差异，雪堆博弈模型将是本书分析多企业共性技术合作研发的基础性模型。

（3）网络博弈及其在企业合作中的应用。

个人或企业之间的交互作用大都内嵌于某种形式的关系网络（Galeotti et al.，2010），近 20 年来，学者们将博弈论应用到关系网络上，借以对个体间的交互作用进行研究，开创了网络博弈理论（欧瑞秋，2010；罗军，2013）。当前，网络博弈研究主要体现在网络上的演化博弈（Nowak & May，1992；Nowak，2012）和网络生成博弈（Jackson & Wolinsky，1996；Jackson et al.，2012），出于本书研究需要，下面主要对前者研究进行综述。

网络博弈理论可以追溯至 Nowak 和 May（1992）提出的空间囚徒困境博弈，在演化博弈视角下，给定一个多人囚徒困境博弈，如果个体之间的博弈关系网络是一个全连通网络，则个体间的合作行为不会涌现（Hofbauer & Sigmund，1998），但如果个体分布在一个方格网络（Lattice Network），每个个体都只与自己的邻居进行博弈，此时合作行为不仅会涌现，还能够维持某种特定的稳定状态（Nowak & May，1992）。

除了囚徒困境博弈之外，雪堆博弈也是一个经典的博弈模型，Hauert 和 Doebeli（2004）研究了方格网络对雪堆博弈合作行为的影响，分析认为，其作用是负面的。Wang 等（2006）通过对基于个体记忆的空间雪堆博弈模型分析得出，随合作收益的变化，合作行为出现非连续变化，并产生了类似分形的独特斑图。近年来的实证研究表明，现实中的网络绝大部分具有小世界特性和无标度特性等（Watts & Strogatz，1998；Barabási & Albert，1999），此后，学者们开始关注网络上的演化博弈，例如，Lee 等（2008）在 BA 无标度网络上分析了多人演化雪堆博弈合作问题，Xianyu 和 Yang（2010）考察了 WS 小世界网络和 BA 无标度网络上的最后通牒博弈，分析表明：两类网络都能够促使公平的产生，相对而言，WS 小世界网络能带来更加公平的结果。

目前，已经有文献运用网络博弈的方法来研究企业的合作行为，但更多的是关注企业合作网络形成。例如，Carayol 和 Roux（2005）提出了圆圈空间上的企业创新合作网络生成博弈，揭示了企业创新合作网络小世界特性之成因；国内也有文献研究与企业有关的网络博弈，例如，田宵依（2011）应用无标度网络对共性技术创新网络形成问题进行了研究；李晓冰（2012）运用复杂网络理论，研究了产业集群企业共性技术合作供给行为；黄玮强等（2009）研究了企业创新合作网络的形成，研究认为，企业创新合作网络可以自组织地演化至稳定状态，此外，他们还讨论了知识溢出率与创新合作水平、收益分布不平等程度的关系；丁青艳（2012）在复杂网络结构下，较系统地研究了供应链企业之间的合作关系。

0.3 研究框架

本书以演化博弈论为理论基石，通过以企业为主体的共性技术合作研发形成机制研究，旨在达到改善共性技术供给不足及供给失灵现状之目的。为此，根据对现实背景和文献资料考察与梳理，确定了研究论题，即企业共性技术合作研发形成机制；在对相关概念和问题进行界定的基础上，综合运用演化博弈建模法和数理演绎与数值模拟法，对企业共性技术合作研发氛围形成机理、实力相当和实力相异企业合作研发问题进行系统研究；通过对现有多人演化雪堆博弈模型的改进，并将其用以研究多企业共性技术合作研发形成机制，为多企业共性技术合作研发研究寻一新的分析工具；最后，结合国内外案例提出了共性技术合作研发形成机制概念模型及促进策略。本书弥补了现有研究对以企业为主体的共性技术合作研发供给模式关注不足的缺憾。

根据以上思路，本书研究内容包括绪论在内共 8 个部分，具体安排如下：

绪论。首先对研究的现实背景进行了阐述，据此提出系列研究问题；其次对国内外研究现状及基本问题界定，包括共性技术合作研发困境理论溯源以及网络博弈等，为本书后续章节展开明确方向。

第 1 章　演化博弈基本理论及演化均衡。演化博弈论作为本书研究的主要工具，本章对演化博弈理论产生、发展及应用进行概述，并对演化博弈的基本假设及建模思想以及演化稳定策略、选择机制及演化均衡问题进行了系统归纳，并分析了将演化博弈论运用于企业共性技术合作研发研究的适用性。

第 2 章　企业技术研发决策研究：共性技术 vs 专用技术。将供应商面向多个制造商时研发共性技术还是专用技术作为本章研究情景。为此，结合共性技术自身固有的基础性及准公共品性等，分别考虑共性技术外部性、共性技术转化难度及政府支持等情形，对供应商在面向多制造商技术研发决策的动态演化过程进行了分析，着重分析影响企业共性技术研发决策影响因素及影响机理，并运用 MATLAB R2010a 对分析结果进行验证。

第 3 章　实力相当企业间共性技术合作研发演化研究。主要研究有无政府和学研方参与、对共性技术需求迫切程度不同等情形下企业共性技术合作研发的动态演化，并利用 MATLAB R2010a 对不同情形下所得的命题进行数值模拟；结合不同情形下博弈模型结果进行比较性分析，得出系列研究结论，并据此给出一些政策建议。

第 4 章　实力相异企业间共性技术合作研发的演化研究。主要在企业对共性技术需求迫切程度相同和不同两种情形下，并将政府和学研方参与引入模型，同时还考虑预期背叛问题的影响，利用 MATLAB R2010a 对不同情形下的理论命题进行数值模拟，分析企业共性技术合作研发的动态演化；最后结合不同情形下模型分析结论，给出一些有益于合作研发机制形成的建议。

第 5 章　基于多人演化雪堆博弈的多企业共性技术合作研发研究。对多人演化雪堆博弈模型进行改进，在适用性分析的基础上，将改进后的模型用以研究多企业共性技术合作研发的动态演化，并通过数值模拟分析与讨论，得出一些结论，并据此提出相关的策略建议。

第 6 章　企业共性技术合作研发形成机制、策略及案例研究。基于演化博弈模型分析所得结论，借鉴国内外产业共性技术研发成功经验以及我国共性技术研发供给现状，提出共性技术合作研发形成机制概念模型；据此，从建设创新平台等五个方面提出合作研发机制形成策略。

第7章　结论与展望。作为结篇之章，系统归纳了本书所做的主要工作及得出的主要研究结论，分析了研究局限，从企业共性技术合作研发氛围视角提出进一步研究方向，并对共性技术合作研发氛围内涵和形成机理进行初步研究。

1 演化博弈基本理论及演化均衡

演化博弈论是本书展开的理论基石，本章从传统博弈论所存在的局限性分析出发，系统介绍演化博弈理论产生、发展及其应用概述，以及演化博弈的基本假设及建模指导思想，演化稳定策略与演化均衡，最后分析演化博弈论应用于企业共性技术合作研发的适用性。本章研究是后续章节研究的基础。

1.1 博弈论及传统博弈论局限性

博弈，即指一些个人、队组或其他组织，在一定的环境与规则之下，同时或先后，一次或多次，从各自可能选择的策略中进行选择并加以实施，并实现相应支付的过程（谢识予，2002）。数学家 Von Neumann 和经济学家 Morgenstern（1947）合著的"*The theory of games and economic behavior*"被公认为现代博弈论的起源。在此之后，经过学者们对博弈理论进行的深入研究，尤其是纳什将策略均衡的概念创造性地引入非合作博弈理论后，博弈论逐渐成为非常重要且有用的分析工具（Nash，1950），近 20 多年来，诺贝尔经济学奖自从 1994 年颁发给 3 位博弈论专家 Harsanyi、Nash 和 Selten 后，至今已有 7 次诺贝尔经济学奖与博弈论有关，例如 Roth 和 Shapley（2012 年获奖）、Tirole（2014 年获奖）等，足以说明博弈论已经成为主流经济学的核心内容。

博弈论在获得巨大成功的同时，也逐渐暴露出它所隐含的潜在问题，其中最为严重的就是它的理性基础，即它对人们理性和行为能力完全性基本假设问题（赵佩华，2009），这种完全理性的假设不仅要求人们自身拥有完美的理性，更要求人们拥有相互信任对方的理性，即拥有"理性的共同知识"（于全辉，2006），这种"完美"以及对人智力极其苛刻的要求与实际相去甚远，现实中的人很多时候是健忘的、冲动的、混乱的、有感情的及目光短浅的，并不能真正地自始至终追求其最优目标（田国强，2005），从更切合实际的视角来讲，绝大多数人的决策行为在理性和感情上都依赖于可获得的当前信息、认知以及决策所需时间的限制，表现为有一定限制的理性（Simon，1957）。

在博弈分析中，人们理性方面的局限性是不可避免的（赵佩华，2009），也正是这个人们完全或部分无法满足的完全理性的假设，引向对完全理论博弈分析预测作用的毁灭性破坏（谢识予，2002），演化博弈论就是在发展传统博弈论完全理性假设过程中逐渐产生和发展起来的。

1.2 演化博弈理论产生、发展及应用概述

1.2.1 演化博弈论的产生与发展

生物进化论是演化博弈论的来源（谢识予，2010）。而演化思想可追溯到1948 年 Marshall 对现实世界的解释，Marshall 认为有两个途径去理解现实世界：一是用理论均衡的观点；二是用演化的观点。其中，演化观点就是以"物竞天择，适者生存"思想来理解现实世界。Alchian（1950）也认为，Marshall 理解现实世界两种观点在解释经济现象方面是等价的，他认为来自"优胜劣汰"的选择压力使得每一个行为主体选择最适合自身的生存之法，据此得到的演化均衡就是纳什均衡。Nash（1950）对纳什均衡的"群体行为解释"被认定为是包含较完整的演化博弈思想的最早理论成果。20 世纪 70 年代是演化博弈理论形成和发展的关键时期，表现为 Smith（1973）以及 Smith 和 Price（1974）将生物演化论与经典博弈理论相结合提出了演化博弈的基本均衡概念——演化稳定策略（Evolutionarily Stable Strategy，ESS），目前学术界普遍认为此概念的提出标志着演化博弈理论的诞生。此后，Taylor 和 Jonker（1978）在考察生态演化现象时，划时代地提出演

化博弈理论的基本动态概念——复制者动态（Replicator Dynamics），演化博弈理论有了明确的研究目标。此后，演化博弈论的理论研究和应用研究迅速发展起来。

20 世纪 80 年代至 90 年代，随着 Smith 著作《演化与博弈论》的出版，演化博弈理论逐渐被运用于更广泛的领域，并被引入经济学领域（郑月龙、张卫国，2014），同时演化博弈理论的研究也由对称博弈逐渐向非对称博弈演进，这一时期的代表人物主要有 Selten（1983，1991）、Cressman（1992）、Swinkels（1992，1993）、Weibull（1995）、Kandori（1997）及 Samuelson（1997）等，其中影响较大的当属 Weibull。Weibull（1995）系统完整地总结了演化博弈理论，他摒弃了完全理性之假说，以达尔文（C. R. Darwin）的生物进化论及拉马克（J. B. Lemarck）的遗传基因理论为思想渊源，从系统论视角入手，把群体行为策略的调整过程视作一个动态系统，把从个人行为到群体行为的形成及其涉及的诸多影响因素统统纳入演化博弈模型中并建立了一个具有微观基础的宏观模型，从而比较切实地反映主体行为的多样性和复杂性。

1.2.2 演化博弈论应用概况

演化博弈理论产生以来，演化博弈理论被广泛应用于不同学科领域，从最初的生物学延伸到政治学、社会学等各个领域，尤其在经济管理学科中的应用研究得到了快速发展（赵佩华，2009）。Friedman（1991）认为，演化博弈论在经济学领域具有广阔的应用前景，并对某些极具应用前景的动态系统（如复制者动态）进行了专门探讨。国外许多经济学者都积极地运用演化博弈来分析和解释现实世界，例如自由竞争易货贸易经济中交易媒介的选择问题的分析（Cowen & Kroszner，1987）、社会规范与习俗的演化（Basu，1995；Peyton Young，1998；Nyborg & Rege，2003）、有无贸易壁垒下企业组织模式的演化（Friedman & Fung，1996）以及社会经济体制的变迁（青木昌彦等，2005）等，这些研究使演化博弈理论在经济学中的应用取得了飞速发展，获得了极大的成功。近年来，演化博弈的应用更加广泛，例如运用演化博弈论探讨在线市场上的卖方声誉机制和买方担保机制之间的相互作用（Guth et al.，2007）；探讨公共资源（例如森林、渔场、地下水等）的占有问题（Noailly et al.，2009）；探讨墨西哥制度变迁的影响因素（Saravia，2008）；探讨多级城市交通网络的拥堵与定价问题（Dimitriou & Tsekeris，2009），等等。最近，Hodgson 等（2012）研究了演化博弈论与演化经济学之间的学术隔离是否会阻碍相互激发和共同发展的可能性，研究结果认为，两种理论合作的可能性取决于其是否能有助于提高我们对现实世界结构以及因果进程的理解。

2000 年之后，国内学者才开始逐渐关注演化博弈理论，谢识予（2001）、张良桥（2001，2003）、张良桥和冯从文（2001）以及盛昭瀚和蒋德鹏（2002）等介绍了演化博弈理论基本概念和基础内容。近年来，相关研究成果不断增多，学者们应用演化博弈论主要在供应链、产业视角、知识管理、金融投资等方面进行了有益探索，黄敏镁（2010）研究了供应链中制造商和供应商间合作的成本分担与收益分配以及监督与惩罚机制问题；许民利、王俏和欧阳林寒（2012）探讨了食品供应链中制造商与供应商的质量投入效应问题，分析认为当双方投入产出比发生变化时，系统会出现多种演化稳定均衡；许肖瑜和周德群（2008）通过建立非对称的演化博弈模型，分析了不同规模企业的新兴产业进入问题；贾愚和张三峰（2013）通过演化博弈建模从乳业行业成长视角分析了乳业质量演化的产业成长性特征；郭本海、方志耕和刘卿（2012）从区域产业结构调整视角着手，运用演化博弈建立了区域高耗能产业退出机制，着重探讨博弈主体策略选择的各影响因素。刘良灿和张同健（2011）在互惠性企业环境下，通过演化博弈建模对组织隐性知识的转移问题进行了探讨；刁丽琳（2012）以合作创新中的知识产权保护为基点，分别在有无惩罚制度和考虑未来合作收益情形下分析了知识窃取与保护的演化博弈过程，并探讨了促进合作创新的途径；谷慎等（2011）在双重二元结构下，建立了政府与西部农村金融机构之间演化博弈模型，探讨了缩小双重二元结构的各影响因素；杨德勇和董左卉子（2007）以证券市场羊群效应为对象，运用演化博弈探讨了羊群效应的产生机理与演化动态，分析认为羊群效应有利于提高金融市场效率；郑月龙等（2016）通过构建一个带漂移项的演化博弈模型，对中小企业团体贷款中违约行为影响因素和预防措施进行了系统的分析和研究。

此外，出于研究和逻辑安排需要，有关合作、合作研发及技术创新等的应用研究文献安排在本章 1.5 节进行梳理。

1.3 演化博弈基本假设及建模

1.3.1 演化博弈基本假设

应用演化博弈论分析实际问题时是依托一定基本假设的，这些假设也是建立演化博弈模型的前提，博弈方的"有限理性"是演化博弈论的基本假设。

日本学者青木昌彦（Aoki M.）和彦奥野正宽（Okuno - Fujiwara M.）（2005）认为，有限理性有三个要素组成，即惯性（Inertia）、缺乏远见（Myopia）和试错（Trial and Errors of Experiments），其中，惯性是每一轮博弈，群体中总有一部分博弈方不调整自己的策略；缺乏远见是指博弈方总将当前策略分布为前提，进而选择更好的策略；试错是指群体中具有革新意识的博弈方，也许会去尝试各种各样的策略，从而可能造成突变策略的产生。

Selten（1998）通过实验研究方法考察了有限理性的策略互动行为。研究表明，有限理性行为表现为粗浅分析情境、互惠和公平、事后理性、适应性与分析、规避循环的概念、非量化期望和非最优及浅度记忆等。

谢识予（2002）认为，有限理性意味着：①博弈方是通过在反复博弈中不断学习、模仿、试错，逐渐发现较优的策略的，而往往不会是一开始就能找到；②一般至少有部分博弈方不会采用完全理性博弈时的均衡策略，任何策略（包括非最优的）博弈方都可能会采用；③有限理性博弈的均衡不是一次性选择的结果，而是不断调整和改进的，即便达到了均衡也会再次偏离。

由上分析可知，有限理性是具有"诸多限制"的理性，在实际进行演化博弈建模时，须对博弈方行为假设能够反映有限理性，而有限理性对博弈方的影响主要表现在，博弈方在每一轮博弈中的博弈策略选择过程。

1.3.2 演化博弈建模指导思想

对于演化博弈进行建模的研究，梁益琳（2012）认为演化博弈建模基于选择、模仿和突变，选择是指可获得较高支付的策略在后续博弈中将被更多参与者采用；模仿是指参与个体有意识地学习其他参与者的行为策略；突变是指部分参与者随机选择不同于群体的策略，突变也是一种选择，然而只有占优的策略才能够生存下来。

赵佩华（2009）根据 Friedma（1998）的研究，提出了演化博弈模型应包含的三个最基本标准，即高收益策略长期必将替代低收益策略、博弈过程中存在惯性以及单一博弈方的策略不能系统性影响其他博弈方的行动，他认为第一个标准表明较优的策略才能存活下来，体现了"适者生存"的进化规则；第二个标准区分了渐进变化和突变；而第三个标准支持了博弈方缺乏远见的理性。余易胤（2009）认为，演化博弈模型具有如下几个特征：以参与人群体为研究对象，分析群体的动态演化过程，解释博弈为何达到以及如何达到目前这一状态；群体的动态演化过程，既有选择过程也包含突变过程；经群体选择下来的行为具有一定惯性。他认为，如果不同时具备选择（Selection）和突变（Mutation）这两个方面的模型就不能称其为演化博弈模型。

结合以上分析，演化博弈模型的建立应基于选择和突变两个方面，选择应该体现"优胜劣汰"思想，即支付较高的策略会被选择，最终会存活下来；突变应体现"随机选择"思想，即博弈个体以随机方式选择不同于群体的策略，突变也是另一种形式的选择，而在应用模型分析群体的动态演化过程中，群体中的博弈个体的策略调整、改进和选择应体现有限理性，例如缺乏远见、粗浅分析情境等，本书就是基于上述思想建立演化博弈模型的。

1.4 演化博弈的演化稳定策略、选择机制及演化均衡

演化博弈理论是研究某一群体随着时间变化的动态过程，试图解释为何群体演化至目前状态以及是如何达到的。影响群体演化的因素既具有一定的随机性和扰动现象（突变），又有通过演化过程的选择机制呈现出来的演化规律性（易余

胤，2009）。演化博弈分析的核心不是博弈个体的最优策略选择，而是群体成员博弈策略的调整过程、演进趋势以及稳定性问题（谢识予，2010）。Smith（1973）以及 Smith 和 Price（1974）最早对演化稳定策略（ESS）思想进行了阐述：若整个种群的每个个体都采取此策略（ESS），则在自然选择作用下，该群体可以抵御任何一个突变策略的侵入。下面以单群体（或对称）情形为例进行详细阐述，首先给出演化稳定策略定义（Weibull，1995；Hofbauer & Sigmund，1998）：

如果策略 $s \in S$ 满足：①对任何 $s \neq s'$ 且 $s' \in S$ 有 $f(s, s) \geqslant f(s', s)$；②即使 $f(s, s) = f(s', s)$，也有 $f(s, s') \geqslant f(s', s')$ 成立；则称策略 s 为演化稳定策略（ESS）。其中，S 为具有相同纯策略集个体的混合策略集，可表示为：

$$S = \left\{ (s_1, s_2, \cdots, s_m) \mid \sum_{k=1}^{m} s_k = 1, s_k \geqslant 0 \right\}$$

其中，s_k 表示选择第 k 个纯策略的个体占群体的概率。

上述定义表明，选择突变策略 s' 的个体不能侵入选择演化稳定策略 s 的群体中，而策略 s 能够侵入选择突变策略 s' 的群体中，演化稳定状态是一种相对静态概念，却能够反映系统局部演化的动态性质，此外，由①可知演化稳定策略（ESS）必定是一个纳什均衡（Nash Equilibrium，NE）策略，进一步根据②可知纳什均衡（NE）策略并不一定是演化稳定策略（ESS）。因此，ESS 是剔除了弱劣纳什均衡之后的策略，为纳什均衡的精炼。在演化博弈理论中，均衡的精炼是通过前向归纳法实现的，是一个动态选择及策略调整过程（易余胤，2009）。动态选择机制一般由以下动力系统来表示：

$$F(s) = \dot{s}_k = g_k(s) s_k \tag{1.1}$$

其中，$g_k(s)$ 为第 k 个纯策略的增长率，$s = (s_1, s_2, \cdots, s_m)$，$s_k$ 选择第 k 个纯策略的个体占群体的概率。

为了更好描述动态的演化过程，Hirshleifer（1982）将演化博弈论中的静态概念与动态过程统一起来，并提出演化均衡概念。

定义 若使 $F(s) = 0$ 的定点 $s \in S$ 的任意小邻域 $M \subset N \subset S$ 内出发的轨线在开邻域 N 内并渐进趋向于 s，则称 s 为渐进稳定的，这样的动态稳定均衡点被 Hirshleifer（1982）以及 Friedman（1998）称为演化均衡（Evolutionary Equilibrium，

EE)。

关于 ESS、NE 及 EE 之间的关系，Friedman（1991，1998）指出：①每一个纳什均衡均是系统 $F(s)=0$ 定点；②演化均衡必定是纳什均衡；③演化稳定策略不一定是演化均衡。一般动态方程中（如动力系统（1））演化稳定策略既不是演化均衡充分条件也不是必要条件（Friedman，1991），然而，复制者动态方程可保证演化稳定策略就是演化均衡（Cressman，1992，1995），它也是演化博弈中运用最广泛的动态选择机制。根据 Taylor 和 Jonker（1978）研究，可将复制者动态方程数学表达式作如下表示：

$$\frac{dx_i}{dt} = x_i[f(s_i, x) - f(x, x)] \tag{1.2}$$

其中，x_i 表示在某时刻 t 选择纯策略 i 的人数在群体中所占比例；$f(s_i, x)$ 表示群体中个体随机配对博弈时，选择纯策略 s_i 的个体期望支付或适应度；$f(x, x) = \sum_i x_i f(s_i, x)$ 表示群体平均期望支付或适应度。

从式（1.2）的复制者动态方程表达式可以看出，如果选择策略 s_i 的某个体获得的支付大于群体平均支付，那么选择该策略的个体在群体中所占比例将会随时间演化而不断增加；反之则减少，若相等则选择该策略的个体在群体中比例不变；纯策略的增长率 x_i 与其获得的支付与群体的平均支付差成正比。

学者们在单群体（或对称）情形基础上进行了进一步研究，例如，Selton（1983，1988）通过引入角色限制行为基础上提出了适应于非对称博弈的 ESS 概念；Cressman（1992）定义了有限两群体非对称博弈的 ESS；Garay 和 Varga（2000）给出了严格 N 群体 ESS 的概念；Friedman（1991）给出了多群体（或非对称）博弈的 ESS 等；此外，Selten（1980）通过引入角色限制行为，将群体分为单群体和多群体，并提出多群体复制者动态方程。

下面给出应用较为广泛的由著名学者 Friedman（1991）提出的有关多群体博弈的概念，具体引述如下：

若有 K（$K \geqslant 2$）个存在博弈关系的群体，每一群体 k（$k = 1, 2, 3, \cdots, K$）有 i 个可供选择的博弈策略，则每一个群体的向量集可表示为：

$$S^K = \{x = (x_1, x_2, \cdots, x_N) \mid x_i \geqslant 0, \sum x_i = 1, i = 1, 2, 3, \cdots, N\}$$

符合上述形式的向量 r^K 表示任一群体 k 的每一个体的混合策略，类似地，s^K 表示群体 k 中采取某一策略的个体占该群体比例。据此 K 个这样的 N 维空间的笛卡儿积 $N^S = S^1 \times S^2 \times \cdots \times S^N$ 即可表示博弈的策略集或状态空间；此时，适应度函数可表示为映射 $f^K: S^K \times S \to R$，若假设该函数是第一个变量（自己的策略）$r^K \in s^K$ 的线性函数（此假设可视作为"大数"假设），而对第二个变量（群体的状态）$r \in S$ 是连续可导的，于是适应度函数还可记作 $f^K: S \times S \to R$ 或 $f(r, s) = (f^1(r^1, s), f^2(r^2, s), \cdots, f^k(r^k, s))$。

于是可得到，多群体博弈随时间演化的动态系统：

$$\dot{s}^k = (\dot{s}_1^k, \dot{s}_2^k, \cdots, \dot{s}_N^k) = (ds_1^k/dt, ds_2^k/dt, \cdots, ds_N^k/dt) \qquad (1.3)$$

式（1.3）即为多群体下的动态选择机制，类似单群体的复制者动态方程；若上述动态系统某个解是稳定的，那么此解即为该系统的一个演化稳定策略（ESS）。

根据以上分析，依据演化博弈基本思想，对实际问题进行假设和建模，进而根据式（1.2）给出的复制者动态方程对模型进行分析，得出的演化稳定策略（ESS）即演化均衡（EE）策略，更是纳什均衡（NE）策略。有关演化博弈论的更多概述，详细可参见易余胤（2009）、赵佩华（2009）以及殷辉（2014）的相关研究。

1.5 演化博弈对企业共性技术合作研发的适用性

绪论部分相关文献梳理发现，现有研究主要集中在三个方面，即共性技术识别和预见的研究；共性技术研发创新研究；共性技术研发供给失灵问题。就共性技术研发创新方面的研究，现有研究更多关注共性技术创新体系的构建，而有关共性技术合作研发供给，现有研究多止步在共性技术合作研发的组织与管理方面，即采取什么合作模式与管理机制实现共性技术合作研发。然而，对企业间共性技术合作研发行为的微观方面研究却非常少，恰恰主体的合作研发行为研究才是更好解决共性技术"供给失灵"问题，而不是从宏观或创新体系等入手。因此，面对共性技术研发供给不足现实，迫切需要一种新的理论视角来研究企业共性技术合作研发行为的微观演化机理，而演化博弈论就是一个不错的选择，具体表现在以下方面。

从演化博弈理论自身来看，演化博弈论是对传统博弈论的扬弃，即继承了传统博弈论的博弈思想，又抛弃了完全理性假设，演化博弈是以博弈方的有限理性为基本假设，以群体为研究对象，现实中的博弈方不一定是行为最优化者，由于"诸多限制"，其最终选择哪种博弈策略是博弈方之间模仿、学习和调整等动态过程，直到博弈系统达到一种状态，这种状态就是经济中的稳定均衡（马旭东，2010），演化博弈重点强调系统达到均衡的渐进过程，较好解决了系统演化的多重均衡选择问题，在面对复杂的经济社会环境和决策问题，演化博弈理论比传统博弈论的优越性也更加突出（赵佩华，2009），运用演化博弈理论研究合作行为的演化，将得到更贴切、更深入、更令人信服的解释和结论（易余胤，2009）。

从相关领域应用研究来看，通过上述演化博弈论的应用概况可知，演化博弈论在经济管理领域的应用得到了快速发展；同时，在企业合作、合作研发及技术创新等与本书研究相关的领域也得到了学术界关注。例如，运用演化博弈理论，易余胤等（2005）分析了企业间合作研发中的机会主义行为；陈学梅等（2009）通过建立蜈蚣博弈模型分析了国际合资企业合作中的机会主义行为；戴园园和梅强（2013）探讨了高新技术企业技术封闭式与开放式创新模式选择的内在决策机理；罗小芳等（2014）、殷辉（2014）、王子龙和许箫迪（2013）以及张卫国和李江（2009）等均对产学研合作创新问题从不同视角进行了研究；刘金芳等（2011）、李星北和齐二石（2014）分别就供应链整合创新和合作创新问题展开了分析；等等。众多相关应用研究进一步佐证了演化博弈对于共性技术合作研发的适用性。

从共性技术合作研发来看，在知识经济时代背景下，企业面对越来越复杂的经济社会环境和决策问题，其理性受到的"诸多限制"越发明显，更加不能达到传统博弈论假设的"完全理性"，尽管共性技术对于每个企业具有潜在应用价值，企业有合作研发的内在动机，而出于共性技术特性（如风险性、准公共品性）考虑，企业又表现出不愿合作的一面，企业是否进行共性技术合作研发是一个不断学习、模仿和试错，逐渐发现较好策略的动态过程，而不是博弈一开始就能够达到，因为它们在做出决策时很难得知自己的选择是不是最大化自身的利益，即使达成合作研发，企业也可能会再次偏离原来选择。此外，产业共性技术合作研发组织形成本身需要一个逐步学习和渐进的演化过程，企业均是趋利性的，任何同产业或跨产业的企业行为很大程度上是对先前企业的学习与模仿。因此，产业共性技术合作研发系统可看作一个由若干有限理性个体或企业组成的演化生态系统。

综上所述，演化博弈论是对传统博弈论的扬弃，用之研究合作行为的演化，将可得到更令人信服的解释和结论，而现有应用演化博弈对本话题的相关研究较多，表明其用于分析该问题的现实适用性，且就产业共性技术合作研发自身来讲，可将其看作一个有若干有限理性个体组成的演化生态系统。因此，演化博弈对于产业共性技术合作研发是适用的。

1.6 本章小结

本章对演化博弈理论进行了较详细的介绍，具体如下：

（1）梳理了演化博弈理论产生、发展及应用情况。从传统博弈局限性出发介绍了演化博弈发展和应用概况，演化博弈理论源于生物进化论思想，演化稳定策略（ESS）复制者动态的提出标志着演化博弈理论的正式形成，其应用领域也从最初生物学延伸到政治学、社会学等领域，并在经济管理的应用研究得到长足发展，演化博弈理论的发展和应用给我们研究提供重要启迪。

（2）介绍了演化博弈基本假设、建模指导思想以及实际应用中涉及的演化博弈的演化稳定策略、选择机制及演化均衡。从有限理性基本假设出发，基于选择和突变思想建立演化博弈模型，进而根据复制者动态方程（动态选择机制）对模型进行分析，所得出的演化稳定策略（ESS）既是演化均衡（EE）策略，更是纳什均衡（NE）策略，复制者动态方程在博弈稳定性分析中具有不可替代的作用。

（3）对演化博弈论应用于企业共性技术合作研发适用性进行了分析。通过演化博弈自身、现有相关的应用性研究以及企业共性技术合作研发形成和演化过程三个方面分析可知，演化博弈对于产业共性技术合作研发是适用的，演化博弈论为研究企业共性技术合作研发策略的微观演化机理提供了一个新的视角，这也对于进一步拓宽演化博弈应用范围有一定理论意义。

演化博弈理论是本书主体内容研究所依据的基本理论，基于演化博弈理论并结合企业共性技术合作研发创新实际，本书建立了两企业对称、两企业非对称以及多企业共性技术合作研发演化博弈模型，并据此利用雅克比矩阵和 MATLAB 软件等工具对企业共性技术合作研发系统的演化稳定策略进行分析。

2 企业技术研发决策研究：共性技术 vs 专用技术

企业总是出于某个供应链节点上的企业，一家企业往往在供应链中承担多种角色，既可以是制造商，也可以是供应商，还可以是经销商，或者是集三者身份于一体，为了分析企业选择研发共性技术还是专用技术的研发决策的影响因素，为后续章节做铺垫，本章以供应商面向多个制造商研发决策为情景展开研究。

2.1 背景及相关研究回顾

随着制造商越来越多采取外包方式组织生产及供应商研发能力的不断提高，供应商主动承担了越来越多的技术研发任务（邓鳞波，2014），制造商对供应商的长期关系导向（李随成、禹文钢，2011）也使得供应商有面向所供应零部件开展技术研发的动机。在实践中，一家供应商往往同时向多家制造商供应零部件，在创新资源约束下，供应商面临针对所供应的全部零部件的共性展开技术研发还是针对某一特定的零部件开展专用技术研发的两难选择，即供应商研发共性技术还是研发专用技术？对此问题的深入研究，可为供应商面向多家制造商时研发共性技术还是专用技术决策提供支持。

关于研发决策的研究，大量学者聚焦于上下游供应商与制造商合作研发决策形成（黄敏镁，2010；Milliou & Pavlou，2013）、溢出效应及学习能力等对决策的影响（孙晓华、郑辉，2012；朱鑫榕，2013；Hasnas et al.，2014），以及研发决策对产业结构、经济效率或社会福利的影响（孟卫东等，2011；Manasakis et al., 2014）；不同创新模式下研发决策也是国内技术研发研究领域的热点，于成永与施建军（2006）对不同技术研发模式进行研究综述，归纳和分析了制度、组织、行业及市场等因素对研发决策的影响；杨建君和聂菁（2009）分析了寡头垄断企业技术创新模式选择问题；付启敏和刘伟（2011）在技术不确定情形下分析了供应商单独投资和制造商—供应商联合投资决策制定策略；刘伟和邓鳞波（2011）探讨了供应商在共性技术和专用性技术研发决策情形下供应商和制造商各自的最优研发决策；吴勇和陈通（2011）分析了内部研发和研发外包两种模式下企业研发决策的动态均衡；李薇和邱有梅（2013）在技术不确定性下探讨了研发过程中的相关决策；邓鳞波（2014）系统分析了不同研发模式下供应商研发决策问题；此外，Cadde 和 Snehota（2000）指出，供应商做出研发决策的前提是研发收益超过其研发成本；Melander 和 Tell（2014）指出，供应商参与新产品研发决策受技术、组织和商业的不确定性等因素影响；Midavaine、Dolfsma 和 Aalbers（2016）研究认为，董事会任期多样性负向影响研发决策，而性别与教育多样性正向影响研发决策。

学者们从不同视角探讨了研发决策问题，对本书有启迪意义。然而，鲜有将供应商自主技术研发决策过程看成一个动态演化的生态系统，并突出共性技术固有的基础性、准公共品性，探讨供应商面对多个制造商研发共性技术，还是研发专用技术的决策问题，而共性技术恰恰是供应商技术研发决策的关键影响因素。为此，本书运用演化博弈论，着重考虑共性技术的固有属性，分别考虑共性技术外部性、共性技术转化难度以及政府技术与补贴支持三种情形建立博弈模型，并结合数值仿真分析供应商技术研发决策的演化稳定均衡及其影响因素，为供应商面向多制造商时采用共性技术还是专用性技术研发决策提供支持。

2.2 建模基本情形设定与符号说明

为了简化模型推导且不失一般性，考虑供应链上有限理性的单供应商群体（用 S 表示代表性供应商）面向两个制造商 M_1 和 M_2 展开技术研发活动情境，供

应商 S 技术研发的目标是：在不影响零部件质量前提下，降低所供应关键零部件成本。在创新资源约束下，供应商采用基于数量折扣的销售价格策略分别向两个制造商供货，供应商面临两种研发策略选择：共性技术和专用技术，前者表示供应商根据两个制造商所需零部件共性开展研发活动，以实现所供零部件成本的降低；而后者表示供应商仅针对 M_1 展开研发活动，以实现对其零部件供应成本的降低，此类研发活动对所供 M_2 零部件成本和质量不产生影响。鉴于共性技术的本质特性，需进一步转化才能应用于降低零部件成本。

进一步假设，制造商 M_1 和 M_2 每生产一单位产品，需要一单位供应商 S 生产的零部件作为中间产品投入，供应商 S 分别以 w_1 和 w_2 的协议价格向制造商 M_1 和 M_2 供给零部件，供应商 S 的单位供给成本为 c_i，满足 $w_i > c_i > 0$，并假设制造商 M_1 和 M_2 之间不存在合作现象，制造商的稳定生产能力为 q_1 和 q_2，且假设在既定售价下，市场能够完全消化制造商的生产能力，q_1 和 q_2 为正整数。

假设 ε 为供应商 S 的研发产出水平，表现为所供零部件单位成本的降低。假设此研发行为引发的研发成本为 $\dfrac{I\varepsilon^{\rho}}{2}$，其中 $I > 0$ 表示单位研发成本，$\rho > 1$ 意味着技术研发成本凸向 ε，以保证创新中规模的不经济性（Zenger，1994），这里取 $\rho = 2$。此外，用 I_g 和 I_s 分别表示供应商选择共性技术和专用技术研发策略时的单位研发成本，与供应商技术研发能力相关，且满足 $I_g > I_s > 0$。由于技术研发的不确定性，假设供应商 S 共性技术研发成功概率为 x_0，专用技术研发成功的概率为 y_0，供应商 S 群体中选择共性技术研发策略的供应商概率为 p_t，选择研发专用技术的供应商概率为 $1 - p_t$，满足 $x_0 < y_0$，$0 \leq p_t$，x_0，$y_0 \leq 1$。根据上述分析，可得供应商的收益状况如表 2.1 所示。

表 2.1 供应商技术研发策略预期收益

研发策略	成功概率	研发收益	研发成本
共性技术	x_0	$\pi_g = (w_1 - c_1 + \varepsilon)\, q_1 + (w_2 - c_2 + \varepsilon)\, q_2$	$\dfrac{I_g}{2}\varepsilon^2$
专用技术	y_0	$\pi_s = (w_1 - c_1 + \varepsilon)\, q_1 + (w_2 - c_2)\, q_2$	$\dfrac{I_s}{2}\varepsilon^2$

2.3 考虑共性技术外部性时技术研发的演化稳定均衡

由于共性技术的基础性、准公共品等本质特征，共性技术研发成果容易被其他类似企业或竞争对手模仿，从而给企业带来不利影响。假设由于逐利动机驱使，企业具有模仿其他企业共性技术成果动机，用 $0 < \lambda \leqslant 1$ 表示共性技术被模仿或复制的难度，也用以衡量共性技术研发成果保护机制的完善程度。此时，在博弈中，若群体中所有供应商 S 均选择研发共性技术，则获得的收益均为 $x_0 \pi_g - \dfrac{I_g}{2}\varepsilon^2$；若供应商群体中有部分供应商 S 选择专用技术研发策略，此时该供应商的收益 $y_0 \pi_s - \dfrac{I_s}{2}\varepsilon^2 + (1 - \lambda)\varepsilon(q_1 + q_2)$，$\varepsilon(q_1 + q_2)$ 为供应商通过模仿获得的预期收益；若群体中所有供应商 S 均选择研发专用技术，则获得收益均为 $y_0 \pi_s - \dfrac{I_s}{2}\varepsilon^2$，考虑研发共性技术能够同时降低两种零部件供应成本，而选择研发专用技术的供应商还可通过模仿实现零售成本的降低，于是给出如下假设：$x_0 \pi_g - \dfrac{I_g}{2}\varepsilon^2 > y_0 \pi_s - \dfrac{I_s}{2}\varepsilon^2$ 以及 $x_0 \pi_g - \dfrac{I_g}{2}\varepsilon^2 < y_0 \pi_s - \dfrac{I_s}{2}\varepsilon^2 + (1 - \lambda)\varepsilon(q_1 + q_2)$。根据以上假设和分析，存在外部性情形下博弈收益矩阵如表 2.2 所示。

表 2.2 考虑共性技术外部性时供应商技术研发博弈收益矩阵

供应商技术研发策略及收益		供应商 S	
		共性技术	专用技术
供应商 S	共性技术	$\left(x_0 \pi_g - \dfrac{I_g}{2}\varepsilon^2,\ x_0 \pi_g - \dfrac{I_g}{2}\varepsilon^2 \right)$	$\left(x_0 \pi_g - \dfrac{I_g}{2}\varepsilon^2,\ y_0 \pi_s - \dfrac{I_s}{2}\varepsilon^2 + (1 - \lambda)\varepsilon(q_1 + q_2) \right)$

供应商技术研发		供应商 S	
策略及收益		共性技术	专用技术
供应商 S	专用技术	$\left(y_0\,\pi_s - \dfrac{I_s}{2}\varepsilon^2 + (1-\lambda)\,\varepsilon\,(q_1+q_2),\; x_0\,\pi_g - \dfrac{I_g}{2}\varepsilon^2 \right)$	$\left(y_0\,\pi_s - \dfrac{I_s}{2}\varepsilon^2,\; y_0\,\pi_s - \dfrac{I_s}{2}\varepsilon^2 \right)$

据表 2.2 可得，群体中每个供应商在时期 t 选择共性技术研发策略和专用技术研发策略的期望收益分别为：

$$E\,\pi_G = p_t\left(x_0\,\pi_g - \frac{I_g}{2}\varepsilon^2 \right) + (1-p_t)\left(x_0\,\pi_g - \frac{I_g}{2}\varepsilon^2 \right) \tag{2.1}$$

$$E\,\pi_S = p_t\left(y_0\,\pi_s - \frac{I_s}{2}\varepsilon^2 + (1-\lambda)\varepsilon(q_1+q_2) \right) + (1-p_t)\left(y_0\,\pi_s - \frac{I_s}{2}\varepsilon^2 \right) \tag{2.2}$$

据此可得，供应商在时期 t 进行技术研发的平均收益：

$$E\,\pi = p_t E\,\pi_G + (1-p_t)E\,\pi_S \tag{2.3}$$

根据 Taylor 和 Jonker（1978）及 Riechmann（2001）有关复制者动态（Replicator Dynamics）研究，供应商时期 t 研发共性技术成功概率变化率可由以下复制者动态方程表示。

$$\dot{p}_t = p_t(E\,\pi_G - E\,\pi) \tag{2.4}$$

式（2.4）表明，若供应商研发共性技术所得收益比群体平均收益高，则研发共性技术供应商比例增加；反之则减少。把供应商研发共性技术的期望收益 $E\,\pi_G$ 和群体平均收益 $E\,\pi$ 代入，可得供应商选择研发共性技术的如下复制者动态方程：

$$\dot{p}_t = p_t(1-p_t)(\Delta_2 - \Delta_1 p_t) \tag{2.5}$$

其中，

$$\Delta_1 = (1-\lambda)\varepsilon(q_1+q_2) > 0$$

$$\Delta_2 = (x_0-y_0)\big((w_1-c_1+\varepsilon)q_1 + (w_2-c_2)q_2\big) + x_0\varepsilon q_2 + \left(\frac{I_s}{2} - \frac{I_g}{2} \right)\varepsilon^2 > 0$$

由于 $\Delta_1 > \Delta_2$，系统（2.5）有 0、1 和 $\dfrac{\Delta_2}{\Delta_1}$ 三个平衡点。根据一阶微分方程平衡点的稳定性定理（冯杰、黄力伟，2007），可得定理 1。

定理 1：对于系统（2.5），$p_t = \dfrac{\Delta_2}{\Delta_1}$ 为系统演化的稳定平衡点；平衡点 0 和 1 为系统演化的不稳定平衡点。

证明：令 $f(p_t) = p_t(1 - p_t)(\Delta_2 - \Delta_1 p_t)$，$p_t^0$ 为 $f(p_t)$ 的平衡点，即 $f(p_t^0) = 0$，将 $f(p_t)$ 在平衡点 p_t^0 处做泰勒展开，并只取一次项，方程（2.5）可近似为 $\dot{p}_t = f'(p_t^0)(p_t - p_t^0)$，

其中，$f'(p_t^0) = (1 - 2p_t^0)(\Delta_2 - \Delta_1 p_t^0) - p_t^0(1 - p_t^0)\Delta_1$。下面分别考察系统（2.5）三个平衡点的演化稳定性：

当 $p_t^0 = 0$ 时，$f'(0) = \Delta_2 > 0$，可知 $p_t^0 = 0$ 为方程（5）不稳定平衡点；

当 $p_t^0 = 1$ 时，$f'(1) = -(\Delta_2 - \Delta_1)$，由于 $\Delta_1 > \Delta_2$，有 $f'(1) > 0$，因此 $p_t^0 = 1$ 为系统的不稳定平衡点；

当 $p_t^0 = \dfrac{\Delta_2}{\Delta_1}$ 时，$f'\left(\dfrac{\Delta_2}{\Delta_1}\right) = -\Delta_2\left(1 - \dfrac{\Delta_2}{\Delta_1}\right)$，由于 $\Delta_1 > \Delta_2 > 0$，有 $f'\left(\dfrac{\Delta_2}{\Delta_1}\right) < 0$，因此 $\dfrac{\Delta_2}{\Delta_1}$ 为系统的稳定平衡点。证毕。

上述定理说明，供应商技术研发博弈系统演化依赖于供应商技术研发损益变量，考虑共性技术基础性、准公共品本质属性情形下，供应商技术研发系统最终演化稳定于一点，意味着选择研发共性技术和研发专用技术的供应商共存于该系统。

2.4 考虑共性技术转化难度时技术研发的演化稳定均衡

共性技术作为一种竞争前技术，供应商共性技术研发成功之后，还得进一步将共性技术转化并应用于所供应零部件，以实现零部件供应成本的降低，而这一

转化过程取决于共性技术转化所需时间及供应商自身能力等因素。为了简化而不失一般性，用 T 表示共性技术转换所需综合成本，其中 $T>0$，T 越大表示共性技术转化难度越大。此时，若所有供应商 S 均选择研发共性技术，则获得收益均为 $x_0(\pi_g - T) - \dfrac{I_g}{2}\varepsilon^2$；若群体中有部分供应商 S 选择专用技术研发策略，此时该供应商收益为 $y_0\pi_s - \dfrac{I_s}{2}\varepsilon^2 + (1-\lambda)\varepsilon(q_1 + q_2) - T$；若群体中所有供应商 S 均选择研发专用技术，则获得收益均为 $y_0\pi_s - \dfrac{I_s}{2}\varepsilon^2$，满足 $(1-\lambda)\varepsilon(q_1+q_2)>T$ 及 $\pi_g>T$。根据以上假设和分析，考虑共性技术转化时博弈的收益矩阵如表2.3所示。

表2.3 考虑共性技术转化时供应商技术研发博弈收益矩阵

供应商技术研发策略及收益		供应商 S	
		共性技术	专用技术
供应商 S	共性技术	$\left(x_0(\pi_g-T)-\dfrac{I_g}{2}\varepsilon^2,\ x_0(\pi_g-T)-\dfrac{I_g}{2}\varepsilon^2\right)$	$\left(x_0(\pi_g-T)-\dfrac{I_g}{2}\varepsilon^2,\ y_0\pi_s-\dfrac{I_s}{2}\varepsilon^2+(1-\lambda)\varepsilon(q_1+q_2)-T\right)$
	专用技术	$\left(y_0\pi_s-\dfrac{I_s}{2}\varepsilon^2+(1-\lambda)\varepsilon(q_1+q_2)-T,\ x_0(\pi_g-T)-\dfrac{I_g}{2}\varepsilon^2\right)$	$\left(y_0\pi_s-\dfrac{I_s}{2}\varepsilon^2,\ y_0\pi_s-\dfrac{I_s}{2}\varepsilon^2\right)$

类似地，根据表2.3可得，供应商在 t 时期研发共性技术和专用技术的期望收益分别为：

$$E\pi_G = p_t\left(x_0(\pi_g-T)-\dfrac{I_g}{2}\varepsilon^2\right)+(1-p_t)\left(x_0(\pi_g-T)-\dfrac{I_g}{2}\varepsilon^2\right) \tag{2.6}$$

$$E\pi_S = p_t\left(y_0\pi_s-\dfrac{I_s}{2}\varepsilon^2+(1-\lambda)\varepsilon(q_1+q_2)-T\right)+(1-p_t)\left(y_0\pi_s-\dfrac{I_s}{2}\varepsilon^2\right) \tag{2.7}$$

据此可得，供应商在时期 t 进行技术研发的平均收益：

$$E\pi = p_t E\pi_G + (1-p_t)E\pi_S \tag{2.8}$$

根据式（2.4），可得供应商时期 t 研发共性技术的如下复制者动态方程：

$$F(p_t) = \frac{dp_t}{dt} = p_t(1-p_t)(\Delta_4 - \Delta_3 p_t) \tag{2.9}$$

其中，

$$\Delta_3 = (1-\lambda)\varepsilon(q_1+q_2) - T > 0$$

$$\Delta_4 = (x_0-y_0)((w_1-c_1+\varepsilon)q_1 + (w_2-c_2)q_2) + x_0(\varepsilon q_2 - T) + \left(\frac{I_s}{2} - \frac{I_g}{2}\right)\varepsilon^2 > 0$$

由于 $\Delta_3 > \Delta_4$，系统（9）有 0、1 和 $\frac{\Delta_4}{\Delta_3}$ 三个均衡点。类似地，一阶微分方程平衡点的稳定性定理（冯杰等，2007），可得定理 2。

定理 2：对于系统（9），平衡点 $p_t = \frac{\Delta_4}{\Delta_3}$ 为系统演化的稳定均衡点。平衡点 0 和 1 为系统演化的不稳定均衡点。

证明：与定理 1 证明类似，略去。

上述定理说明，考虑共性技术转化是供应商选择研发共性技术还是专用技术，除了依赖于共性技术本质属性外，还受共性技术转化难度的影响。

2.5 考虑共性技术政府支持时技术研发的演化稳定均衡

鉴于共性技术的基础性、准公共品等特性，政府理应在推动共性技术研发创新中发挥积极作用（张治栋、张淑欣，2013）。为此，假设政府部门对供应商共性技术研发活动提供如税收减免、补贴等资金支持，用 $\sigma > 0$ 表示，同时，给予技术方面支持，表现为共性技术研发成功率为 x_1，$x_1 > x_0$。由此可得，考虑外部干预下博弈的收益矩阵如表 2.4 所示。

表 2.4 考虑共性技术政府支持供应商技术研发博弈的收益矩阵

供应商技术研发策略及收益		供应商 S	
		共性技术	专用技术
供应商 S	共性技术	$\left(x_1 \ (\pi_g - T) \ -\dfrac{I_g}{2}\varepsilon^2 + \sigma, \right.$ $\left. x_1 \ (\pi_g - T) \ -\dfrac{I_g}{2}\varepsilon^2 + \sigma \right)$	$\left(x_1 \ (\pi_g - T) \ -\dfrac{I_g}{2}\varepsilon^2 + \sigma, \right.$ $\left. y_0 \ \pi_s -\dfrac{I_s}{2}\varepsilon^2 + \ (1-\lambda) \ \varepsilon \ (q_1 + q_2) \ -T \right)$
	专用技术	$\left(y_0 \ \pi_s -\dfrac{I_s}{2}\varepsilon^2 + \ (1-\lambda) \ \varepsilon \ (q_1 + q_2) \ -T, \right.$ $\left. x_1 \ (\pi_g - T) \ -\dfrac{I_g}{2}\varepsilon^2 + \sigma \right)$	$\left(y_0 \ \pi_s -\dfrac{I_s}{2}\varepsilon^2, \ y_0 \ \pi_s -\dfrac{I_s}{2}\varepsilon^2 \right)$

类似地，根据表 2.3 可得，供应商在 t 时期选择研发共性技术和专用技术期望收益分别为：

$$E \pi_G = p_t \left((x_1 (\pi_g - T) -\frac{I_g}{2}\varepsilon^2 + \sigma) \right) + (1-p_t) \left(x_1 (\pi_g - T) -\frac{I_g}{2}\varepsilon^2 + \sigma \right) \quad (2.10)$$

$$E \pi_S = p_t \left(y_0 \pi_s -\frac{I_s}{2}\varepsilon^2 + (1-\lambda)\varepsilon(q_1 + q_2) - T \right) + (1-p_t) \left(y_0 \pi_s -\frac{I_s}{2}\varepsilon^2 \right)$$

$$(2.11)$$

据此可得，供应商在时期 t 进行技术研发的平均收益：

$$E \pi = p_t E \pi_G + (1-p_t) E \pi_S \quad (2.12)$$

根据式（2.4），并将 $\pi_s(\Delta w)$ 和 $\pi_g(\Delta w)$ 代入，可得供应商 t 时期研发共性技术的如下复制动态方程：

$$F(p_t) = \frac{dp_t}{dt} = p_t(1 - p_t)(\Delta_6 - \Delta_5 p_t) \quad (2.13)$$

其中，

$$\Delta_5 = (1 - \lambda) \ \varepsilon \ (q_1 + q_2) \ - T > 0$$

$$\Delta_6 = (x_1 - y_0) \ ((w_1 - c_1 + \varepsilon) q_1 + \ (w_2 - c_2) q_2) + x_1 \ (\varepsilon q_2 - T) + \left(\frac{I_s}{2} - \frac{I_g}{2} \right) \varepsilon^2 + \sigma > 0$$

由于 $\Delta_5 > \Delta_6$，系统（13）有 0、1 和 $\dfrac{\Delta_6}{\Delta_5}$ 三个均衡点。可得定理3。

定理3：对于系统（13），平衡点 $p_t = \dfrac{\Delta_6}{\Delta_5}$ 为系统演化的稳定均衡点；平衡点0和1为系统演化的不稳定均衡点。

证明：与定理1和定理2证明类似，略去。

上述定理说明，考虑政府对共性技术研发支持情形下，供应商选择研发共性技术还是专用技术决策还受政府支持导向和强度影响。

2.6　数值仿真

本小节利用MATLAB工具，在满足相应前提设定下对影响供应商技术研发策略行为选择的参数和演化路径进行仿真与分析，为更直观观察系统演化稳定均衡，下面图形中横坐标刻度均转化为用对数表示。

（1）考虑共性技术本质属性情形下系统仿真分析。假设系统（5）的参数 $x_0 = 0.55$；$y_0 = 0.6$；$q_1 = 10$；$q_2 = 10$；$w_1 = 8$；$c_1 = 4$；$w_2 = 6$；$c_2 = 2$；$I_s = 3$；$I_g = 3.5$；$\varepsilon = 1.5$.（下面分析中上述基础参数值保持不变）。根据这些参数可得 $\lambda = 0.5$ 和 $\lambda = 0.9$ 时系统的数值仿真。如图2.1和图2.2所示，横坐标为时间 t，纵坐标为概率 p_t。

由图2.1可以看出，首先，在其他参数不变情况下，系统（5）演化稳定均衡于某一平衡点 p_t^*，即选择不同研发策略供应商共存的演化稳定均衡，例如，演化稳定均衡7.50%表示系统中有7.50%的供应选择研发共性技术，92.50%供应商选择研发专用技术，平衡点0和1为系统非演化稳定均衡；其次，系统（5）的演化稳定均衡位置取决于技术研发自身损益状况，如当技术创新的研发产出水平由1增加至1.5时（内嵌图），均衡位置由7.50%增加至19.58%，表明选择共性技术研发策略供应商比例增加12.08%，这是由于共性技术涉及所有零部件成本的降低。此外，参数 I_g、y_0 减少及 I_s、x_0 增加可得出类似结论。

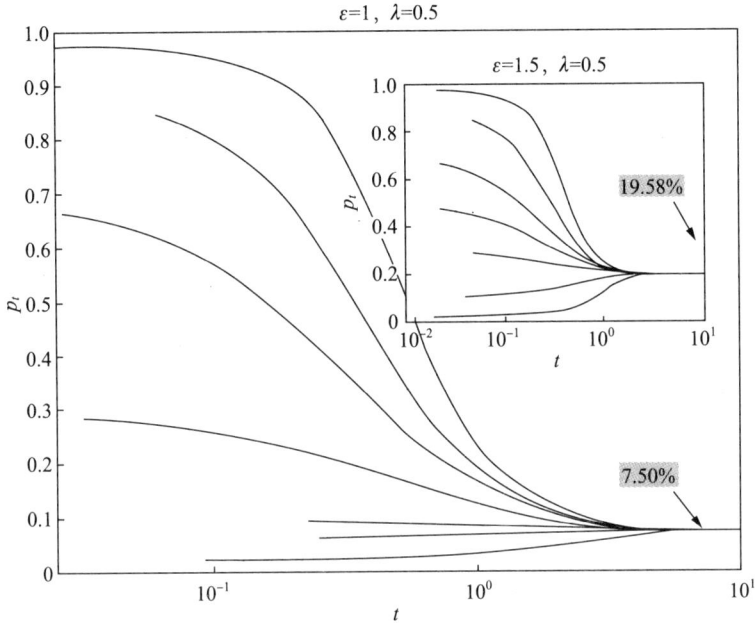

图2.1 λ=0.5 下 ε 变化时供应商技术研发决策的演化

进一步，在其他参数不变情况下，共性技术被模仿和复制难度由 λ = 0.5（图2.1内嵌图）增加至 λ = 0.9（见图2.2），系统均衡位置由19.58%增加至97.92%，选择共性技术研发的供应商迅速增加并占据整个系统。可见，随着共性技术被模仿和复制难度的增加，即保护机制的完善，共性技术研发策略成为群体中更多供应商的选择。当 λ = 1 时，即共性技术不存在外部性情况下，所有供应商均选择研发共性技术为系统的演化稳定均衡。

由以上分析可得，共性技术外部性的存在使供应商技术研发博弈系统最终演化稳定于由选择共性技术和专用技术研发策略供应商组成的共存均衡，均衡位置受供应商技术研发损益变量显著影响。

（2）考虑共性技术转化难度情形下系统仿真分析。为了与系统（5）可比，假设系统（9）的参数 T 分别取值 T = 0.01 和 T = 0.1，在 λ = 0.5 和 λ = 0.9 两种情形下考察 T 变化对系统演化均衡的影响，如图2.3和图2.4所示。

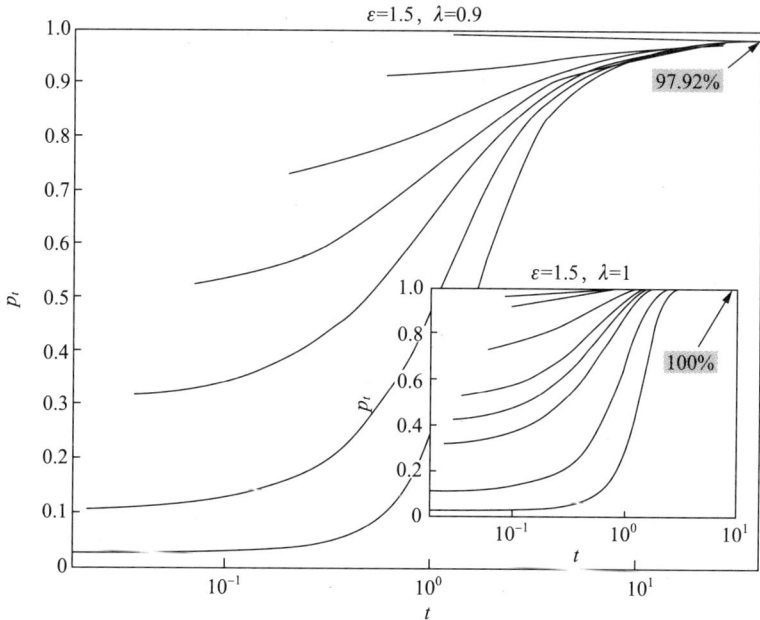

图 2.2 λ 变化时供应商技术研发决策的演化

由图 2.3 可以看出，在外部性较强情况下（λ = 0.5），共性技术转化难度为 0.01，此时系统演化稳定均衡为 19.56%，当技术转化难度增加至 0.1 时，系统的稳定均衡降低为 19.35%（内嵌图），与图 2.1（内嵌图）相比，随着技术转化难度的增加，供应商选择共性技术研发策略概率降低；进一步地，由图 2.4 可知，当外部性较弱时（λ = 0.9），共性技术转化难度分别为 0.01 和 0.1 时，系统演化稳定均衡分别为 99.06% 和 99.40%（内嵌图），此时随着技术转化难度的增加，供应商选择共性技术研发策略概率增加，可能的原因是，这种情形下供应商研发共性技术被模仿的可能性变小，考虑共性技术能够同时降低所供应所有零部件成本，供应商创新收益增强，促使其选择共性技术研发。

综上分析，当共性技术外部性较强时，随着技术转化难度的增加，供应商更倾向于选择研发专用技术；当共性技术外部性较弱时，随着技术转化难度的增加，供应商更倾向于选择研发共性技术。

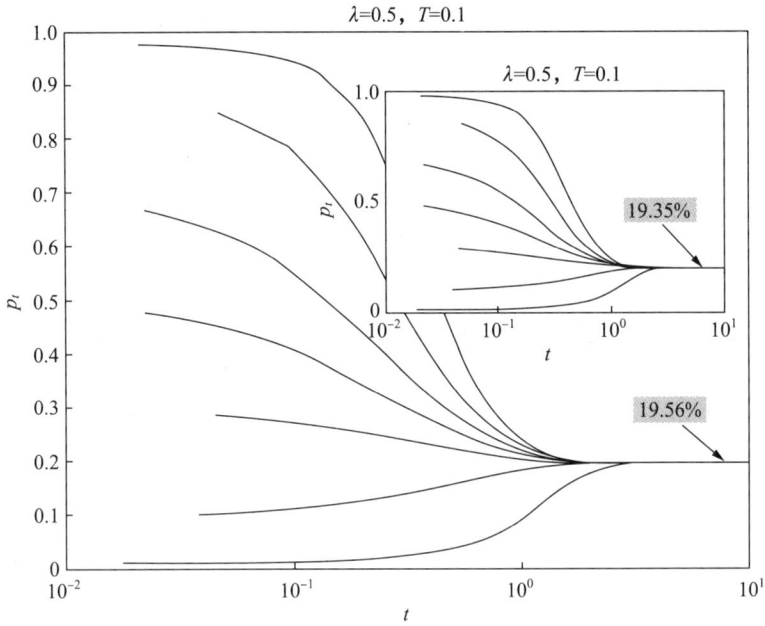

图 2.3 **λ = 0.5** 下 **T** 不同取值时系统的演化

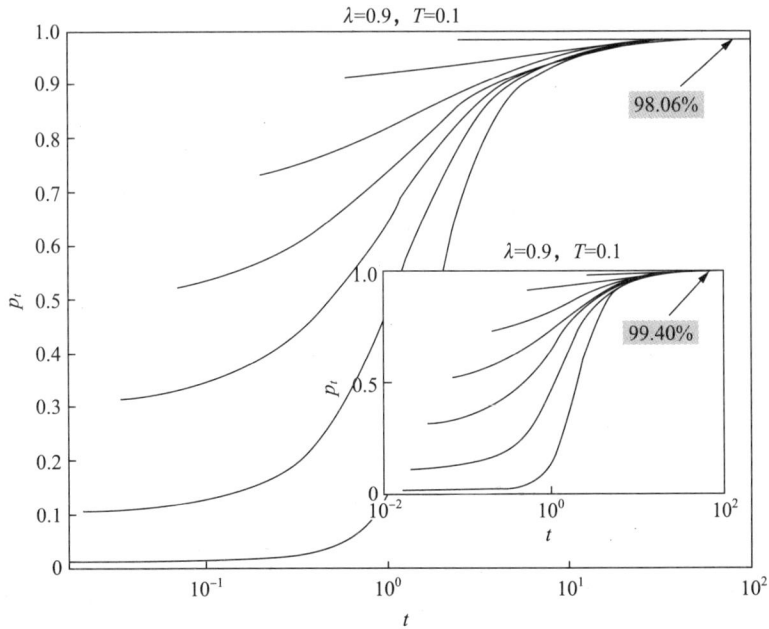

图 2.4 **λ = 0.9** 下 **T** 不同取值时系统的演化

（3）考虑共性技术政府支持情形下系统仿真分析。在参数 $\lambda = 0.5$，$T = 0.01$ 情形下，并假设初始值 $\sigma = 1$，分离并对比性考察政府技术支持和政府补贴方式对系统演化行为的影响，分别考察参数 σ 及 x_1 同比例增加对系统（13）演化均衡的影响，具体如图2.5和图2.6所示。

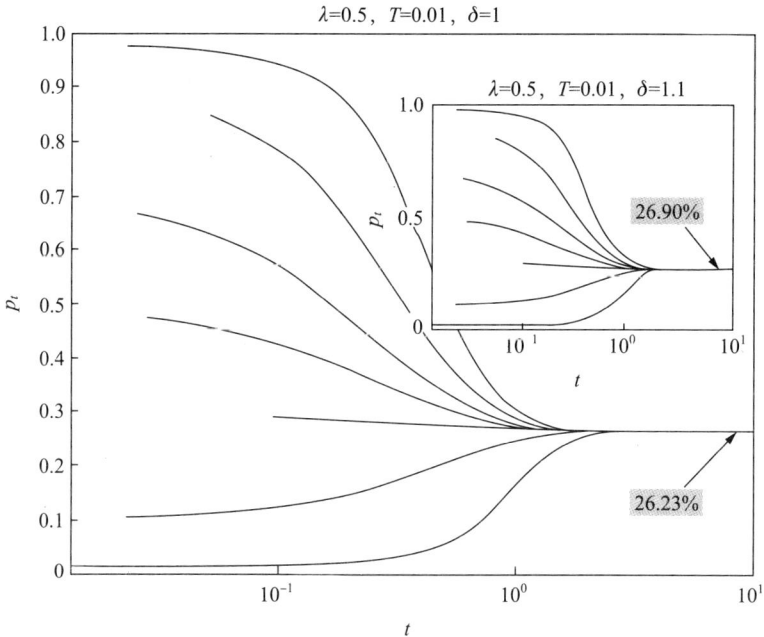

图2.5　政府补贴情形下供应商技术研发决策演化

由图2.5可以看出，与图2.3相比，政府补贴为 $\sigma = 1$ 时，系统演化稳定均衡由19.56%增加至26.23%，当政府补贴进一步增加10%，即变为 $\sigma = 1.1$ 时（内嵌图），系统演化稳定均衡变为26.90%，增加0.57%，说明政府补贴对于供应商选择共性技术研发具有促进作用，随着补贴的增加选择研发共性技术概率亦增加；进一步地，如图2.6所示，若考虑政府对共性技术研发给予技术支持，使共性技术研发成功率仅提高10%（由 $x_0 = 0.55$ 变为 $x_1 = 0.605$），就可使系统演化稳定均衡增加40.36%，变为59.92%，可见政府的技术支持将更大促使供应商选择共性技术研发策略，政府给予技术而不是补贴更能激发供应商的共性技术研发行为。在 $\lambda = 0.9$ 下可做类似分析，这里不再赘述。

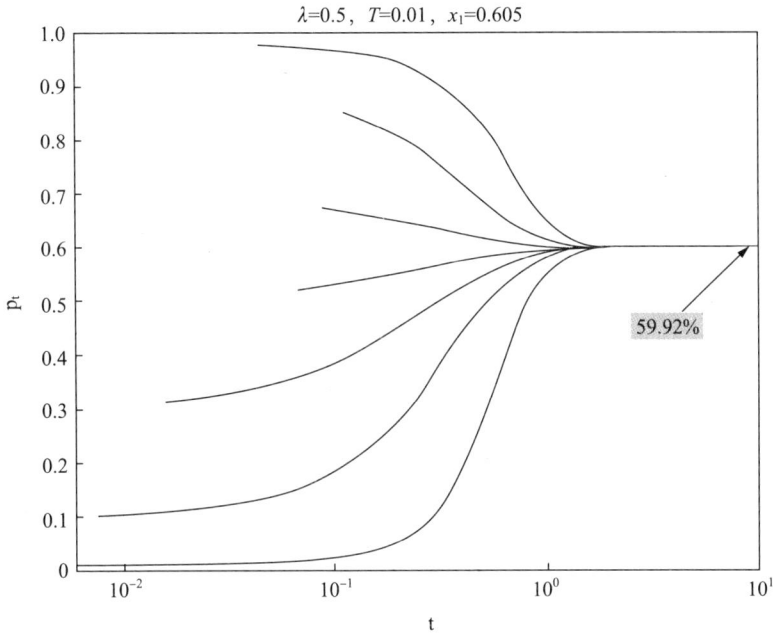

图 2.6　政府技术支持情形下供应商技术研发决策演化

由以上分析得，政府支持行为利于缓解共性技术外部性和转化难度的不利影响，对供应商选择共性技术研发策略具有激励作用，对共性技术研发给予技术支持更能激发供应商选择共性技术研发策略。

2.7　本章小结

通过建立供应商选择共性技术还是专用技术研发的演化博弈模型，分别考虑共性技术外部性、共性技术转化难度及政府支持等情形，对供应商在面向多制造商技术研发的决策问题进行了研究。分析发现，共性技术的外部性在供应商技术研发决策中扮演关键角色，外部性的存在使得博弈演化稳定于由选择共性技术和专用技术研发策略供应商共存的均衡，研发损益参数对演化均衡位置产生显著影响；共性技术后续转化难度对供应商研发策略选择的影响依共性技术外部性强弱而定，具体而言，随着技术转化难度的增加，在共性技术外部性较强时，供应商更倾向于选择研发专用技术；相反，共性技术外部性较弱时，供应商更倾向于选择研发共性技术。政府对共性技术的技术和补贴支持利于缓解共性技术外部性和技术转化难度的不利影响，激励供应商选择共性技术研发策略，政府技术支持能更大激励供应商选择共性技术研发策略。本章研究表明，企业技术研发决策行为受诸多因素影响，如共性技术固有特性及政府行为等，后面章节将进一步系统分析共性技术合作研发形成的影响因素及影响机制。

3 实力相当企业间共性技术合作研发演化研究

在现实中，企业与企业间往往存在着实力上差异，这势必会对企业共性技术合作研发形成机制产生影响，到底会产生怎样的影响呢？这是本章要解决的主要问题之一；此外，除了企业自身实力的影响外，政府和学研方的支持以及企业对共性技术需求的迫切程度都会影响企业共性技术合作研发机制的形成。为此，本章从更微观的视角对实力相当企业间共性技术合作研发形成机制进行分析。

3.1 共性技术合作研发的基本假设与支付参数

类似地，考虑一个有多家企业群体组成的区域市场，每家企业在产业中都有一定的市场势力，且有未来通过专有技术创新增强其竞争力的欲望。企业是否进行共性技术合作研发决策，犹如一个演化的生态系统，是一个随时间不断调整、试错和模仿学习的动态过程，本书对企业共性技术合作研发所建立的演化模型就是一个随着时间变化的动态博弈系统，为分析之便做如下基本假设。

假设1：有限理性。即博弈参与方的理性是有"诸多限制"的理性，这意味着合作研发不是一蹴而就的，而是博弈方通过学习和试错而不断调整和改进，并逐渐发现更优策略的过程。

假设2：随机配对。共性技术研发企业在策略选择时面对区域市场中所有企业，与其他企业合作研发是通过随机配对方式实现的，即假设博弈是在随机配对企业之间反复进行的。

假设3：合作前提。假设企业合作是以共性技术研发为基本条件，只要存在共性技术研发需求前提就存在，而合作研发的持续性是以合作过程中所获利益的互惠性或合作方至少认为是互惠为基本前提。

假设4：基本策略。依然假设区域市场中企业基本策略包括不合作和辨别合作，两种策略在博弈中企业通过学习、试错和模仿进行策略转换。假设辨别合作和不合作策略在共性技术研发企业群体的比例分别为 x 和 $1-x$。

假设5：情景设定。在实力相当前提下，具体分"有无政府、学研方参与"和"实力相当需迫切程度相异"三种情境，并在此情境下展开本章研究。

企业共性技术合作研发构建模型涉及的损益参数，详见表3.1。

表3.1 共性技术合作博弈损益参数说明

损益参数	参数释义	参数范围
b	为共同损益参数，表示共性技术研发预期给企业带来的支付，也是不合作者支付的基础	$b>0$
c_i	为研发活动所需花费的总成本，假设其在合作企业间均分在技术上可行，$i=1,2$	$0<c_1<c_2<b$
g	表示来自系统外部力量对共性技术研发行为的支持，如学研方、政府机构等	$g\geqslant 0$
c'	为每一轮共性技术合作研发之前所花费的收集和分析合作对象以前经营信息的成本	$c'\geqslant 0$
ε	表示由于隐藏信息等缘故，企业依据所收集到的信息而做出准确决策的概率	$0<\varepsilon\leqslant 1$
d	为共同损益参数，表示由于共性技术缺乏而带来的预期不利影响，表征共性技术对企业发展的重要性或企业的未来需求迫切程度	$d\geqslant 0$
λ	为共性技术被模仿或复制的难度系数，λ 越大表明共性技术模仿难度越大；反之越小	$0<\lambda<1$
σ_i	表示企业与不同对象博弈时共性技术研发的成功率，也表示企业研发能力的大小，σ_i 越大则成功率越高，$i=1,2$	$1\geqslant\sigma_1>\sigma_2\geqslant 0$

损益参数	参数释义	参数范围
m_g	表示政府部门对共性技术合作研发企业给予的激励性支持力度,如研发资金、研发所需要的设备等	$m_g > 0$
σ_{ig}	表示获得政府和学研方对研发企业的技术支持后,企业与不同对象博弈时共性技术研发的成功率,$i = 1, 2$	$\sigma_{ig} > \sigma_i$
Δ_b	表示对共性技术有迫切需求企业相对于其他企业通过共性技术研发带来预期支付的增加额(考虑技术扩散)	$\Delta_b \geqslant 0$
d_i	表示企业 i 对共性技术未来需求迫切程度或共性技术的重要性,d_i 越大表示企业 i 对共性技术需求越迫切,$i = 1, 2$	$d_i \geqslant 0$

3.2 没有政府、学研方参与下企业共性技术合作研发的演化博弈

没有政府、学研方参与企业共性技术合作研发情形,是指不借助政府、学研方力量的干预和协调而在市场机制下依靠群体自身进行演化的博弈情况。

3.2.1 假设与演化博弈建模

在共性技术合作研发过程中,实力相当的企业均在辨别合作研发策略和不合作策略中进行选择,这里不考虑博弈企业双方自身属性的差异,即"实力相当"(这里主要指研发能力相当),它们博弈获得支付的差异仅仅是由各自采取的不同行动策略所致,即双方开展对称博弈。根据3.3.1节有关博弈方支付函数的假设,具体可作如下有关博弈方策略选择所获得支付的假设。

若两企业都选择合作研发策略,则它们所获得的期望支付为 $\varepsilon^2(\sigma_1 b - c_1) - c'$;若选择合作研发的企业与选择不合作策略的企业博弈,采取不合作策略的企业所获得支付为 $(1-\varepsilon)(1-\lambda)\sigma_2 b$,表征企业共性技术固有的准公共品特性;采

取合作研发策略的企业获得的支付为 $(1-\varepsilon)(\sigma_2 b - c_2) - c'$，此时合作研发企业承担了共性技术研发应支付的所有成本，损益参数满足条件 $b > c_2 > c_1 > 0$，$\sigma_1 > \sigma_2$。若两个企业均选择不合作策略，那么获得支付均为 $-d$；假设辨别合作和不合作策略在共性技术研发企业群体比例分别为 x 和 $1-x$，$0 \leqslant x \leqslant 1$。根据以上分析，可得此时企业共性技术合作研发博弈的支付矩阵，如表3.2所示。

表3.2　没有政府、学研方参与下实力相当企业间博弈的支付矩阵

企业1 ＼ 企业2		共性技术研发策略	
		辨别合作 x	不合作 $1-x$
共性技术研发策略	辨别合作 x	$(\varepsilon^2(\sigma_1 b - c_1) - c',$ $\varepsilon^2(\sigma_1 b - c_1) - c')$	$((1-\varepsilon)(\sigma_2 b - c_2) - c',$ $(1-\varepsilon)(1-\lambda)\sigma_2 b)$
	不合作 $1-x$	$((1-\varepsilon)(1-\lambda)\sigma_2 b,$ $(1-\varepsilon)(\sigma_2 b - c_2) - c')$	$(-d, -d)$

3.2.2　企业共性技术合作研发演化稳定均衡

系统演化受哪些因素影响？达到演化稳定策略需要哪些条件？下面通过演化稳定策略的分析解答这两个问题。为此，基于如表3.2所示的支付矩阵，根据单群体复制者动态方程（Friedman，1991），此时博弈动态可用如下动力学方程表示：

$$\dot{x}/x = \mathbf{e}\mathbf{B}\mathbf{P}^{\mathrm{T}} - \mathbf{P}\mathbf{B}\mathbf{P}^{\mathrm{T}} \tag{3.1}$$

其中，$\mathbf{e} = (1, 0)$ 均为单位向量，$\mathbf{P} = (x, 1-x)$ 为共性技术研发企业的混合策略，企业1的支付矩阵为：

$$\mathbf{B} = \begin{bmatrix} \varepsilon^2(\sigma_1 b - c_1) - c' & (1-\varepsilon)(\sigma_2 b - c_2) - c' \\ (1-\varepsilon)(1-\lambda)\sigma_2 b & -d \end{bmatrix}$$

此外，$\mathbf{e}\mathbf{B}\mathbf{P}^{\mathrm{T}}$ 和 $\mathbf{P}\mathbf{B}\mathbf{P}^{\mathrm{T}}$ 分别为选择共性技术研发策略的平均适应度和区域共性技术研发企业群体的平均适应度。

通过对动力学方程式（3.1）的数学推演并整理可得如下复制者动态方程：

$$\dot{x} = \frac{dx}{dt} = x(1-x)\left[\left(\varepsilon^2(\sigma_1 b - c_1) - d - (1-\varepsilon)((2-\lambda)\sigma_2 b - c_2)\right)x + (1-\varepsilon)\right.$$

$$\left.(\sigma_2 b - c_2) - c' + d\right] \tag{3.2}$$

下面研究动态系统(3.2)的共性技术合作研发机制形成问题。为此，令 $\dot{x}=0$，得该复制者动态方程至多有三个均衡解，分别为：

$$x_1^* = 0, \quad x_2^* = 1, \quad x_3^* = \frac{(1-\varepsilon)(\sigma_2 b - c_2) - c' + d}{(1-\varepsilon)((2-\lambda)\sigma_2 b - c_2) + d - \varepsilon^2(\sigma_1 b - c_1)}$$

接下来对上述三个均衡解的稳定性进行分析，根据微分方程定性定理（张芷芬，1985），为分析之便，这里假设 $(1-\varepsilon)((2-\lambda)\sigma_2 b - c_2) + d > \varepsilon^2(\sigma_1 b - c_1)$。据此可得以下系列命题。

命题 3.1 若 $c' > (1-\varepsilon)(\sigma_2 b - c_2) + d$ 时，$x_1^* = 0$ 是演化稳定策略，也是共性技术合作研发博弈系统的演化均衡。

证明： 当 $c' > (1-\varepsilon)(\sigma_2 b - c_2) + d$ 时，易得 $x_3^* < 0$（与 $0 \le x \le 1$ 相矛盾，故舍去），此外存在 $\dot{x}'|_{x=x_1^*} < 0$ 和 $\dot{x}'|_{x=x_2^*} > 0$，根据微分方程定性定理，此时只有 $x_1^* = 0$ 是演化稳定策略，亦为博弈系统的演化均衡。证毕。

命题 3.1 表明，当共性技术合作研发企业博弈付出的信息搜寻和分析的总成本 c' 大于其与不合作企业博弈时的预期收益 $(1-\varepsilon)(\sigma_2 b - c_2)$，及与由共性技术缺乏而引致的预期不利影响 d 之和时，辨别合作企业将不与不合作企业博弈，不合作策略为区域市场中企业的演化稳定策略。复制者动态方程演化的相位图如图 3.1 所示。

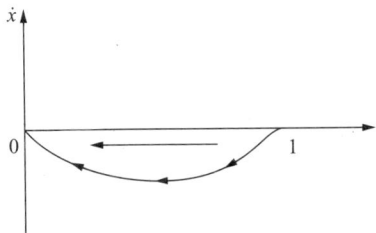

图 3.1 命题 3.1 情形下的系统演化相位

命题 3.2 若 $0 \leqslant c' < \varepsilon^2 (\sigma_1 b - c_1) - (1 - \varepsilon)(1 - \lambda)\sigma_2 b$ 且 $b > \dfrac{\varepsilon^2 c_1}{\varepsilon^2 \sigma_1 - (1 - \varepsilon)(1 - \lambda)\sigma_2}$ 时，$x_1^* = 1$ 是演化稳定策略，也是共性技术合作研发博弈系统的演化均衡。

证明： 当 $0 \leqslant c' < \varepsilon^2 (\sigma_1 b - c_1) - (1 - \varepsilon)(1 - \lambda)\sigma_2 b$ 且 $b > \dfrac{\varepsilon^2 c_1}{\varepsilon^2 \sigma_1 - (1 - \varepsilon)(1 - \lambda)\sigma_2}$ 时，易得 $x_3^* > 1$（与 $0 \leqslant x \leqslant 1$ 相矛盾，故舍去），且存在 $\dot{x}'|_{x = x_1^*} > 0$ 和 $\dot{x}'|_{x = x_2^*} < 0$，根据微分方程定性定理，此时只有 $x_2^* = 1$ 是演化稳定策略，也是博弈系统的演化均衡。证毕。

上述命题表明，当共性技术合作研发企业付出的信息搜寻和分析的总成本 c' 小于与其他辨别合作企业博弈时的预期支付 $\varepsilon^2 (\sigma_1 b - c_1)$，及与不合作策略预期支付 $(1 - \varepsilon)(1 - \lambda)\sigma_2 b$ 之差且满足此差值为正时，不合作企业最终将从区域中消亡，辨别合作策略是区域市场中企业的最优策略。此时复制者动态方程演化的相位图如图 3.2 所示。

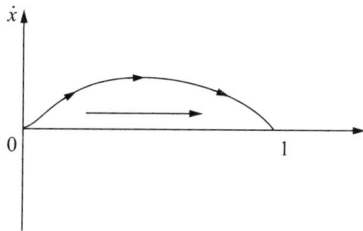

图 3.2 命题 3.2 情形下的系统演化相位

命题 3.3 若 $\max\{0, \ \varepsilon^2 (\sigma_1 b - c_1) - (1 - \varepsilon)(1 - \lambda)\sigma_2 b\} < c' < (1 - \varepsilon)(\sigma_2 b - c_2) + d$ 时，

$$x_3^* = 1 - \frac{(1 - \varepsilon)(1 - \lambda)\sigma_2 b + c' - \varepsilon^2 (\sigma_1 b - c_1)}{(1 - \varepsilon)((2 - \lambda)\sigma_2 b - c_2) + d - \varepsilon^2 (\sigma_1 b - c_1)}$$

为系统的演化稳定策略，也是共性技术合作研发博弈系统的演化均衡。

证明： 当 $\max\{0, \ \varepsilon^2 (\sigma_1 b - c_1) - (1 - \varepsilon)(1 - \lambda)\sigma_2 b\} < c' < (1 - \varepsilon)(\sigma_2 b -$

c_2）$+d$ 时，上述三个均衡解 x_1^*，x_2^* 和 x_3^* 均是符合条件的解，即均属于区间 $[0,$ $1]$；易得 $\dot{x}'|_{x=x_1^*}>0$，$\dot{x}'|_{x=x_2^*}>0$ 以及 $\dot{x}'|_{x=x_3^*}<0$，根据微分方程定性定理，此时只有 x_3^* 是演化稳定策略，也是博弈系统的演化均衡。证毕。

根据命题 3.3 可知，当共性技术合作研发企业的信息搜寻和分析支付总成本 c' 小于其与不合作企业博弈预期支付 $(1-\varepsilon)(\sigma_2 b-c_2)$，及与由共性技术缺乏而引致的预期不利影响 d 之和，且 c' 满足大于与其他辨别合作企业博弈时的预期支付 $\varepsilon^2(\sigma_1 b-c_1)$，及与不合作策略预期支付 $(1-\varepsilon)(1-\lambda)\sigma_2 b$ 之差与零之间较大者时，博弈演化辨别合作企业和不合作企业混合的局势，其中有

$$\frac{(1-\varepsilon)(\sigma_2 b-c_2)-c'+d}{(1-\varepsilon)((2-\lambda)\sigma_2 b-c_2)+d-\varepsilon^2(\sigma_1 b-c_1)}$$，比例的辨别合作进行共性技术研

发，而此时有 $\dfrac{(1-\varepsilon)(1-\lambda)\sigma_2 b+c'-\varepsilon^2(\sigma_1 b-c_1)}{(1-\varepsilon)((2-\lambda)\sigma_2 b-c_2)+d-\varepsilon^2(\sigma_1 b-c_1)}$，比例的企业选择不合

作研发策略，均衡中双方演化的此消彼长取决于信息、对共性技术需求迫切程度等参数影响。群体演化状况地如图 3.3 所示。

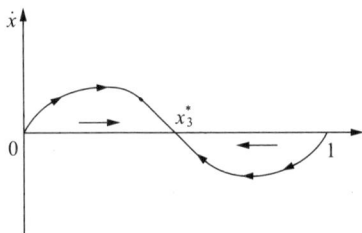

图 3.3　命题 3.3 情形下的系统演化相位

3.3　有政府、学研方参与下企业共性技术合作研发的演化博弈

有政府、学研方参与企业共性技术合作研发，借助政府、学研方力量的干预

和协调而不是完全在市场机制下依靠企业自身进行群体演化的博弈情形。政府和学研方对于共性技术均有巨大影响，当前我国共性技术研发主要以政府为主导和产学研为平台，因此，以企业为主体的共性技术合作研发必然会受政府和学研方影响，下面研究有政府、学研方参与时对企业共性技术合作研发的影响。

3.3.1 假设与演化博弈建模

与 3.2 节假设类似，此情形依然不考虑博弈企业双方自身属性差异，双方开展对称博弈。假设政府在共性技术研发方面作用主要体现在通过研发资金和技术的支持，如共性技术合作研发平台的建立等，为共性技术合作研发营造良好的氛围或环境，而学研方对共性技术研发的作用多体现在提供基础技术研究方面的支持，如提高共性技术研发成功率和扩散能力，因此也有助于合作研发氛围或环境的营造。根据表 3.1，考虑政府激励性支持 m_g 以及政府和学研方技术支持参数 σ_{1g} 后，博弈支付矩阵如表 3.3 所示，同样假设辨别合作和不合作策略在共性技术研发企业群体比例分别为 x 和 $1-x$，$0 \leqslant x \leqslant 1$。

表 3.3　有政府、学研方参与下实力相当企业间博弈支付矩阵

| 企业1 | 企业2 | 共性技术研发策略 | |
		辨别合作 x	不合作 $1-x$
共性技术研发策略	辨别合作 x	$(\varepsilon^2(\sigma_{1g}b - c_1 + m_g) - c',$ $\varepsilon^2(\sigma_{1g}b - c_1 + m_g) - c')$	$((1-\varepsilon)(\sigma_{2g}b - c_2 + m_g) - c',$ $(1-\varepsilon)(1-\lambda)\sigma_{2g}b)$
	不合作 $1-x$	$((1-\varepsilon)(1-\lambda)\sigma_{2g}b,$ $(1-\varepsilon)(\sigma_{2g}b - c_2 + m_g) - c')$	$(-d,\ -d)$

根据如表 3.3 所示的支付矩阵以及单群体复制者动态方程（Friedman，1991），可得此情形下，博弈的复制者动态方程为：

$$\dot{x} = \frac{dx}{dt} = x(1-x)\big[(\varepsilon^2(\sigma_{1g}b - c_1 + m_g) - d - (1-\varepsilon)((2-\lambda)\sigma_{2g}b - c_2 + m_g))$$

$$x + (1-\varepsilon)(\sigma_{2g}b - c_2 + m_g) - c' + d\big]$$

$$(3.3)$$

令 $\dot{x}=0$，得该复制者动态方程至多有三个均衡解，分别为：

$$x_1^* = 0, \quad x_2^* = 1, \quad x_3^* = \frac{(1-\varepsilon)(\sigma_{2g}b - c_2 + m_g) - c' + d}{(1-\varepsilon)((2-\lambda)\sigma_{2g}b - c_2 + m_g) + d - \varepsilon^2(\sigma_{1g}b - c_1 + m_g)}$$

3.3.2 企业共性技术合作研发演化稳定均衡

本节对上述三个均衡解的稳定性进行分析，根据微分方程定性定理（张芷芬，1985）以及上节分析，可得以下系列命题。

命题 3.4 若 $c' > (1-\varepsilon)(\sigma_{2g}b - c_2 + m_g) + d$ 时，$x_1^* = 0$ 是演化稳定策略，也是共性技术合作研发博弈系统的演化均衡。

证明： 当 $c' > (1-\varepsilon)(\sigma_{2g}b - c_2 + m_g) + d$ 时，易得 $x_3^* < 0$（与 $0 \leq x \leq 1$ 相矛盾，故舍去），此外存在 $\dot{x}'|_{x=x_1^*} < 0$ 和 $\dot{x}'|_{x=x_2^*} > 0$，根据微分方程定性定理，此时只有 $x_1^* = 0$ 是演化稳定策略，也是为博弈系统的演化均衡。证毕。

与命题 3.1 类似，当信息搜寻和分析总成本 c' 大于其与不合作企业博弈时的预期收益 $(1-\varepsilon)(\sigma_{2g}b - c_2 + m_g)$ 与由共性技术缺乏而引致的预期不利影响 d 之和时，辨别合作企业将不与不合作企业博弈，不合作策略为区域市场中企业的演化稳定策略。复制者动态方程演化相位图如图 3.1 所示。

命题 3.5 若 $0 \leq c' < \varepsilon^2(\sigma_{1g}b - c_1 + m_g) - (1-\varepsilon)(1-\lambda)\sigma_{2g}b$ 且 $b > \dfrac{\varepsilon^2(c_1 - m_g)}{\varepsilon^2\sigma_{1g} - (1-\varepsilon)(1-\lambda)\sigma_{2g}}$ 时，$x_1^* = 1$ 是演化稳定策略，也是共性技术合作研发博弈系统的演化均衡。

证明： 当 $0 \leq c' < \varepsilon^2(\sigma_{1g}b - c_1 + m_g) - (1-\varepsilon)(1-\lambda)\sigma_{2g}b$ 且 $b > \dfrac{\varepsilon^2(c_1 - m_g)}{\varepsilon^2\sigma_{1g} - (1-\varepsilon)(1-\lambda)\sigma_{2g}}$ 时，易得 $x_3^* > 1$（与 $0 \leq x \leq 1$ 相矛盾，故舍去），且存在 $\dot{x}'|_{x=x_1^*} > 0$ 和 $\dot{x}'|_{x=x_2^*} < 0$，根据微分方程定性定理，此时只有 $x_2^* = 1$ 是演化稳定策略，也是为博弈系统的演化均衡。证毕。

上述命题表明，当共性技术合作研发企业付出的信息搜寻和分析总成本 c' 小于其与辨别合作企业博弈时预期支付 $\varepsilon^2(\sigma_{1g}b - c_1 + m_g)$ 与不合作策略预期支付 $(1-\varepsilon)(1-\lambda)\sigma_{2g}b$ 之差且满足此差值为正时，不合作企业最终将从区域市场中消亡，辨别合作策略是区域市场中企业的最优策略，其复制者动态方程演化相位图如图 3.2 所示。

命题 3.6 若 $\max\{0, \varepsilon^2(\sigma_{1g}b - c_1 + m_g) - (1-\varepsilon)(1-\lambda)\sigma_{2g}b\} < c' < (1-\varepsilon)(\sigma_{2g}$
$b - c_2 + m_g) + d$ 时, $x_3^* = 1 - \dfrac{(1-\varepsilon)(1-\lambda)\sigma_{2g}b + c' - \varepsilon^2(\sigma_{1g}b - c_1 + m_g)}{(1-\varepsilon)((2-\lambda)\sigma_{2g}b - c_2 + m_g) + d - \varepsilon^2(\sigma_{1g}b - c_1 + m_g)}$ 为
系统的演化稳定策略,也是共性技术合作研发博弈系统的演化均衡。

证明: 当 $\max\{0, \varepsilon^2(\sigma_{1g}b - c_1 + m_g) - (1-\varepsilon)(1-\lambda)\sigma_{2g}b\} < c' < (1-\varepsilon)$
$(\sigma_{2g}b - c_2 + m_g) + d$ 时,上述三个均衡解 x_1^*, x_2^* 和 x_3^* 均是符合条件解,即均属
于区间 $[0, 1]$;易得 $\dot{x}'|_{x=x_1^*} > 0$, $\dot{x}'|_{x=x_2^*} > 0$ 以及 $\dot{x}'|_{x=x_3^*} < 0$,根据微分方程定
性定理,此时只有 x_3^* 是演化稳定策略,也是为博弈系统的演化均衡。证毕。

根据命题 3.6 可知,当共性技术合作研发企业的信息搜寻和分析支付总
成本 c' 小于其与不合作企业的预期支付 $(1-\varepsilon)(\sigma_{2g}b - c_2 + m_g)$ 与由共性技术缺
乏而引致的预期不利影响 d 之和,且 c' 满足大于双方均选择合作研发策略,
预期支付 $\varepsilon^2(\sigma_{1g}b - c_1 + m_g)$ 与选择不合作策略预期支付 $(1-\varepsilon)(1-\lambda)\sigma_{2g}b$
之差和零之间较大者时,系统演化至由辨别合作企业和不合作企业混合的局
势,其中有 $\dfrac{(1-\varepsilon)(\sigma_{2g}b - c_2 + m_g) - c' + d}{(1-\varepsilon)((2-\lambda)\sigma_{2g}b - c_2 + m_g) + d - \varepsilon^2(\sigma_{1g}b - c_1 + m_g)}$ 比例的辨别
合作企业进行共性技术研发,而此时选择不合作研发策略企业比例有
$\dfrac{(1-\varepsilon)(1-\lambda)\sigma_{2g}b + c' - \varepsilon^2(\sigma_{1g}b - c_1 + m_g)}{(1-\varepsilon)((2-\lambda)\sigma_{2g}b - c_2 + m_g) + d - \varepsilon^2(\sigma_{1g}b - c_1 + m_g)}$,均衡中双方演化的此消
彼长取决于信息、共性技术对企业重要性以及政府和学研方支持等众多参数影
响,x_3^* 可能向左移动至 x_3^{**},亦可能向右移动至 x_3^{***},群体复制者动态演化相
位图如图 3.4 所示。

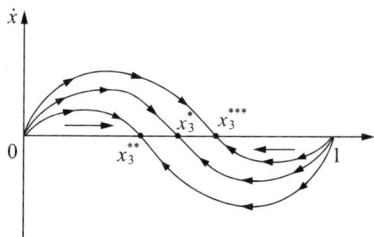

图 3.4 参数变动对演化稳定均衡的可能影响

3.4 实力相当需求迫切程度相异时共性技术合作研发的演化博弈

现实中，研发实力相当的企业对共性技术的需求迫切程度往往不同，有的企业往往出于技术创新能力提升需要，对于与此专业技术赖以研发的共性技术需求更迫切，而其他企业可能往往对其没有那么迫切的需要。为此，在3.2节和3.3节研究基础上，本节考虑实力相当而对共性技术需求迫切程度不同时企业共性技术合作研发机制形成问题。

3.4.1 基本假设与演化博弈建模

与3.2节和3.3节假设不同，这里对博弈企业双方自身属性差异加以考虑，假设差异仅仅体现在对共性技术需求迫切程度上，于是博弈双方获得支付不仅依赖各自采取的不同行动策略，而且依赖于自身属性差异，即企业双方开展非对称博弈。假设企业1对共性技术需求比企业2迫切，即有 $d_1 > d_2$，相应需求较迫切一方的共性技术研发支付为 $b + \Delta_b$，其他损益参数与3.3节类似，于是可得此时企业间博弈的支付矩阵，如表3.4所示。

表 3.4　实力相当需求迫切程度不同企业间博弈的支付矩阵

企业1 ＼ 企业2 共性技术研发策略		共性技术研发策略	
		辨别合作 y	不合作 $1-y$
共性技术研发策略	辨别合作 x	$(\varepsilon^2(\sigma_{1g}(b+\Delta_b)-c_1+m_g)-c',$ $\varepsilon^2(\sigma_{1g}b-c_1+m_g)-c')$	$((1-\varepsilon)(\sigma_{2g}(b+\Delta_b)-c_2+m_g)-c',$ $(1-\varepsilon)(1-\lambda)\sigma_{2g}b)$
	不合作 $1-x$	$((1-\varepsilon)(1-\lambda)\sigma_{2g}b,$ $(1-\varepsilon)(\sigma_{2g}b-c_2+m_g)-c')$	$(-d_1, \ -d_2)$

进一步假设，对共性技术需求迫切企业群体中选择辨别合作研发和不合作策略企业群体比例分别为 x 和 $1-x$，相应地，对共性技术需求没有那么迫切的企业群体中选择辨别合作研发及不合作策略 y 和 $1-y$。根据如表 3.4 所示支付矩阵以及多群体博弈概念（Friedman，1991），可得此情形下博弈如下动力系统：

$$\dot{x}/x = \mathbf{e}^1\mathbf{CQ}^T - \mathbf{PCQ}^T$$

$$\dot{y}/y = \mathbf{e}^1\mathbf{DP}^T - \mathbf{QDP}^T \tag{3.4}$$

其中，$\mathbf{e}^1 = (1, 0)$ 为单位向量，$\mathbf{P} = (x, 1-x)$ 为企业 1 选择共性技术研发辨别合作策略和不合作策略的混合策略，$\mathbf{Q} = (y, 1-y)$ 为企业 2 共性技术研发策略 1 和策略 2 的混合策略；矩阵

$$\mathbf{C} = \begin{bmatrix} \varepsilon^2(\sigma_{1g}(b+\Delta_b) - c_1 + m_g) - c'(1-\varepsilon)(\sigma_{2g}(b+\Delta_b) - c_2 + m_g) - c' \\ (1-\varepsilon)(1-\lambda)\sigma_{2g}b - d_1 \end{bmatrix}$$

和 $\mathbf{D} =$

$$\begin{bmatrix} \varepsilon^2(\sigma_{1g}b - c_1 + m_g) - c'(1-\varepsilon)(\sigma_{2g}b - c_2 + m_g) - c' \\ (1-\varepsilon)(1-\lambda)\sigma_{2g}b - d_2 \end{bmatrix}$$

，分别为企业 1 和企业 2 的博弈支付矩阵。那么，$\mathbf{e}^1\mathbf{CQ}^T$ 和 $\mathbf{PCQ}^T$ 分别为选择共性技术研发辨别合作策略的企业 1 的适应度和企业 1 群体的平均适应度，$\mathbf{e}^2\mathbf{DP}^T$ 和 $\mathbf{QDP}^T$ 分别选择共性技术研发辨别合作策略的企业 2 的适应度和企业 2 群体的平均适应度。

根据式（3.4），可得出共性技术合作研发系统如下动力系统：

$$\dot{x} = x(1-x)\big[\,(\varepsilon^2(\sigma_{1g}(b+\Delta_b) - c_1 + m_g) - (1-\varepsilon)(1-\lambda)\sigma_{2g}b - (1-\varepsilon)(\sigma_{2g}(b+\Delta_b) - c_2 + m_g) - d_1)y + (1-\varepsilon)(\sigma_{2g}(b+\Delta_b) - c_2 + m_g) - c' + d_1\,\big]$$

$$\dot{y} = y(1-y)\big[\,(\varepsilon^2(\sigma_{1g}b - c_1 + m_g) - (1-\varepsilon)(1-\lambda)\sigma_{2g}b - (1-\varepsilon)(\sigma_{2g}b - c_2 + m_g) - d_2)x + (1-\varepsilon)(\sigma_{2g}b - c_2 + m_g) - c' + d_2\,\big] \tag{3.5}$$

假设 $E_i(x_0, y_0)$ 为方程 $\begin{cases} \dot{x} = 0 \\ \dot{y} = 0 \end{cases}$ 的解，$i = 1, 2, 3, \cdots$，则 $E_i(x_0, y_0)$ 为动力系统（3.5）的均衡点或奇点，据此可得出动力系统（3.5）以下 5 个均衡点：

$$E_1(0, 0), E_2(0, 1), E_3(1, 0), E_4(1, 1),$$

$$E_5(x^*, y^*) =$$

$$\left(\frac{c' - (1-\varepsilon)(\sigma_{2g}b - c_2 + m_g) - d_2}{\Delta_2}, \frac{c' - (1-\varepsilon)(\sigma_{2g}(b+\Delta_b) - c_2 + m_g) - d_1}{\Delta_1} \right)$$

其中：

$$\Delta_1 = \varepsilon^2(\sigma_{1g}(b+\Delta_b) - c_1 + m_g) - (1-\varepsilon)(1-\lambda)\sigma_{2g}b - (1-\varepsilon)(\sigma_{2g}(b+\Delta_b) - c_2 + m_g) - d_1$$

$$\Delta_2 = \varepsilon^2(\sigma_{1g}b - c_1 + m_g) - (1-\varepsilon)(1-\lambda)\sigma_{2g}b - (1-\varepsilon)(\sigma_{2g}b - c_2 + m_g) - d_2$$

上述 5 个均衡点中，哪些是博弈的演化稳定均衡？什么条件下达到此稳定均衡？它们能否共存于系统之中？下面对上述均衡点的稳定性进行分析，并在此基础上研究企业共性技术合作研发问题。

3.4.2 企业共性技术合作研发演化稳定均衡

根据 Friedman（1991），由微分方程描绘的群体动力系统，其均衡点的稳定性可由该动力系统雅可比矩阵（Jacobian）的局部稳定性分析得到。则容易求得动力系统（3.5）的雅可比矩阵：

$$\mathbf{J} = \begin{bmatrix} \partial\dot{x}/\partial x & \partial\dot{x}/\partial y \\ \partial\dot{y}/\partial x & \partial\dot{y}/\partial y \end{bmatrix} =$$

$$\begin{bmatrix} (1-2x)[\Delta_1 y + (1-\varepsilon)(\sigma_{2g}(b+\Delta_b) - c_2 + m_g) - c' + d_1] & x(1-x)\Delta_1 \\ y(1-y)\Delta_2 & (1-2y)[\Delta_2 x + (1-\varepsilon)(\sigma_{2g}b - c_2 + m_g) - c' + d_2] \end{bmatrix}$$

易得矩阵 $\mathbf{J}$ 的行列式 $\det\mathbf{J}$ 和迹 $\mathrm{tr}\mathbf{J}$ 分别为：

$$\det\mathbf{J} = (1-2x)(1-2y)(\Delta_1 y + (1-\varepsilon)(\sigma_{2g}(b+\Delta_b) - c_2 + m_g) - c' + d_1)(\Delta_2 x + (1-\varepsilon)(\sigma_{2g}b - c_2 + m_g) - c' + d_2) - xy(1-x)(1-y)\Delta_2\Delta_1$$

$$\mathrm{tr}\mathbf{J} = (1-2x)[\Delta_1 y + (1-\varepsilon)(\sigma_{2g}(b+\Delta_b) - c_2 + m_g) - c' + d_1] + (1-2y)[\Delta_2 x + (1-\varepsilon)(\sigma_{2g}b - c_2 + m_g) - c' + d_2]$$

根据行列式 $\det\mathbf{J}$ 和迹 $\mathrm{tr}\mathbf{J}$ 表达式，可得其在 5 个均衡点处值，如表 3.5 所示。

根据表 3.5 对共性技术合作研发系统均衡点的局部稳定性进行分析，为了便于展开分析且不失一般性，假设 $\Delta_1 > 0$，$\Delta_2 > 0$，鉴于此，系统均衡点的局部稳定性可通过以下系列命题描述。

表 3.5 均衡点 detJ 和 trJ 的稳定性分析

均衡点	detJ	trJ
$E_1(0, 0)$	$[(1-\varepsilon)(\sigma_{2g}(b+\Delta_b)-c_2+m_g)-c'+d_1] \times$ $[(1-\varepsilon)(\sigma_{2g}b-c_2+m_g)-c'+d_2]$	$[(1-\varepsilon)(\sigma_{2g}(b+\Delta_b)-c_2+m_g)-c'+d_1]+[(1-\varepsilon)(\sigma_{2g}b-c_2+m_g)-c'+d_2]$
$E_2(0, 1)$	$-[\Delta_1+(1-\varepsilon)(\sigma_{2g}(b+\Delta_b)-c_2+m_g)-c'+d_1] \times [(1-\varepsilon)(\sigma_{2g}b-c_2+m_g)-c'+d_2]$	$[\Delta_1+(1-\varepsilon)(\sigma_{2g}(b+\Delta_b)-c_2+m_g)-c'+d_1]-[(1-\varepsilon)(\sigma_{2g}b-c_2+m_g)-c'+d_2]$
$E_3(1, 0)$	$-[(1-\varepsilon)(\sigma_{2g}(b+\Delta_b)-c_2+m_g)-c'+d_1] \times [\Delta_2+(1-\varepsilon)(\sigma_{2g}b-c_2+m_g)-c'+d_2]$	$-[(1-\varepsilon)(\sigma_{2g}(b+\Delta_b)-c_2+m_g)-c'+d_1]+[\Delta_2+(1-\varepsilon)(\sigma_{2g}b-c_2+m_g)-c'+d_2]$
$E_4(1, 1)$	$[\Delta_1+(1-\varepsilon)(\sigma_{2g}(b+\Delta_b)-c_2+m_g)-c'+d_1] \times [\Delta_2+(1-\varepsilon)(\sigma_{2g}b-c_2+m_g)-c'+d_2]$	$-[\Delta_1+(1-\varepsilon)(\sigma_{2g}(b+\Delta_b)-c_2+m_g)-c'+d_1]-[\Delta_2+(1-\varepsilon)(\sigma_{2g}b-c_2+m_g)-c'+d_2]$
$E_5(x^*, y^*)$	$-(1-x^*)(1-y^*) \times [(1-\varepsilon)(\sigma_{2g}(b+\Delta_b)-c_2+m_g)-c'+d_1] \times [(1-\varepsilon)(\sigma_{2g}b-c_2+m_g)-c'+d_2]$	0

命题 3.7 当 $c'+(1-\varepsilon)c_2<(1-\varepsilon)(\sigma_{2g}b+m_g)+d_2$ 时，动力系统(3.5)只有四个均衡点 $E_1(0, 0)$，$E_2(0, 1)$，$E_3(1, 0)$，$E_4(1, 1)$；其中，$E_4(1, 1)$ 为局部渐进稳定的，此时系统的演化稳定策略(ESS)为(合作，合作)。

证明: 当 $\begin{cases}(1-\varepsilon)(\sigma_{2g}(b+\Delta_b)-c_2+m_g)-c'+d_1>0 \\ (1-\varepsilon)(\sigma_{2g}b-c_2+m_g)-c'+d_2>0\end{cases}$ 时，由 $\Delta_b>0$ 以及 $d_1>d_2$，故而有 $c'+(1-\varepsilon)c_2<(1-\varepsilon)(\sigma_{2g}b+m_g)+d_2$，此时 $E_5(x^*, y^*)$ 不满足条件(舍去)，于是系统仅有四个均衡点 $E_1(0, 0)$，$E_2(0, 1)$，$E_3(1, 0)$ 和 $E_4(1, 1)$，根据表3.5得出四点的稳定性分析结果，由表3.6可知，$E_1(0, 0)$ 为系统的不稳定点，$E_2(0, 1)$ 和 $E_3(1, 0)$ 均为系统的鞍点，在均衡点 $E_4(1, 1)$ 处，行列式 detJ >0 且迹 trJ <0，因此 $E_4(1, 1)$ 为动力系统(3.4)的演化稳定策略(ESS)。证毕。

上述命题表明，当企业独立进行共性技术研发获得的支付 $(1-\varepsilon)(\sigma_{2g}b+$

m_g)$+d_2$ 足够大到覆盖由此产生的成本 $c'+(1-\varepsilon)c_2$ 时，具有相同研发能力的企业都倾向于选择共性技术合作研发策略，此时企业共性技术合作研发机制能够形成。

表 3.6　命题 3.7 稳定性分析结果

均衡点	detJ 的符号	trJ 的符号	稳定性
E_1（0，0）	+	+	不稳定点
E_2（0，1）	−	±	鞍点
E_3（1，0）	−	±	鞍点
E_4（1，1）	+	−	ESS

命题 3.8　当 $(1-\varepsilon)(\sigma_{2g}b+m_g)+d_2<c'+(1-\varepsilon)c_2<(1-\varepsilon)(\sigma_{2g}(b+\Delta_b)+m_g)+d_1$ 时，动力系统（3.5）有四个均衡点 E_1（0，0），E_2（0，1），E_3（1，0），E_4（1，1），且满足：

（1）若 $c'+\varepsilon^2c_1<\varepsilon^2(\sigma_{1g}b+m_g)-(1-\varepsilon)(1-\lambda)\sigma_{2g}b$，则 E_1（0，0）和 E_3（1，0）为系统演化鞍点，E_2（0，1）为不稳定点，而均衡 E_4（1，1）是系统（3.5）的演化稳定策略（ESS），即（合作，合作）策略。

（2）若 $c'+\varepsilon^2c_1>\varepsilon^2(\sigma_{1g}b+m_g)-(1-\varepsilon)(1-\lambda)\sigma_{2g}b$，则 E_1（0，0）和 E_4（1，1）为系统演化的鞍点，E_2（0，1）为不稳定点，而均衡 E_3（1，0）为系统（3.5）的演化稳定策略（ESS），即（合作，不合作）策略。

证明： 当 $\begin{cases}(1-\varepsilon)(\sigma_{2g}(b+\Delta_b)-c_2+m_g)-c'+d_1>0\\(1-\varepsilon)(\sigma_{2g}b-c_2+m_g)-c'+d_2<0\end{cases}$ 时，由 $\Delta_b>0$ 以及 $d_1>d_2$，则有 $(1-\varepsilon)(\sigma_{2g}b+m_g)+d_2<c'+(1-\varepsilon)c_2<(1-\varepsilon)(\sigma_{2g}(b+\Delta_b)+m_g)+d$，$E_5$（$x^*$，$y^*$）不满足条件（舍去），此时系统仅有均衡点 E_1（0，0），E_2（0，1），E_3（1，0）和 E_4（1，1），进一步地，当 $\Delta_2>c'-(1-\varepsilon)(\sigma_{2g}b-c_2+m_g)-d_2$ 即 $c'+\varepsilon^2c_1>\varepsilon^2(\sigma_{1g}b+m_g)-(1-\varepsilon)(1-\lambda)\sigma_{2g}b$ 时以及当 $\Delta_2<c'-(1-\varepsilon)(\sigma_{2g}b-c_2+m_g)-d_2$ 即 $c'+\varepsilon^2c_1<\varepsilon^2(\sigma_{1g}b+m_g)-(1-\varepsilon)(1-\lambda)\sigma_{2g}b$ 时，各种情形下系统均衡的演化稳定性分析结果，如表 3.7 所示。证毕。

表3.7 命题3.8稳定性分析结果

均衡点	$\Delta_2 > c' - (1-\varepsilon)(\sigma_{2g}b - c_2 + m_g) - d_2$			$\Delta_2 < c' - (1-\varepsilon)(\sigma_{2g}b - c_2 + m_g) - d_2$		
	det**J** 符号	tr**J** 符号	稳定性	det**J** 符号	tr**J** 符号	稳定性
E_1 (0, 0)	−	±	鞍点	−	±	鞍点
E_2 (0, 1)	+	+	不稳定点	+	+	不稳定点
E_3 (1, 0)	−	±	鞍点	+	−	ESS
E_4 (1, 1)	+	−	ESS	−	±	鞍点

上述命题表明,当需求迫切的企业1独立研发共性技术所获得的预期支付 $(1-\varepsilon)(\sigma_{2g}(b+\Delta_b)+m_g)+d_1$ 能够覆盖由此研发活动产生的成本 $c'+(1-\varepsilon)c_2$,而需求不迫切的企业2独立研发所获支付 $(1-\varepsilon)(\sigma_{2g}b+m_g)+d_2$ 不能够弥补此成本时,若企业共性技术合作研发所获预期支付 $\varepsilon^2(\sigma_{1g}b+m_g)$ 能覆盖由该共性技术研发活动产生的成本 $c'+\varepsilon^2 c_1$ 与不合作研发所获预期支付 $(1-\varepsilon)(1-\lambda)\sigma_{2g}b$ 之和时,企业将选择共性技术合作研发策略。反之,若不能覆盖成本 $c'+\varepsilon^2 c_1$ 和支付 $(1-\varepsilon)(1-\lambda)\sigma_{2g}b$ 之和时,只有对共性技术需求较为迫切的企业1选择共性技术合作研发,而企业2宁愿坐享其成而选择不合作策略。

命题3.9 当 $c'+(1-\varepsilon)c_2 > (1-\varepsilon)(\sigma_{2g}(b+\Delta_b)+m_g)+d_1$ 时,且

(1)若 $c'+\varepsilon^2 c_1 < \varepsilon^2(\sigma_{1g}b+m_g)-(1-\varepsilon)(1-\lambda)\sigma_{2g}b$,则系统(3.5)有 E_1(0, 0)、E_2(0, 1)、E_3(1, 0)、E_4(1, 1)和 $E_5(x^*, y^*)$ 五个均衡点,其中 E_2(0, 1)和 E_3(1, 0)为不稳定点,均衡点 $E_5(x^*, y^*)$ 为鞍点,E_1(0, 0)或 E_4(1, 1)为系统的演化稳定策略(ESS),即系统演化稳定于(不合作,不合作)或(合作,合作)。

(2)若 $\varepsilon^2(\sigma_{1g}b+m_g)-(1-\varepsilon)(1-\lambda)b < c'+\varepsilon^2 c_1 < \varepsilon^2(\sigma_{1g}(b+\Delta_b)+m_g)-(1-\varepsilon)(1-\lambda)\sigma_{2g}b$ 或者 $c'+\varepsilon^2 c_1 > \varepsilon^2(\sigma_{1g}(b+\Delta_b)+m_g)-(1-\varepsilon)(1-\lambda)\sigma_{2g}b$ 时,则系统(3.5)仅有四个均衡点 E_1(0, 0)、E_2(0, 1)、E_3(1, 0)和 E_4(1, 1),其中 E_2(0, 1)和 E_3(1, 0)为鞍点,E_4(1, 1)为不稳定点,E_1(0, 0)为(不合作,不合作)演化稳定策略(ESS)。

证明: 当 $\begin{cases} [(1-\varepsilon)(\sigma_{2g}(b+\Delta_b)-c_2+m_g)-c'+d_1] < 0 \\ [(1-\varepsilon)(\sigma_{2g}b-c_2+m_g)-c'+d_2] < 0 \end{cases}$ 时,由 $\Delta_b > 0$ 以及

$d_1 > d_2$，则有 $c' + (1-\varepsilon)c_2 > (1-\varepsilon)(\sigma_{2g}(b+\Delta_b) + m_g) + d_1$，在此条件下，系统

(3.5)有四个均衡点 $E_1(0, 0)$，$E_2(0, 1)$，$E_3(1, 0)$，$E_4(1, 1)$，若 $E_5(x^*,$

$y^*)$ 也为系统均衡点，则须满足 $\begin{cases} \Delta_2 > c' - (1-\varepsilon)(\sigma_{2g}b - c_2 + m_g) - d_2 \\ \Delta_1 > c' - (1-\varepsilon)(\sigma_{2g}(b+\Delta_b) - c_2 + m_g) - d_1 \end{cases}$，

即 $c' + \varepsilon^2 c_1 < \varepsilon^2(\sigma_{1g}b + m_g) - (1-\varepsilon)(1-\lambda)\sigma_{2g}b$；在 $\Delta_2 < c' - (1-\varepsilon)(\sigma_{2g}b -$

$c_2 + m_g) - d_2$ 情况下，$E_5(x^*, y^*)$ 为不满足条件的均衡点；特别是当

$\begin{cases} \Delta_2 > c' - (1-\varepsilon)(\sigma_{2g}b - c_2 + m_g) - d_2 \\ \Delta_1 < c' - (1-\varepsilon)(\sigma_{2g}(b+\Delta_b) - c_2 + m_g) - d_1 \end{cases}$　时，由于 $\Delta_b > 0$ 知此种情况无实际

意义，各种情形下诸均衡点的稳定性详细分析如表3.8所示。

表3.8　命题3.9稳定性分析结果

均衡点	$\Delta_2 > c' - (1-\varepsilon)(\sigma_{2g}b - c_2 + m_g) - d_2$						$\Delta_2 < c' - (1-\varepsilon)(\sigma_{2g}b - c_2 + m_g) - d_2$					
	$c' - (1-\varepsilon)(\sigma_{2g}(b+\Delta_b) - c_2 + m_g) - d_1 < \Delta_1$			$c' - (1-\varepsilon)(\sigma_{2g}(b+\Delta_b) - c_2 + m_g) - d_1 > \Delta_1$			$c' - (1-\varepsilon)(\sigma_{2g}(b+\Delta_b) - c_2 + m_g) - d_1 < \Delta_1$			$c' - (1-\varepsilon)(\sigma_{2g}(b+\Delta_b) - c_2 + m_g) - d_1 > \Delta_1$		
	detJ 符号	trJ 符号	稳定性	detJ 符号	trJ 符号	稳定性	detJ 符号	trJ 符号	稳定性	detJ 符号	trJ 符号	稳定性
$E_1(0, 0)$	+	−	ESS				+	−	ESS	+	−	ESS
$E_2(0, 1)$	+	+	不稳定		无意义		+	+	不稳定	−	±	鞍点
$E_3(1, 0)$	+	+	不稳定				±	±	鞍点	−	±	鞍点
$E_4(1, 1)$	+	−	ESS				±	±	鞍点	+	+	不稳定
$E_5(x^*, y^*)$	−	0	鞍点				无意义					

命题3.9表明,若对共性技术需求不迫切企业2不合作而企业1独立研发所

获得的支付 $(1-\varepsilon)(\sigma_{2g}(b+\Delta_b) + m_g) + d_1$ 不能覆盖由此产生的成本 $c' + (1-\varepsilon)$

c_2 时:①若企业共性技术合作研发所获预期支付 $\varepsilon^2(\sigma_{1g}b + m_g)$ 能覆盖由共性技术

研发活动产生的成本 $c' + \varepsilon^2 c_1$ 与不合作研发所获预期支付 $(1-\varepsilon)(1-\lambda)\sigma_{2g}b$ 之

和,则企业1和企业2要么选择合作策略,要么选择不合作策略,具体选择哪种策

略,依赖于初始条件和损益参数变化而定。②若共性技术合作研发成本 $c' + \varepsilon^2 c_1$

小于对共性技术需求迫切企业 1 合作研发获得预期支付 $\varepsilon^2(\sigma_{1g}(b+\Delta_b)+m_g)$ 与不合作时获得的支付 $(1-\varepsilon)(1-\lambda)\sigma_{2g}b$ 之差而大于企业 2 合作研发策略支付 $\varepsilon^2(\sigma_{1g}b+m_g)$ 与不合作策略支付 $(1-\varepsilon)(1-\lambda)\sigma_{2g}b$ 之差,或者合作研发成本 $c'+\varepsilon^2c_1$ 大于对共性技术需求较迫切的企业 1 合作研发获得预期支付 $\varepsilon^2(\sigma_{1g}(b+\Delta_b)+m_g)$ 与不合作时获得的支付 $(1-\varepsilon)(1-\lambda)\sigma_{2g}b$ 之差时,则企业双方均选择不合作策略,企业共性技术通过合作研发的模式供给无法实现。

3.5　基于数值模拟的演化稳定性分析

下面利用 MALAB R2010a 软件进行数值模拟,验证理论分析结果和均衡点的稳定性,以及损益参数对共性技术合作研发系统演化的影响,下面模拟图的横坐标表示 t,纵坐标表示概率 x。

3.5.1　有无政府、学研方参与下的数值分析

(1) 命题 3.1 至命题 3.6 的数值验证。考虑有无政府和学研方参与时企业共性技术合作研发演化博弈模型的内在联系,在此以命题 3.4、命题 3.5 和命题 3.6 为例加以说明。为此假设参数 $\sigma_{1g}=\sigma_1=0.7$,$b=2$,$m_g=0$,$\varepsilon=0.7$,$d=1.2$,$\lambda=0.4$,$\sigma_{2g}=\sigma_2=0.6$,$c_2=1$,$c_1=c_2/2=0.5$(下同),据此可计算得 $(1-\varepsilon)(1-\lambda)b=0.216$,$(1-\varepsilon)(\sigma_{2g}b-c_2+m_g)=0.06$,$\varepsilon^2(\sigma_{1g}b-c_1+m_g)=0.441$ 以及,c' 相应地取值为 2,0.05,1,初始值取 0.02,0.1,0.3,0.5,0.7,0.9 和 0.95,数值模拟如图 3.5 所示。

在图 3.4 中,图 a 为命题 3.4 的演化动态,在此并未考虑政府和学研方对共性技术合作研发系统演化的影响,此种情形退化为命题 1。图 b 和图 c 则可表示命题 3.2 和命题 3.5 以及命题 3.3 和命题 3.6 的演化动态,正如理论分析的那样,随着时间系统演化分别稳定于不合作、合作及两者并存的均衡态,且初始比例越大收敛于相应的演化稳定均衡所花费时间越短。通过图 3.4 还可发现,与第

3 章分析类似，在其他参数既定时，c' 对系统演化具有重要影响，c' 越小共性技术合作研发系统形成的可能性越大。

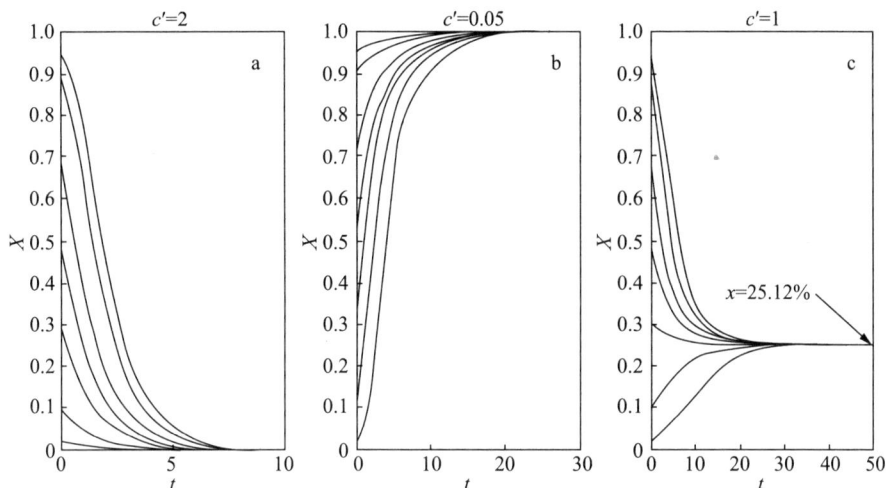

图 3.5　命题 3.4 至命题 3.6 演化动态

（2）政府和学研方面对共性技术合作研发形成的影响。上述博弈模型中刻画政府和学研方参数为 m_g 和 σ_{ig}，为了能够更直观考察参数 m_g 和 σ_{ig} 变化对系统演化的影响，现以图 3.4（c）为基准进行研究，从图 3.4 参数赋值可知，图 3.4 并未考虑政府和学研方影响，为分析之便，令 $\sigma_{ig} = \sigma_i + \Delta$，即假设政府和学研方技术上的支持力度为 Δ，下面分别仅考虑 $m_g = 0.1$、0.5 或 $\Delta = 0.1$，而其他参数不变情况下，考察系统的动态演化。具体数值模拟如图 3.6 所示。

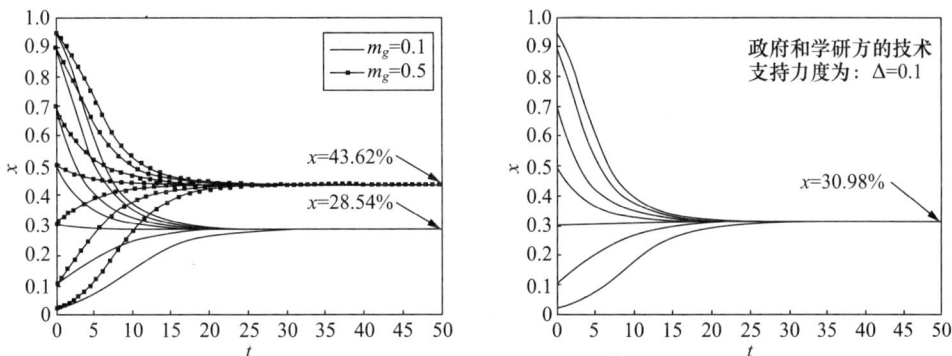

图 3.6　有政府和学研方参与下的系统演化

由图3.6可知，在其他条件不变情况下，仅仅政府在资金方面给予支持，如图3.6（左）所示。当政府资金支持力度较轻微即 $m_g = 0.1$ 时，与图3.4右图相比，系统中合作研发企业比例由25.12%上升至28.54%，增加3.42%；当政府资金支持增加至 $m_g = 0.5$ 时，系统中合作研发者比例上升至43.62%。由此可见，政府资金支持力度对共性技术合作研发具有显著正向影响。相比之下，若政府和学研方通过从研发技术方面对企业进行相同力度支持，即支持力度也为 $\Delta = 0.1$，在其他条件既定情况下，如图3.6（右）所示，系统中合作比例由原来25.12%上升至30.98%，上升幅度达到5.86%。由以上分析可知，同样幅度支持力度，与直接的资金支持相比，对企业技术方面的支持对共性技术合作研发机制形成的正向作用更显著。

（3）其他诸参数对共性技术合作研发形成的影响。在此考察参数 ε、d 和 λ 对系统演化的影响，依然以图3.4（c）图基准，仅仅分别改变对参数 ε、d 和 λ 的赋值，为此分别设参数 $\varepsilon = 0.8$，$d = 1.3$ 和 $\lambda = 0.5$，数值模拟如图3.7所示。

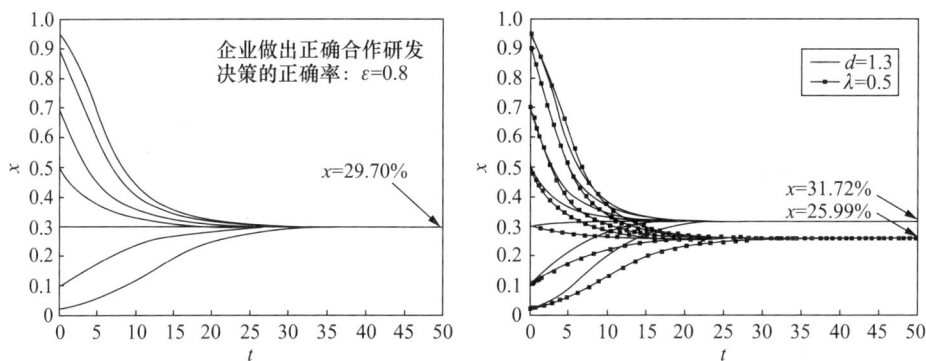

图3.7　参数 ε、d 和 λ 对系统演化的影响

观察图3.7左图可知，与图3.4（c）相比，概率 ε 由0.7上升至0.8时，系统中合作者比例由原来的25.12%上升至29.70%。由此可见，随着企业依据所收集信息做出决策的准确概率的增加，此时会有更多企业选择不合作策略，混合均衡中合作企业增加，说明在合作和不合作混同均衡中，ε 的上升可能会抑制"搭便车"行为；相应地，d 由1.2上升为1.3时与 λ 由0.4上升为0.5时对系统演化影响类似，参数的增加使混同均衡中合作企业的比例分别增加6.60%和

0.87%。由此可知，由于共性技术缺失引致的损失越大，共性技术被模仿或复制的难度越大，对于企业合作策略的选择都具有一定推动作用。

3.5.2 实力相当而需求迫切程度相异下的数值分析

（1）命题3.7、命题3.8以及命题3.9（2）的数值检验。在这些命题情形下系统均收敛于某一纯策略，因此将其放在一起探讨更合实际。令 $c_1 = c_2/2$，为此各个命题参数赋值如表3.9所示。

表3.9　相关命题的参数赋值一览

参数 命题	σ_{1g}	σ_{2g}	b	Δ_b	m_g	ε	d_1	d_2	λ	c_1	c_2	c'
命题3.7	0.7	0.6	2	0.05	0.01	0.7	0.07	0.03	0.5	0.5	1	0.05
命题3.8（1）	0.7	0.6	2	0.05	0.01	0.7	0.07	0.03	0.5	0.5	1	0.13
命题3.8（2）	0.7	0.6	2	0.05	0.01	0.6	0.07	0.03	0.4	0.5	1	0.13
命题3.9（1）	0.7	0.6	2	0.05	0.01	0.68	0.07	0.03	0.5	0.5	1	0.15
命题3.9（2）	0.7	0.6	2	0.05	0.01	0.7	0.07	0.03	0.3	0.5	1	0.20

易验证以上赋值均满足命题分析前提条件：Δ_1，$\Delta_2 > 0$，根据表3.9进行数值模拟结果图3.8的各子图；其中，横轴 x 表示对共性技术需求较迫切的企业1选择合作研发的比例，纵轴 y 表示共性技术需求不是那么迫切的企业2选择合作研发的比例，每一个坐标 (x, y) 在平面 $S = \{(x, y) \mid 0 \leqslant x, y \leqslant 1\}$ 上，为了更加切实观察系统演化动态，在此随机从 S 上选取六个初始值 $(0.1, 0.5)$、$(0.3, 0.9)$、$(0.5, 0.7)$、$(0.4, 0.1)$、$(0.8, 0.3)$ 和 $(0.9, 0.2)$。

根据图3.8可知，数值模拟结果与命题3.7、命题3.8以及命题3.9（2）（为命题3.9（2）的第一种情形的模拟图，也满足第二种情形）的理论分析一致。尽管各子图演化至各自相应演化稳定均衡所用时间略有差异，但是各子图演化轨迹均具有如下特征：初始状态越接近演化均衡，越快逼近该均衡；反之越缓慢逼近相应的均衡点。此外，对比命题3.7、命题3.8（1）及命题3.9（2）的模拟图可以发现，在其他参数不变情况下，如图3.8所示，以初始值 $(0.1, 0.5)$ 的演化轨迹为例，c' 从0.05增加至0.20的过程中，从演化至均衡态 $(1, 1)$

所用的时间越来越长，直到系统演化方向逆转至演化均衡态（0，0），由此可知，信息搜集和分析成本 c' 对企业共性技术合作研发系统的演化局势具有重大影响，在企业共性技术合作研发供给模式实践中应予以重视。

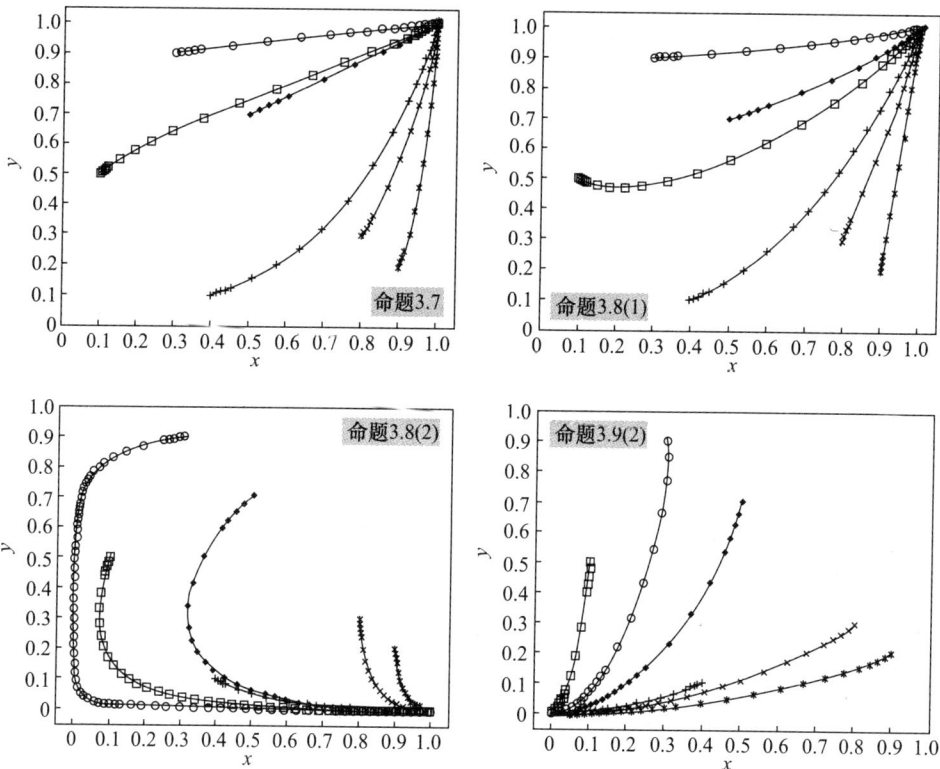

图 3.8　命题 3.7、命题 3.8 以及命题 3.9（2）的动态演化

（2）命题 3.9（1）的分析与讨论。与其他命题均演化稳定于某一纯策略不同，命题 3.9 情形（1）演化稳定于混合策略，如图 3.9 所示（根据表 3.9 的赋值），横轴 x 表示企业 1 选择合作研发的比例，纵轴 y 表示企业 2 选择合作研发的比例。观察图 3.10 易知，演化稳定均衡策略与命题 3.9 理论分析一致，此时系统演化至完全不同的演化均衡，系统要么演化至（不合作，不合作），要么演化至（合作，合作），系统具体会演化至哪类演化均衡取决于系统的初始状态 (x_0, y_0)。当初始值较小时，企业共性技术合作研发系统演化至（不合作，不合

作), 即均衡点 E_1 (0, 0); 而当初始值较大时, 企业共性技术合作研发系统演化至 (合作, 合作), 即均衡点 E_4 (1, 1)。

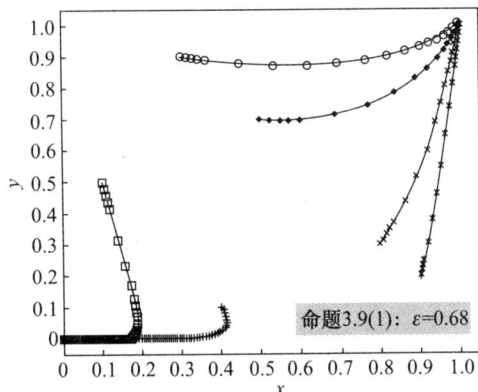

图 3.9 命题 3.9 (1) 的动态演化

进一步, 初始值的大小取决各损益参数, 为了进一步研究诸损益参数对企业共性技术合作研发形成机制的影响, 下面在命题 3.9 (1) 情形下, 对系统中的五个均衡点通过绘制在二维平面 $S = \{(x, y) \mid 0 \leqslant x, y \leqslant 1\}$ 上的相位图进一步分析它们对系统演化的影响, 具体数值结果如图 3.10 所示。

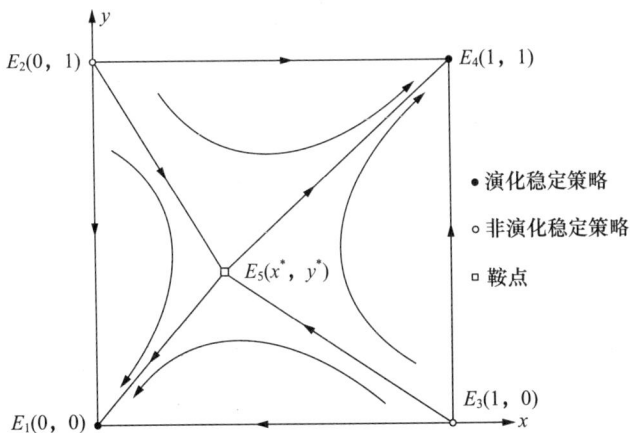

图 3.10 合作研发系统混合策略的演化相位

在图 3.10 中，由不稳定点 E_2、E_3 与鞍点 E_5 相连的折线是此情形下企业共性技术合作研发系统收敛于不同演化均衡的临界线。在此折线左下方（即 $E_2E_1E_3E_5$ 部分），系统终将收敛于均衡点 E_1（0，0），即（不合作，不合作）演化均衡策略，而在此折线右上方（即 $E_2E_4E_3E_5$ 部分），系统终将收敛于均衡点 E_4（1，1），即（合作，合作）演化均衡策略；由此可见，鞍点 E_5 的变化直接影响系统演化方向。根据鞍点 E_5（x^*，y^*）坐标，可得 $E_2E_4E_3E_5$ 的面积：

$$S_{E_2E_4E_3E_5} = 1 - \frac{1}{2}$$

$$\left[\frac{c' - (1-\varepsilon)(\sigma_{2g}b - c_2 + m_g) - d_2}{\varepsilon^2(\sigma_{1g}b - c_1 + m_g) - (1-\varepsilon)(1-\lambda)\sigma_{2g}b - (1-\varepsilon)(\sigma_{2g}b - c_2 + m_g) - d_2} + \right.$$

$$\left. \frac{c' - (1-\varepsilon)(\sigma_{2g}(b+\Delta_b) - c_2 + m_g) - d_1}{\varepsilon^2(\sigma_{1g}(b+\Delta_b) - c_1 + m_g) - (1-\varepsilon)(1-\lambda)\sigma_{2g}b - (1-\varepsilon)(\sigma_{2g}(b+\Delta_b) - c_2 + m_g) - d_1} \right]$$

$$= \frac{1}{2}\left[\frac{\varepsilon^2(\sigma_{1g}b - c_1 + m_g) - (1-\varepsilon)(1-\lambda)b - c'}{\varepsilon^2(\sigma_{1g}b - c_1 + m_g) - (1-\varepsilon)(1-\lambda)\sigma_{2g}b - (1-\varepsilon)(\sigma_{2g}b - c_2 + m_g) - d_2} + \right.$$

$$\left. \frac{\varepsilon^2(\sigma_{1g}(b+\Delta_b) - c_1 + m_g) - (1-\varepsilon)(1-\lambda)b - c'}{\varepsilon^2(\sigma_{1g}(b+\Delta_b) - c_1 + m_g) - (1-\varepsilon)(1-\lambda)\sigma_{2g}b - (1-\varepsilon)(\sigma_{2g}(b+\Delta_b) - c_2 + m_g) - d_1} \right]$$

由上式可知，在研发支付 b 和研发成本 c_1 和 c_2 一定情况下，政府和学研方对共性技术合作研发支持 m_g，σ_{1g} 和 σ_{2g}；企业决策准确率 ε；需求迫切程度 d_1 和 d_2；共性技术自身被模仿和复制难度 λ；预期共性技术研发的支付增加额 Δ_b 以及信息搜集与分析成本 c' 的变化均会影响系统的演化。下面分析这些参数如何影响系统演化，即如何影响企业共性技术合作研发机制的形成。

1）需求迫切程度 d_1 和 d_2。通过 $S_{E_2E_4E_3E_5}$ 的表达式可知，d_1 或 d_2 越大，$S_{E_2E_4E_3E_5}$ 的面积相应增大，企业 1 和企业 2 更倾向于合作，反之系统向均衡点 E_1（0，0）演化，而企业对共性技术需求迫切程度不同对系统演化产生显著影响。下面分别对 $d_1 = 0.07 > d_2 = 0.065$ 和 $d_1 = 0.07 > d_2 = 0.03$ 两种情形下，如图 3.11 所示，左图中初始值取图 3.9 中的（0.1，0.5）和（0.4，0.1），右图仅仅在 $d_1 = 0.07 > d_2 = 0.065$ 下（其他参数既定且与图 3.9 相同）进行模拟，观察两图可得：若对共性技术需求较迫切一方的需求程度一定时，博弈双方需求迫切程度差别越小，企业共性技术合作研发机制越容易形成。

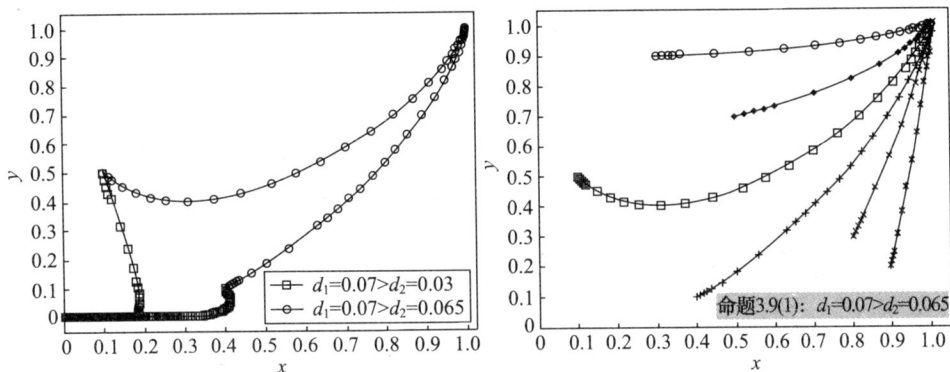

图 3.11　需求迫切程度对系统演化的影响

2）政府和学研方的支持 m_g，σ_{1g} 及 σ_{2g}。参数 m_g，σ_{1g} 及 σ_{2g} 对共性技术合作研发系统演化的影响不能直接观察出来，于是采用数学解析方法分析，对 m_g 求导可得：

$$\frac{dS_{E_2E_4E_3E_5}}{dm_g} = \frac{1}{2}$$

$$\left[\frac{\varepsilon^2(c'-(1-\varepsilon)(\sigma_{2g}b-c_2+m_g)-d_2)+(1-\varepsilon)(\varepsilon^2(\sigma_{1g}b-c_1+m_g)-(1-\varepsilon)(1-\lambda)\sigma_{2g}b-c')}{[\varepsilon^2(\sigma_{1g}b-c_1+m_g)-(1-\varepsilon)(1-\lambda)\sigma_{2g}b-(1-\varepsilon)(\sigma_{2g}b-c_2+m_g)-d_2]^2} \right.$$

$$\left. \frac{\varepsilon^2(c'-(1-\varepsilon)(\sigma_{2g}(b+\Delta_b)-c_2+m_g)-d_1)+(1-\varepsilon)(\varepsilon^2(\sigma_{1g}(b+\Delta_b)-c_1+m_g)-(1-\varepsilon)(1-\lambda)\sigma_{2g}b-c')}{[\varepsilon^2(\sigma_{1g}(b+\Delta_b)-c_1+m_g)-(1-\varepsilon)(1-\lambda)\sigma_{2g}b-(1-\varepsilon)(\sigma_{2g}(b+\Delta_b)-c_2+m_g)-d_1]^2} \right]$$

根据命题 3.9(1) 的条件，$\dfrac{dS_{E_2E_4E_3E_5}}{dm_g}>0$，同理有 $\dfrac{dS_{E_2E_4E_3E_5}}{d\sigma_{1g}}>0$，可见参数 m_g 及 σ_{1g} 是 $S_{E_2E_4E_3E_5}$ 的增函数；以图 3.9 为基准，其他参数不变，令参数 $\sigma_{2g}=0.35$（即表示政府和学研方减少 0.25 的技术支持），借以考察 σ_{2g} 对系统影响，如图 3.12 所示。

综上分析，合作研发成功率的提高及政府和学研方的支持均利于企业共性技术合作研发机制的形成。

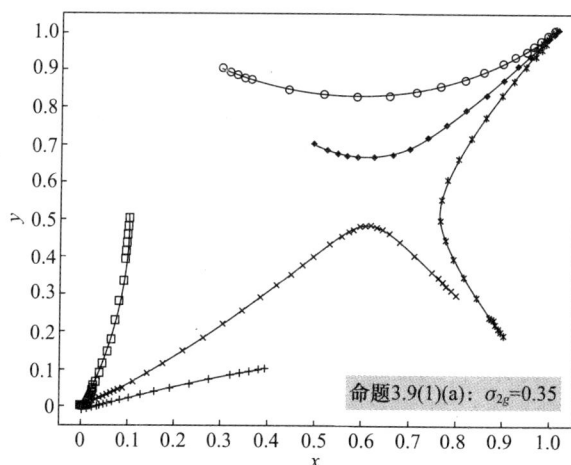

图 3.12　政府和学研方技术支持对系统的演化

3）企业决策准确率 ε。通过数学解析方法难以判断 ε 与 $S_{E_2E_4E_3E_5}$ 的关系，为此下面以图 3.9 为基准，在满足命题 3.9（1）的条件下，仅仅改变 ε 的取值以考察其对系统演化的影响，为此在图 3.9 模拟中，$\varepsilon = 0.68$，下面在此基础上分别在 $\varepsilon = 0.70$ 和 $\varepsilon = 0.72$ 而其他值保持不变情况下进行数值模拟，如图 3.13 所示。

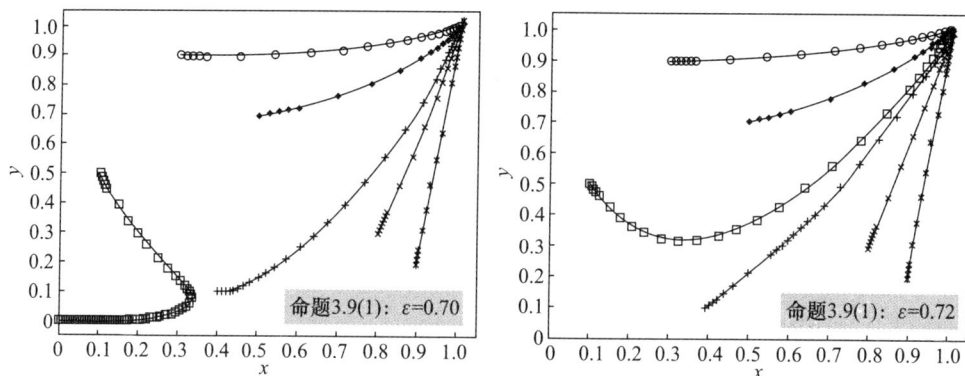

图 3.13　命题 3.9（1）：$\varepsilon = 0.70$ 和 $\varepsilon = 0.72$ 时的系统演化

由图 3.13 可知，当 $\varepsilon = 0.70$ 时，共性技术合作研发系统各初始值只有 (0.1，0.5) 收敛于均衡点 E_1（0，0），即（不合作，不合作）演化稳定策略，

当 $\varepsilon=0.72$ 时，随机给定的初始值无一例外地收敛于均衡点 E_4（1，1），即（合作，合作），与图 3.8 相比较（$\varepsilon=0.68$），随着 ε 增加系统逐渐演化至 E_4（1，1）。由此可知，ε 对企业共性技术合作研发机制的形成具有显著正向影响。

4）共性技术被模仿和复制的难度 λ。类似地，采用数学解析方法进行分析，对 λ 求导得：

$$\frac{dS_{E_2E_4E_3E_5}}{d\lambda}=\frac{1}{2}$$

$$\left[\frac{(c'-(1-\varepsilon)(\sigma_{2g}b-c_2+m_g)-d_2)(1-\varepsilon)\sigma_{2g}b}{[\varepsilon^2(\sigma_{1g}b-c_1+m_g)-(1-\varepsilon)(1-\lambda)\sigma_{2g}b-(1-\varepsilon)(\sigma_{2g}b-c_2+m_g)-d_2]^2}+\right.$$
$$\left.\frac{(c'-(1-\varepsilon)(\sigma_{2g}(b+\Delta_b)-c_2+m_g)-d_1)(1-\varepsilon)\sigma_{2g}b}{[\varepsilon^2(\sigma_{1g}(b+\Delta_b)-c_1+m_g)-(1-\varepsilon)(1-\lambda)\sigma_{2g}b-(1-\varepsilon)(\sigma_{2g}(b+\Delta_b)-c_2+m_g)-d_1]^2}\right]$$

根据命题 3.9（1）的条件，易知 $\dfrac{dS_{E_2E_4E_3E_5}}{d\lambda}>0$，即共性技术本身被模仿和复制难度 λ 是面积 $S_{E_2E_4E_3E_5}$ 的增函数，在其他条件不变情况下，λ 越大，$S_{E_2E_4E_3E_5}$ 相应变大，系统收敛于均衡 E_4（1，1）的概率变大，λ 变大则"搭便车"的预期支付（$1-\varepsilon$）（$1-\lambda$）$\sigma_{2g}b$ 变小，对于有共性技术需求的企业选择合作研发策略。

5）预期共性技术研发的支付增加额 Δ_b。采用数学解析方法进行分析，对 Δ_b 求导得：

$$\frac{dS_{E_2E_4E_3E_5}}{d\Delta_b}=$$

$$\frac{\varepsilon^2\sigma_{1g}(c'-(1-\varepsilon)(\sigma_{2g}(b+\Delta_b)-c_2+m_g)-d_1)+(1-\varepsilon)\sigma_{2g}(\varepsilon^2(\sigma_{1g}(b+\Delta_b)-c_1+m_g)-(1-\varepsilon)(1-\lambda)\sigma_{2g}b-c')}{2[\varepsilon^2(\sigma_{1g}(b+\Delta_b)-c_1+m_g)-(1-\varepsilon)(1-\lambda)\sigma_{2g}b-(1-\varepsilon)(\sigma_{2g}(b+\Delta_b)-c_2+m_g)-d_1]^2}$$

根据命题 3.9（1）的条件，易知 $\dfrac{dS_{E_2E_4E_3E_5}}{d\Delta_b}>0$，即企业预期共性技术研发支付增加额 Δ_b 是面积 $S_{E_2E_4E_3E_5}$ 的增函数，在其他条件不变情况下，Δ_b 越大，$S_{E_2E_4E_3E_5}$ 相应变大，系统收敛于均衡 E_4（1，1）的概率变大，共性技术企业合作研发机制形成可能性也随之增大。

6）信息收集与分析成本 c'。观察 $S_{E_2E_4E_3E_5}$ 的表达式易知，c' 与 $S_{E_2E_4E_3E_5}$ 成反相关，即信息收集与分析成本 c' 越大，$S_{E_2E_4E_3E_5}$ 越小，系统演化于 E_1（0，0），即

（不合作，不合作）概率增加；反之，当 c' 变小时，$S_{E_2E_4E_3E_5}$ 随之增大，系统演化于均衡点 E_4（1，1），即（合作，合作）演化稳定策略概率增加。

3.6　结论与讨论

基于以上理论和数值分析，下面对 3.2 节和 3.3 节有无政府、学研方参与以及 3.4 节实力相当而需求迫切程度相异下所得结果进行进一步总结和讨论，并给出相关建议。

（1）从 3.2 节、3.3 节和 3.4 节均可发现，在其他参数既定前提下，企业共性技术合作研发前信息搜寻与分析成本 c' 较低，即交易成本较低，企业选择共性技术合作研发策略可能性也就变大，企业共性技术合作研发机制形成也变得可能。用越小的成本 c' 收集到越有用的信息，据以做出准确决策的概率 ε 越高，这样企业能够较轻易辨别出不合作（搭便车）者，在激烈的市场竞争和行业惩罚面前，倒逼着不愿合作而偏向于坐享其成企业选择合作研发策略。因此，需要大力提高企业自身信息收集和分析能力和效率，降低为此支付信息成本，更重要的是管理部门还应该搭建企业间合作沟通和互动平台，并需要建立和完善信用评级体系，使产业中每家企业经营信息能够较轻易得到且使用，减少共性技术合作的综合交易成本，这一举措对于企业共性技术合作研发供给机制形成并有效运作具有战略意义。

（2）根据命题 3.3 和命题 3.6 的分析说明：若其他参数既定，共性技术对企业越重要或需求越迫切，即 d 越大，混合均衡中选择合作研发策略企业的比例相应增大。通过对命题 3.9（1）的分析，进一步证实 d_i（$i=1$，2）对企业选择合作研发策略的正向影响，增加额 Δ_b 对合作研发的积极作用也证实了对共性技术的迫切需求是合作研发形成机制的重要动因之一。需要注意的是，博弈双方对共性技术需求迫切程度不同对共性技术合作研发机制的形成所具有的显著影响，若对共性技术需求较迫切一方需求程度一定时，博弈双方需求迫切程度差异（d_1-d_2）越小，共性技术合作研发机制越可能形成；反之则相反。由上可知，对企业共性技术的迫切需求是合作的前提，然而若要共性技术合作研发机制顺利形成，企业对共性技术需求的迫切程度应该相似，至少不能相差太大，否则共性技术合作研发机制无法形成。因此，若要通过合作研发模式供给共性技术，需要选择对共性技术有共同迫切需求且需求迫切程度相差不大的企业进行合作研发。

（3）通过命题 3.3 分析可知，共性技术被模仿和复制的难度 λ 对企业选择合作研发策略具有正向影响，命题 3.9（1）的分析进一步得出 λ 越大越有利于企业共性技术合作研发机制形成的结论。追根溯源，共性技术作为一种准公共品，具有私人物品和公共物品的双重特征，研发企业不易独占研发成果，但不像纯公共物品那样能够被坐享其成的企业轻易模仿和复制。若共性技术本身被模仿和复制的难度越大即 λ 较大，那些试图通过坐享其成的"搭便车"者就不能轻易得逞，那么企业出于长期发展技术需要考虑，更倾向于选择合作研发策略。反之，试图"搭便车"而选择不合作策略的企业就会增加。通过以上分析可知，企业共性技术合作研发机制的形成，受合作研发共性技术自身属性（比如是否容易被模仿和复制）影响。因此，并不是所有共性技术都适合通过企业合作研发供给，这为企业和政府部门对共性技术供给模式的选择具有一定指导意义。

（4）政府和学研方究竟产生怎样的影响？哪类支持策略更好？在 3.3 节中，政府和学研方的影响内生化于模型中，将政府对共性技术合作研发的支持策略划分为两类：一类为资金方面支持，如补贴、减税等；另一类为技术方面的支持，如技术人才、关键技术设备等。鉴于学研方主要提供技术方面的支持，将其与政府第二类支持策略放在一起考虑，通过命题 3.3 的分析可知，无论直接的资金 m_g 还是技术支持 σ_{ig}，对于企业选择共性技术合作研发策略均有正向影响，而相比之下，对共性技术研发技术的支持将发挥更大作用，当然，双管齐下则效果更佳，通过命题 3.9（1）的分析进一步验证该结论的正确性。因此，研究结论为政府制定促进企业共性技术研发供给的策略重点，应是重技术支持和非简单的资金扶持，同时也应该促成学研方参与积极性，而企业间共性技术合作研发应该充分重视学研方发挥积极作用。

3.7　本章小结

本章主要研究实力相当企业间共性技术合作研发的形成机制，通过演化博弈建模分别在有无政府、学研方参与以及企业实力相当而需求迫切程度相异的情形下，分析了诸损益参数对企业共性技术合作研发形成机制的影响，着重考察政府和学研方对企业共性技术合作研发的影响，并应用 MALAB R2010a 软件对本章提出的系列命题和分析结果进行验证和图像描述，据此得出结论并给出相应政策建议。

4 实力相异企业间共性技术 合作研发的演化研究

本章着重研究实力存在差异的两类企业间进行共性技术合作研发博弈，即多群体下（非对称）研究企业共性技术合作研发的形成机制。

4.1 演化博弈建模的基本假设与支付参数

考虑一个有多个企业群体组成的区域市场，每家企业在产业中都有一定市场势力，且有在未来通过专有技术创新增强其竞争力的欲望。区域中企业选择共性技术合作研发策略的过程，是一个不断学习、试错的渐进过程，是一个随着时间推移不断进行策略优化的过程，本章研究来自区域中实力相异（主要指研发能力存在差异）两大企业群体随机配对的演化博弈和演化稳定策略形成过程，为此需要做如下基本假设：

假设 1：有限理性。即博弈参与方的理性是有"诸多限制"的理性，这意味着合作研发不是一蹴而就的，而是博弈参与方通过学习和试错而不断调整和改进，并逐渐发现更优策略的过程。

假设 2：随机配对。共性技术研发企业在策略选择时面对区域市场中的所有企业，与其他企业合作研发是通过随机配对方式实现的，即假设博弈是在随机配对企业之间反复进行的。

假设 3：非对称博弈。考虑博弈企业双方自身属性差异，即合作双方研发能力存在差异，即"实力相异"，它们博弈获得支付的差异除了由采取的不同行动策略所致还由于实力的差异。

假设4：合作前提。假设企业合作是以共性技术研发为基本条件，只要存在共性技术研发需求前提就存在，而合作研发的持续性是以合作过程中的互惠性或至少合作方认为是互惠为基本前提。

假设5：基本策略。就共性技术研发，假设区域中企业有两种基本策略：不合作和辨别合作，并假设企业1的实力比企业2实力强，企业1群体中选择辨别合作策略比例为 x，选择不合作策略的比例为 $1-x$；而企业2群体中选择辨别合作和不合作策略比例分别为 y，选择不合作比例为 $1-y$。

假设6：情景设定。在实力相异前提下，具体分"未来需求迫切程度相同""未来需求迫切程度不同"以及"考虑预期背叛"三种情境，并将政府和学研方对共性技术合作研发影响内生化于模型，进而展开本章研究。

企业共性技术合作研发的损益参数（参数所表示的含义也不变）如表3.1和表4.1所示，将本章构建模型涉及的其他损益参数补充如下，详见表4.1。

表4.1　共性技术合作博弈基本损益参数补充说明

损益参数	参数释义	参数范围
σ_0	表示企业进行共性技术合作研发时的研发成功概率	$\sigma_1 < \sigma_0 \leq 1$
σ_i	表示第 i 个企业在对方采取不合作策略时研发的成功率，$i=1,2$	$1 > \sigma_1 > \sigma_2 > 0$
Δ_g	表示政府和学研方对共性技术研发企业的技术性支持，体现在研发风险降低方面	$\Delta_g \geq 1$
λ_i	表示共性技术相对于企业 i 来说所具有的模仿和复制难度，$i=1,2$	$0 \leq \lambda_1 < \lambda_2 \leq 1$
β	表示企业共性技术合作研发成本分享系数	$0 < \beta \leq \dfrac{1}{2}$

4.2　需求迫切程度相同时的共性技术合作研发的演化博弈

4.2.1　假设与支付矩阵

需求迫切程度相同是指企业对共性技术研发并没有进一步开发专有技术和商

业化的迫切需要，或者它们具有此需要且迫切程度无异，在此假设实力相异企业体现在共性技术研发风险成功率方面的差异。基于此，不失一般性，令需求迫切程度参数 $d_1 = d_2 = d$，假设企业进行共性技术转化支付无异即 $\Delta_b = 0$，$\sigma_i(\Delta_g)$ 表示共性技术研发成功率是政府或学研方技术支持的函数，并满足 $\partial(\sigma_i(\Delta_g))/\partial\Delta_g > 0$，为研究之便可令 $\sigma_i(\Delta_g) = \sigma_i \times \Delta_g$，易知 $\sigma_i(1) = \sigma_i$。进一步，假设实力较强的企业 1 不会比实力较弱的企业 2 合作研发承担更多的成本。于是可得此情形下合作研发博弈支付矩阵，如表 4.2 所示。

表 4.2　需求迫切程度相同时实力相异企业间博弈支付矩阵

企业 1 ＼ 企业 2		共性技术研发策略	
		1 辨别合作 y	2 不合作 $1-y$
共性技术研发策略	1 辨别合作 x	$(\varepsilon^2(\sigma_0(\Delta_g)b - \beta c_2 + m_g) - c'$, $\varepsilon^2(\sigma_0(\Delta_g)b - (1-\beta)c_2 + m_g) - c')$	$((1-\varepsilon)(\sigma_1(\Delta_g)b - c_2 + m_g) - c'$, $(1-\varepsilon)(1-\lambda_2)\sigma_1(\Delta_g)b)$
	2 不合作 $1-x$	$((1-\varepsilon)(1-\lambda_1)\sigma_2(\Delta_g)b$, $(1-\varepsilon)(\sigma_2(\Delta_g)b - c_2 + m_g) - c')$	$(-d, -d)$

根据如表 4.2 所示的支付矩阵以及多群体博弈概念（Friedman，1991），可得此情形下博弈的如下动力系统：

$$\dot{x}/x = \mathbf{e}^1\mathbf{EQ}^\mathrm{T} - \mathbf{PEQ}^\mathrm{T}$$

$$\dot{y}/y = \mathbf{e}^1\mathbf{FP}^\mathrm{T} - \mathbf{QFP}^\mathrm{T} \tag{4.1}$$

其中，$\mathbf{e}^1 = (1,0)$ 为单位向量，$\mathbf{P} = (x, 1-x)$ 为企业 1 选择共性技术合作研发和不合作策略的混合策略；类似地，$\mathbf{Q} = (y, 1-y)$ 为企业 2 选择合作研发和不合作的混合策略；

矩阵 $\mathbf{E} = \begin{bmatrix} \varepsilon^2(\sigma_0(\Delta_g)b - \beta c_2 + m_g) - c' & (1-\varepsilon)(\sigma_1(\Delta_g)b - c_2 + m_g) - c' \\ (1-\varepsilon)(1-\lambda_1)\sigma_2(\Delta_g)b - d & \end{bmatrix}$ 和 $\mathbf{F} =$

$\begin{bmatrix} \varepsilon^2(\sigma_0(\Delta_g)b - (1-\beta)c_2 + m_g) - c') & (1-\varepsilon)(\sigma_2(\Delta_g)b - c_2 + m_g) - c') \\ (1-\varepsilon)(1-\lambda_2)\sigma_1(\Delta_g)b - d & \end{bmatrix}$ 分别表示

企业 1 和企业 2 的博弈支付矩阵。那么，$\mathbf{e}^1\mathbf{EQ}^\mathrm{T}$ 和 $\mathbf{PEQ}^\mathrm{T}$ 分别企业 1 选择共性技

术研发合作策略企业 1 的适应度和企业 1 群体的平均适应度，$e^2 FP^T$ 和 QFP^T 分别为选择共性技术研发合作策略的企业 2 的适应度和企业 2 群体的平均适应度。

根据式（4.1），可得出共性技术合作研发系统的如下动力系统：

$$\dot{x} = x(1-x)\big(\big(\varepsilon^2(\sigma_0(\Delta_g)b - \beta c_2 + m_g) - (1-\varepsilon)(1-\lambda_1)\sigma_2(\Delta_g)b - (1-\varepsilon)$$
$$(\sigma_1(\Delta_g)b - c_2 + m_g) - d\big)y + (1-\varepsilon)(\sigma_1(\Delta_g)b - c_2 + m_g) - c' + d\big)$$

$$\dot{y} = y(1-y)\big(\big(\varepsilon^2(\sigma_0(\Delta_g)b - (1-\beta)c_2 + m_g) - (1-\varepsilon)(1-\lambda_2)\sigma_1(\Delta_g)b - (1-$$
$$\varepsilon)(\sigma_2(\Delta_g)b - c_2 + m_g) - d\big)x + (1-\varepsilon)(\sigma_2(\Delta_g)b - c_2 + m_g) - c' + d\big) \qquad (4.2)$$

若 $e_i(x_0, y_0)$ 为方程 $\begin{cases} \dot{x} = 0 \\ \dot{y} = 0 \end{cases}$ 的解，$i = 1, 2, 3, \cdots,$ 则 $e_i(x_0, y_0)$ 为动力

系统（4.2）的均衡点或奇点，据此可得出动力系统（4.2）的以下 5 个均衡点：

$e_1(0, 0)$，$e_2(0, 1)$，$e_3(1, 0)$，$e_4(1, 1)$，

$e_5(x^*, y^*) =$

$$\left(\frac{c' - (1-\varepsilon)(\sigma_2(\Delta_g)b - c_2 + m_g) - d}{\Delta_2}, \ \frac{c' - (1-\varepsilon)(\sigma_1(\Delta_g)b - c_2 + m_g) - d}{\Delta_1} \right)$$

其中：

$$\Delta_1 = (\varepsilon^2(\sigma_0(\Delta_g)b - \beta c_2 + m_g) - (1-\varepsilon)(1-\lambda_1)\sigma_2(\Delta_g)b - (1-\varepsilon)(\sigma_1(\Delta_g)$$
$$b - c_2 + m_g) - d$$

$$\Delta_2 = \varepsilon^2(\sigma_0(\Delta_g)b - (1-\beta)c_2 + m_g) - (1-\varepsilon)(1-\lambda_2)\sigma_1(\Delta_g)b - (1-\varepsilon)(\sigma_2$$
$$(\Delta_g)b - c_2 + m_g) - d$$

4.2.2 企业共性技术合作研发的演化稳定均衡

根据 Friedman（1991），由微分方程描绘的群体动力系统，其均衡点的稳定性可由该动力系统的雅可比矩阵（Jacobian）的局部稳定性分析得到。首先根据动力系统（4.2）给出其雅可比矩阵：

$$\mathbf{J} = \begin{bmatrix} \partial\dot{x}/\partial x & \partial\dot{x}/\partial y \\ \partial\dot{y}/\partial x & \partial\dot{y}/\partial y \end{bmatrix} =$$

$$\begin{bmatrix} (1-2x)[\Delta_1 y + (1-\varepsilon)(\sigma_1(\Delta_g)b - c_2 + m_g) - c' + d] & x(1-x)\Delta_1 \\ y(1-y)\Delta_2 & (1-2y)[\Delta_2 x + (1-\varepsilon)(\sigma_2(\Delta_g)b - c_2 + m_g) - c' + d] \end{bmatrix} \qquad (4.3)$$

下面研究均衡点 e_1，e_2，e_3，e_4 和 e_5 在不同条件下的稳定性，为分析之令 $\Delta_1 > 0$，$\Delta_2 > 0$。根据动力系统稳定性相关定理（陆启韶，1989），可得如下有关上述 5 个均衡点演化稳定性的系列命题。

命题 4.1 当 $(1-\varepsilon)(\sigma_2(\Delta_g)b + m_g) + d > c' + (1-\varepsilon)c_2$ 时，此时系统（4.2）仅有四个均衡点 $e_1(0, 0)$，$e_2(0, 1)$，$e_3(1, 0)$，$e_4(1, 1)$，其中均衡点 $e_4(1, 1)$ 是局部渐进稳定的，此时系统的演化稳定策略（ESS）为（合作，合作）。

证明： 通过雅克比（4.3）及其特征值验证各均衡点的局部稳定性。

均衡点 $e_1(0, 0)$ 处的雅克比矩阵 $\mathbf{J}_1 = \begin{bmatrix} (1-\varepsilon)(\sigma_1(\Delta_g)b - c_2 + m_g) - c' + d & 0 \\ 0 & (1-\varepsilon)(\sigma_2(\Delta_g)b - c_2 + m_g) - c' + d \end{bmatrix}$，

据此可求得 $\mathbf{J}_1$ 的两个特征值，分别为：

$$\eta_{\mathbf{J}_1 1} = (1-\varepsilon)(\sigma_1(\Delta_g)b - c_2 + m_g) - c' + d$$

$$\eta_{\mathbf{J}_1 2} = (1-\varepsilon)(\sigma_2(\Delta_g)b - c_2 + m_g) - c' + d$$

令 $\eta_{\mathbf{J}_1 1} > 0$ 且 $\eta_{\mathbf{J}_1 2} > 0$，易得 $c' + (1-\varepsilon)c_2 < \min\begin{bmatrix} (1-\varepsilon)(\sigma_1(\Delta_g)b + m_g) + d \\ (1-\varepsilon)(\sigma_2(\Delta_g)b + m_g) + d \end{bmatrix}$，考虑到条件 $\sigma_2(\Delta_g) < \sigma_1(\Delta_g)$，可知，当 $(1-\varepsilon)(\sigma_2(\Delta_g)b + m_g) + d > c' + (1-\varepsilon)c_2$ 时，$\mathbf{J}_1$ 有正的特征值，则 $e_1(0, 0)$ 为不稳定点；

均衡点 $e_2(0, 1)$ 处 $\mathbf{J}_2 = \begin{bmatrix} \varepsilon^2(\sigma_0(\Delta_g)b - \beta c_2 + m_g) - (1-\varepsilon)(1-\lambda_1)\sigma_2(\Delta_g)b - c' & 0 \\ 0 & c' - (1-\varepsilon)(\sigma_2(\Delta_g)b - c_2 + m_g) - d \end{bmatrix}$

为其雅克比矩阵，据此可求得 $\mathbf{J}_2$ 的两个特征值分别为：

$$\eta_{\mathbf{J}_2 1} = \varepsilon^2(\sigma_0(\Delta_g)b - \beta c_2 + m_g) - (1-\varepsilon)(1-\lambda_1)\sigma_2(\Delta_g)b - c'$$

$$\eta_{\mathbf{J}_2 2} = c' - (1-\varepsilon)(\sigma_2(\Delta_g)b - c_2 + m_g) - d$$

当 $(1-\varepsilon)(\sigma_2(\Delta_g)b + m_g) + d > c' + (1-\varepsilon)c_2$ 时，由条件 $\Delta_1 > 0$ 可知，$\eta_{\mathbf{J}_2 1} > 0$，$\mathbf{J}_2$ 有正的特征值 $\eta_{\mathbf{J}_2 1}$，则 $e_2(0, 1)$ 为不稳定均衡点；

均衡点 $e_3(1,0)$ 处 $\mathbf{J}_3 = \begin{bmatrix} c' - (1-\varepsilon)(\sigma_1(\Delta_g)b - c_2 + m_g) - d & 0 \\ 0 & \varepsilon^2(\sigma_0(\Delta_g)b - (1-\beta)c_2 + m_g) - (1-\varepsilon)(1-\lambda_2)\sigma_1(\Delta_g)b - c' \end{bmatrix}$

为其雅克比矩阵，据此可求得 $\mathbf{J}_3$ 两个特征值分别为：

$$\eta_{\mathbf{J}_3 1} = c' - (1-\varepsilon)(\sigma_1(\Delta_g)b - c_2 + m_g) - d$$

$$\eta_{\mathbf{J}_3 2} = \varepsilon^2(\sigma_0(\Delta_g)b - (1-\beta)c_2 + m_g) - (1-\varepsilon)(1-\lambda_2)\sigma_1(\Delta_g)b - c'$$

当 $(1-\varepsilon)(\sigma_2(\Delta_g)b+m_g)+d>c'+(1-\varepsilon)c_2$ 时，由条件 $\Delta_2>0$ 知，$\eta_{J_32}>0$，J_3 有正的特征值 η_{J_32}，则 $e_3(1,0)$ 为不稳定均衡点。

均衡点 $e_4(1,1)$ 处 $J_4=\begin{bmatrix}(1-\varepsilon)(1-\lambda_1)\sigma_2(\Delta_g)b+c'-\varepsilon^2(\sigma_0(\Delta_g)b-\beta c_2+m_g) & 0\\ 0 & (1-\varepsilon)(1-\lambda_2)\sigma_1(\Delta_g)b+c'-\varepsilon^2(\sigma_0(\Delta_g)b-(1-\beta)c_2+m_g)\end{bmatrix}$

为其雅克比矩阵，据此可求得 J_4 两个特征值分别为：

$$\eta_{J_41}=(1-\varepsilon)(1-\lambda_1)\sigma_2(\Delta_g)b+c'-\varepsilon^2(\sigma_0(\Delta_g)b-\beta c_2+m_g)$$

$$\eta_{J_42}=(1-\varepsilon)(1-\lambda_2)\sigma_1(\Delta_g)b+c'-\varepsilon^2(\sigma_0(\Delta_g)b-(1-\beta)c_2+m_g)$$

当 $(1-\varepsilon)(\sigma_2(\Delta_g)b+m_g)+d>c'+(1-\varepsilon)c_2$ 时，注意 $\Delta_1>0$ 和 $\Delta_2>0$，此时 J_4 的两个特征值均有负实部，即 $\eta_{J_41}<0$，$\eta_{J_42}<0$，则 $e_4(1,1)$ 为系统渐进稳定点，为演化稳定策略（ESS）。证毕。

上述命题表明，当研发实力较弱企业 2 在企业 1 选择不合作策略而独立研发获得的支付 $(1-\varepsilon)(\sigma_2(\Delta_g)b+m_g)+d$（$d$ 在这里亦可理解为机会损益）能够覆盖为此项共性技术研发活动所付出成本 $c'+(1-\varepsilon)c_2$ 时，无论实力强的企业 1，还是较弱的企业 2 均倾向于选择合作研发策略，共性技术合作研发机制能够形成。

命题 4.2 当 $(1-\varepsilon)(\sigma_2(\Delta_g)b+m_g)+d<c'+(1-\varepsilon)c_2<(1-\varepsilon)(\sigma_1(\Delta_g)b+m_g)+d$ 时，系统（4.2）仅有四个均衡点 $e_1(0,0)$，$e_2(0,1)$，$e_3(1,0)$，$e_4(1,1)$，且满足：

（1）若 $\varepsilon^2(\sigma_0(\Delta_g)b+m_g)-(1-\varepsilon)(1-\lambda_2)\sigma_1(\Delta_g)b>c'+\varepsilon^2(1-\beta)c_2$，则均衡点 $e_4(1,1)$ 局部渐进稳定，此时系统的演化稳定策略（ESS）为（合作，合作）；

（2）若 $\varepsilon^2(\sigma_0(\Delta_g)b+m_g)-(1-\varepsilon)(1-\lambda_2)\sigma_1(\Delta_g)b<c'+\varepsilon^2(1-\beta)c_2$，则均衡点 $e_3(1,0)$ 局部渐进稳定，此时系统的演化稳定策略（ESS）为（合作，不合作）。

证明： 通过雅克比（4.3）及其特征值验证各均衡点的局部稳定性，在此充分利用命题 4.1 证明的相关内容，具体为：

均衡点 $e_1(0,0)$ 处雅克比矩阵 J_1 的两个特征值为 η_{J_11} 和 η_{J_12}，若令 $\eta_{J_11}>0$ 且 $\eta_{J_12}<0$，则有 $(1-\varepsilon)(\sigma_2(\Delta_g)b+m_g)+d<c'+(1-\varepsilon)c_2<(1-\varepsilon)(\sigma_1(\Delta_g)b+m_g)+d$（下面证明中简称 *PR* 条件，这里不等式成立用到条件 $\sigma_2(\Delta_g)<\sigma_1$

(Δ_g)），此时 $\mathbf{J}_1$ 有正特征值 $\eta_{\mathbf{J}_{11}}$，则 $e_1(0, 0)$ 为不稳定均衡点，易知在条件（1）和（2）下均成立。

均衡点 $e_2(0, 1)$ 处雅克比矩阵 $\mathbf{J}_2$ 的两个特征值为 $\eta_{\mathbf{J}_{21}}$ 和 $\eta_{\mathbf{J}_{22}}$，由于 $\Delta_1 > 0$ 及 PR 条件可知，$\eta_{\mathbf{J}_{21}} > 0$ 且 $\eta_{\mathbf{J}_{22}} > 0$，此时 $\mathbf{J}_2$ 有两个正特征值 $\eta_{\mathbf{J}_{21}}$ 和 $\eta_{\mathbf{J}_{22}}$，则 $e_2(0, 1)$ 为不稳定均衡点，易知在条件（1）和（2）下均成立。

均衡点 $e_3(1, 0)$ 处雅克比矩阵 $\mathbf{J}_3$ 的两个特征值分别为 $\eta_{\mathbf{J}_{31}}$ 和 $\eta_{\mathbf{J}_{32}}$，根据 PR 条件可得出 $\eta_{\mathbf{J}_{31}} < 0$，若令 $\eta_{\mathbf{J}_{32}} > 0$，则有 $\varepsilon^2(\sigma_0(\Delta_g)b + m_g) - (1 - \varepsilon)(1 - \lambda_2)\sigma_1(\Delta_g)b > c' + \varepsilon^2(1 - \beta)c_2$；若令 $\eta_{\mathbf{J}_{32}} < 0$，则有 $\varepsilon^2(\sigma_0(\Delta_g)b + m_g) - (1 - \varepsilon)(1 - \lambda_2)\sigma_1(\Delta_g)b < c' + \varepsilon^2(1 - \beta)c_2$。由此可知，$e_3(1, 0)$ 在条件（1）下为不稳定均衡点，在条件（2）下为局部渐进稳定点均衡点。

均衡点 $e_4(1, 1)$ 处雅克比矩阵 $\mathbf{J}_4$ 的两个特征值分别为 $\eta_{\mathbf{J}_{41}}$ 和 $\eta_{\mathbf{J}_{42}}$，根据 PR 条件及 $\Delta_1 > 0$ 和 $\Delta_2 > 0$，易知特征值 $\eta_{\mathbf{J}_{41}} < 0$，对于特征值 $\eta_{\mathbf{J}_{42}}$ 的符号有

$$\begin{cases} \eta_{\mathbf{J}_{42}} < 0, & if \quad \varepsilon^2(\sigma_0(\Delta_g)b + m_g) - (1 - \varepsilon)(1 - \lambda_2)\sigma_1(\Delta_g)b > c' + \varepsilon^2(1 - \beta)c_2 \\ \eta_{\mathbf{J}_{42}} > 0, & if \quad \varepsilon^2(\sigma_0(\Delta_g)b + m_g) - (1 - \varepsilon)(1 - \lambda_2)\sigma_1(\Delta_g)b < c' + \varepsilon^2(1 - \beta)c_2 \end{cases}$$。由此

可知，在条件（1）下，$\mathbf{J}_4$ 有两个负特征值 $\eta_{\mathbf{J}_{41}}$ 和 $\eta_{\mathbf{J}_{42}}$，$e_4(1, 1)$ 为局部渐进稳定点均衡点，在条件（2）下，$\mathbf{J}_4$ 有正特征值 $\eta_{\mathbf{J}_{42}}$，此时 $e_4(1, 1)$ 为不稳定点均衡点。证毕。

命题 4.2 表明，当共性技术研发活动所支付的成本 $c' + (1 - \varepsilon)c_2$ 大于研发实力较弱企业 2 在企业 1 选择不合作策略，其独立研发获得的支付 $(1 - \varepsilon)(\sigma_2(\Delta_g)b + m_g) + d$ 小于实力较强的企业 1 独立研发获得的支付 $(1 - \varepsilon)(\sigma_1(\Delta_g)b + m_g) + d$ 时，①若实力较弱企业共性技术合作研发获得支付 $\varepsilon^2(\sigma_0(\Delta_g)b + m_g)$ 与不合作研发获得支付 $(1 - \varepsilon)(1 - \lambda_2)\sigma_1(\Delta_g)b$ 之差能覆盖为合作研发支付的成本 $c' + \varepsilon^2(1 - \beta)c_2$ 时，两类企业均选择合作研发策略，此时企业共性技术合作研发机制能够形成；②若共性技术合作研发获得的支付与不合作研发获得的支付之差不能覆盖为合作研发支出的成本 $c' + \varepsilon^2(1 - \beta)c_2$ 时，博弈双方更倾向于选择不合作研发策略，此时通过企业合作研发模式实现共性技术供给不具可行性。

命题 4.3 当 $c' + (1 - \varepsilon)c_2 > (1 - \varepsilon)(\sigma_1(\Delta_g)b + m_g) + d$ 时，且满足：

（1）若 $\varepsilon^2(\sigma_0(\Delta_g)b + m_g) > \max \begin{Bmatrix} c' + \varepsilon^2(1 - \beta)c_2 + (1 - \varepsilon)(1 - \lambda_2)\sigma_1(\Delta_g)b \\ c' + \varepsilon^2 \beta c_2 + (1 - \varepsilon)(1 - \lambda_1)\sigma_2(\Delta_g)b \end{Bmatrix}$，

则系统(4.2)有五个均衡点 $e_1(0,0)$，$e_2(0,1)$，$e_3(1,0)$，$e_4(1,1)$ 和 $e_5(x^*, y^*)$，其中 $e_1(0,0)$ 或 $e_4(1,1)$ 为局部渐进稳定的，即(不合作，不合作)或(合作，合作)为系统的演化稳定策略(ESS)，均衡点 $e_5(x^*, y^*)$ 为系统演化的鞍点。

（2）若 $\varepsilon^2(\sigma_0(\Delta_g)b + m_g) < \min\left\{\begin{matrix} c' + \varepsilon^2(1-\beta)c_2 + (1-\varepsilon)(1-\lambda_2)\sigma_1(\Delta_g)b \\ c' + \varepsilon^2\beta c_2 + (1-\varepsilon)(1-\lambda_1)\sigma_2(\Delta_g)b \end{matrix}\right\}$，

或者 $\varepsilon^2(\sigma_0(\Delta_g)b + m_g)$ 处于 $c' + \varepsilon^2\beta c_2 + (1-\varepsilon)(1-\lambda_1)\sigma_2(\Delta_g)b$ 和 $c' + \varepsilon^2(1-\beta)c_2 + (1-\varepsilon)(1-\lambda_2)\sigma_1(\Delta_g)b$ 的中间，则系统(4.2)有四个均衡点 $e_1(0,0)$，$e_2(0,1)$，$e_3(1,0)$，$e_4(1,1)$，其中 $e_1(0,0)$ 为局部渐进稳定的均衡点，即(不合作，不合作)为系统的演化稳定策略(ESS)。

证明： 通过雅克比(4.3)及其特征值验证各均衡点的局部稳定性，在此充分利用命题4.1和命题4.2的证明思想，具体为：

均衡点 $e_1(0,0)$ 处雅克比矩阵 $\mathbf{J}_1$ 的两个特征值为 $\eta_{\mathbf{J}_{11}}$ 和 $\eta_{\mathbf{J}_{12}}$，若令 $\eta_{\mathbf{J}_{11}} < 0$ 且 $\eta_{\mathbf{J}_{12}} < 0$，易得 $c' + (1-\varepsilon)c_2 > (1-\varepsilon)(\sigma_1(\Delta_g)b + m_g) + d$（这里用到条件 $\lambda_1 < \lambda_2$），此时不论条件①还是条件②，$e_1(0,0)$ 都是局部渐进稳定的，此时系统的演化稳定策略为(不合作，不合作)。

均衡点 $e_2(0,1)$ 处雅克比矩阵 $\mathbf{J}_2$ 的两个特征值分别为 $\eta_{\mathbf{J}_{21}}$ 和 $\eta_{\mathbf{J}_{22}}$，若令 $\eta_{\mathbf{J}_{22}} > 0$，由于 $\sigma_2(\Delta_g) < \sigma_1(\Delta_g)$，在 $c' + (1-\varepsilon)c_2 > (1-\varepsilon)(\sigma_1(\Delta_g)b + m_g) + d$ 时必成立，此时 $\mathbf{J}_2$ 存在正的特征值 $\eta_{\mathbf{J}_{22}}$，均衡点 $e_2(0,1)$ 为不稳定均衡点，易知在条件(1)和(2)下也都成立。

均衡点 $e_3(1,0)$ 处雅克比矩阵 $\mathbf{J}_3$ 的两个特征值分别为 $\eta_{\mathbf{J}_{31}}$ 和 $\eta_{\mathbf{J}_{32}}$，若令 $\eta_{\mathbf{J}_{31}} > 0$，则有 $c' + (1-\varepsilon)c_2 > (1-\varepsilon)(\sigma_1(\Delta_g)b + m_g) + d$，此时 $\mathbf{J}_3$ 存在正的特征值 $\eta_{\mathbf{J}_{31}}$，均衡点 $e_3(1,0)$ 为不稳定均衡点，易知在条件(1)和(2)下也都成立。

均衡点 $e_4(1,1)$ 处雅克比矩阵 $\mathbf{J}_4$ 的两个特征值分别为 $\eta_{\mathbf{J}_{41}}$ 和 $\eta_{\mathbf{J}_{42}}$，若令 $\eta_{\mathbf{J}_{41}} < 0$ 且 $\eta_{\mathbf{J}_{42}} < 0$，则有 $\varepsilon^2(\sigma_0(\Delta_g)b + m_g) > \max\left\{\begin{matrix} (1-\varepsilon)(1-\lambda_2)\sigma_1(\Delta_g)b + c' + (1-\beta)c_2 \\ (1-\varepsilon)(1-\lambda_1)\sigma_2(\Delta_g)b + c' + \beta c_2 \end{matrix}\right\}$（满足条件(1)），此时 $e_4(1,1)$ 是局部渐进稳定的，此时系统的演化稳定策略为(合作，合作)；若令 $\eta_{\mathbf{J}_{41}} > 0$，$\eta_{\mathbf{J}_{42}} < 0$；或 $\eta_{\mathbf{J}_{41}} < 0$，$\eta_{\mathbf{J}_{42}} > 0$；或 $\eta_{\mathbf{J}_{41}} > 0$ 且 $\eta_{\mathbf{J}_{42}} > 0$，则需要依次满足下列条件：若 $\varepsilon^2(\sigma_0(\Delta_g)b + m_g)$ 在 $c' + \varepsilon^2\beta c_2 + (1-\varepsilon)(1-\lambda_1)$

$\sigma_2(\Delta_g)b$ 和 $c' + \varepsilon^2(1-\beta)c_2 + (1-\varepsilon)(1-\lambda_2)\sigma_1(\Delta_g)b$ 的中间或者 $\varepsilon^2(\sigma_0(\Delta_g)b +$

$m_g) < \min\begin{Bmatrix} c' + \varepsilon^2(1-\beta)c_2 + (1-\varepsilon)(1-\lambda_2)\sigma_1(\Delta_g)b \\ c' + \varepsilon^2\beta c_2 + (1-\varepsilon)(1-\lambda_1)\sigma_2(\Delta_g)b \end{Bmatrix}$（满足条件（2）），此时 $\mathbf{J}_4$

有正特征值存在，$e_4(1,1)$ 为不稳定均衡点。

均衡点 $e_5(x^*, y^*)$，若其在二维平面 $S = \{(x,y) \mid 0 \leq x, y \leq 1\}$ 上，即 $x^*, y^* \in [0,1]$，则必满足条件 $\varepsilon^2(\sigma_0(\Delta_g)b + m_g) > \max$

$\begin{Bmatrix} (1-\varepsilon)(1-\lambda_2)\sigma_1(\Delta_g)b + c' + (1-\beta)c_2 \\ (1-\varepsilon)(1-\lambda_1)\sigma_2(\Delta_g)b + c' + \beta c_2 \end{Bmatrix}$，即在满足条件（1）情形下，$e_5(x^*,$

$y^*)$ 为符合条件的均衡点，于是可得 $e_5(x^*, y^*)$ 处雅克比矩阵：

$$\mathbf{J}_5 = \begin{bmatrix} 0 & \Delta_3 \\ \Delta_4 & 0 \end{bmatrix}$$

其中：

$$\Delta_3 = \frac{\Delta_1(c' - (1-\varepsilon)(\sigma_2(\Delta_g)b - c_2 + m_g) - d)(\varepsilon^2(\sigma_0(\Delta_g)b - \beta c_2 + m_g) - (1-\varepsilon)(1-\lambda_2)\sigma_1(\Delta_g)b - c')}{[\Delta_2]^2}$$

$$\Delta_4 = \frac{\Delta_2(c' - (1-\varepsilon)(\sigma_1(\Delta_g)b - c_2 + m_g) - d)(\varepsilon^2(\sigma_0(\Delta_g)b - (1-\beta)c_2 + m_g) - (1-\varepsilon)(1-\lambda_1)\sigma_2(\Delta_g)b - c')}{[\Delta_1]^2}$$

易求得矩阵 $\mathbf{J}_5$ 的两个特征值分别为 $\eta_{\mathbf{J}_51} = -\sqrt{\Delta_3\Delta_4}$ 和 $\eta_{\mathbf{J}_52} = \sqrt{\Delta_3\Delta_4}$，根据 $\Delta_1 > 0$，

$\Delta_2 > 0$ 及条件 $\varepsilon^2(\sigma_0(\Delta_g)b + m_g) > \max\begin{Bmatrix} (1-\varepsilon)(1-\lambda_2)\sigma_1(\Delta_g)b + c' + (1-\beta)c_2 \\ (1-\varepsilon)(1-\lambda_1)\sigma_2(\Delta_g)b + c' + \beta c_2 \end{Bmatrix}$时，

必有 $\Delta_3\Delta_4 > 0$。由此可知，此时 $\mathbf{J}_5$ 有两个符号相异的实根 $\eta_{\mathbf{J}_51}$ 和 $\eta_{\mathbf{J}_52}$，均衡点 e_5 (x^*, y^*) 为系统的鞍点。证毕。

由命题4.3可知，当实力较弱企业1在企业2不合作时独立进行共性技术研发获得预期支付 $(1-\varepsilon)(\sigma_1(\Delta_g)b + m_g) + d$ 不够弥补为此研发活动支付的 $c' +$ $(1-\varepsilon)c_2$ 时，①若实力较弱或较强企业选择共性技术合作研发策略获得的支付 $\varepsilon^2(\sigma_0(\Delta_g)b + m_g)$ 与其选择不合作策略"搭便车"所获得的支付 $(1-\varepsilon)(1-\lambda_2)\sigma_1$ $(\Delta_g)b$ 或 $(1-\varepsilon)(1-\lambda_1)\sigma_2(\Delta_g)b$ 之差能弥补由共性技术合作研发活动引致的成本 $c' + \varepsilon^2(1-\beta)c_2$ 或 $c' + \varepsilon^2\beta c_2$ 时，博弈双方策略选择为非合作即不合作，即企业要么选择（不合作，不合作）策略，要么选择（合作，合作）策略，最终合作研

发系统到底稳定于哪种策略(即企业共性技术合作研发机制能否形成)则取决于博弈双方初始条件;②若共性技术合作研发获得的支付 $\varepsilon^2(\sigma_0(\Delta_g)b + m_g)$ 处于实力较弱和较强企业不合作而获得的"搭便车"支付与由共性技术合作研发活动引致的成本之和两者即 $c' + \varepsilon^2\beta c_2 + (1-\varepsilon)(1-\lambda_1)\sigma_2(\Delta_g)b$ 和 $c' + \varepsilon^2(1-\beta)c_2 + (1-\varepsilon)(1-\lambda_2)\sigma_1(\Delta_g)b$ 的中间,或者比两者之中较小者还小时,博弈双方毫无例外选择不合作研发策略,即此时系统演化稳定于(不合作,不合作)策略,企业共性技术合作研发机制难以形成。

4.3　需求迫切程度不同时共性技术合作研发的演化博弈

4.3.1　假设与支付矩阵

需求迫切程度不同指企业对共性技术合作研发一方没有进一步开发专有技术和商业化的迫切需要,或者它们具有此需要且迫切程度有差别。需求程度不同意味着共性技术预期给企业带来的支付亦不同,博弈双方依对共性技术需求不同支付亦不相同。具体地,若 $d_1 > d_2$,则实力较企业1的支付为 $b_1 = b + \Delta_b$,相对企业2的支付为 $b_2 = b$;若 $d_1 < d_2$,则实力较强企业1的支付为 $b_1 = b$,企业2的预期支付为 $b_2 = b + \Delta_b$。于是,可得需求迫切程度不同实力相异企业间共性技术合作研发博弈支付矩阵,如表4.3所示。

表4.3　需求迫切程度不同时实力相异企业间博弈支付矩阵

企业1 \ 企业2		共性技术研发策略	
		1 辨别合作 y	2 不合作 $1-y$
共性技术研发策略	1 辨别合作 x	$(\varepsilon^2(\sigma_0(\Delta_g)b_1 - \beta c_2 + m_g) - c'$, $\varepsilon^2(\sigma_0(\Delta_g)b_2 - (1-\beta)c_2 + m_g) - c')$	$((1-\varepsilon)(\sigma_1(\Delta_g)b_1 - c_2 + m_g) - c'$, $(1-\varepsilon)(1-\lambda_2)\sigma_1(\Delta_g)b)$
	2 不合作 $1-x$	$((1-\varepsilon)(1-\lambda_1)\sigma_2(\Delta_g)b$, $(1-\varepsilon)(\sigma_2(\Delta_g)b_2 - c_2 + m_g) - c')$	$(-d_1, -d_2)$

根据支付矩阵表（4.3），易得出此时企业共性技术合作研发系统如下动力系统：

$$\dot{x} = x(1-x)\big(\big(\varepsilon^2(\sigma_0(\Delta_g)b_1 - \beta c_2 + m_g) - (1-\varepsilon)(1-\lambda_1)\sigma_2(\Delta_g)b - (1-\varepsilon)(\sigma_1(\Delta_g)b_1 - c_2 + m_g) - d_1\big)y + (1-\varepsilon)(\sigma_1(\Delta_g)b_1 - c_2 + m_g) - c' + d_1\big)$$

$$\dot{y} = y(1-y)\big(\big(\varepsilon^2(\sigma_0(\Delta_g)b_2 - (1-\beta)c_2 + m_g) - (1-\varepsilon)(1-\lambda_2)\sigma_1(\Delta_g)b - (1-\varepsilon)(\sigma_2(\Delta_g)b_2 - c_2 + m_g) - d_2\big)x + (1-\varepsilon)(\sigma_2(\Delta_g)b_2 - c_2 + m_g) - c' + d_2\big)$$

$$(4.4)$$

假设 $E_i(x_0, y_0)$ 为方程 $\begin{cases} \dot{x} = 0 \\ \dot{y} = 0 \end{cases}$ 的解，$i = 1, 2, 3, \cdots$，则 $E_i(x_0, y_0)$ 为动力系统（4.4）的均衡点或奇点，据此可得出动力系统（4.4）以下 5 个均衡点：

$E_1(0, 0)$，$E_2(0, 1)$，$E_3(1, 0)$，$E_4(1, 1)$，

$$E_5(x^*, y^*) = \left(\frac{c' - (1-\varepsilon)(\sigma_2(\Delta_g)b_2 - c_2 + m_g) - d_2}{\Delta_2}, \frac{c' - (1-\varepsilon)(\sigma_1(\Delta_g)b_1 - c_2 + m_g) - d_1}{\Delta_1} \right)$$

其中，

$$\Delta_1 = (\varepsilon^2(\sigma_0(\Delta_g)b_1 - \beta c_2 + m_g) - (1-\varepsilon)(1-\lambda_1)\sigma_2(\Delta_g)b - (1-\varepsilon)(\sigma_1(\Delta_g)b_1 - c_2 + m_g) - d_1$$

$$\Delta_2 = (\varepsilon^2(\sigma_0(\Delta_g)b_2 - (1-\beta)c_2 + m_g) - (1-\varepsilon)(1-\lambda_2)\sigma_1(\Delta_g)b - (1-\varepsilon)(\sigma_2(\Delta_g)b_2 - c_2 + m_g) - d_2$$

4.3.2　企业共性技术合作研发的演化稳定均衡

下面对共性技术合作研发演化动态系统均衡点的局部稳定性进行分析，为了便于展开分析且不失一般性，假设 $\Delta_1 > 0$ 且 $\Delta_2 > 0$（易知二者大小不定）。据此，系统均衡点的局部稳定性可通过以下系列命题描述。

命题 4.4　若动力系统（4.4）满足以下条件：

（1）当 $d_1 > d_2$ 时，若 $c' + (1-\varepsilon)c_2 < (1-\varepsilon)(\sigma_2(\Delta_g)b + m_g) + d_2$；或者

（2）当 $d_1 < d_2$ 时，若 $c' + (1-\varepsilon)c_2 < \min\left\{ \begin{array}{l} (1-\varepsilon)(\sigma_1(\Delta_g)b + m_g) + d_1 \\ (1-\varepsilon)(\sigma_2(\Delta_g)(b + \Delta_b) + m_g) + d_2 \end{array} \right\}$；

则该动力系统仅有四个均衡点 $E_1(0, 0)$，$E_2(0, 1)$，$E_3(1, 0)$，$E_4(1, 1)$，其中均衡点 $E_4(1, 1)$ 是局部渐进稳定的，即系统的演化稳定策略（ESS）为（合作，合作）。

证明： 类似于命题 4.7 或命题 4.1，这里从略。

根据上述命题可知，①若实力较强企业 1 对共性技术需求较迫切，则当实力较弱企业 2 在对方不合作时独立进行共性技术研发获得的支付 $(1 - \varepsilon)(\sigma_2(\Delta_g)b + m_g) + d_2$ 能够覆盖为研发活动支付的成本 $c' + (1 - \varepsilon)c_2$ 时；或者②若实力较弱企业 1 对共性技术需求较迫切，则当共性技术研发活动支付成本 $c' + (1 - \varepsilon)c_2$ 小于企业 1 和企业 2 在对方不合作时独立进行共性技术研发时所获得的研发支付 $(1 - \varepsilon)(\sigma_1(\Delta_g)b + m_g) + d_1$ 和 $(1 - \varepsilon)(\sigma_2(\Delta_g)(b + \Delta_b) + m_g) + d_2$ 之中较大者时，博弈双方（无论实力强弱）都将选择合作研发策略，此时企业共性技术合作研发机制能够形成。

命题 4.5 若动力系统（4.4）满足以下条件：

（1）当 $d_1 > d_2$ 时，若 $c' + (1 - \varepsilon)c_2:$
$$\begin{cases} > (1 - \varepsilon)(\sigma_2(\Delta_g)b + m_g) + d_2 \\ < (1 - \varepsilon)(\sigma_1(\Delta_g)(b + \Delta_b) + m_g) + d_1 \end{cases},$$
则该动力系统只有四个均衡点 $E_1(0, 0)$，$E_2(0, 1)$，$E_3(1, 0)$，$E_4(1, 1)$，且满足：

（a）$\varepsilon^2(\sigma_0(\Delta_g)b + m_g) - (1 - \varepsilon)(1 - \lambda_2)\sigma_1(\Delta_g)b > c' + \varepsilon^2(1 - \beta)c_2$ 时，$E_4(1, 1)$ 是局部渐进稳定的，即系统的演化稳定策略（ESS）为（合作，合作）；

（b）$\varepsilon^2(\sigma_0(\Delta_g)b + m_g) - (1 - \varepsilon)(1 - \lambda_2)\sigma_1(\Delta_g)b < c' + \varepsilon^2(1 - \beta)c_2$ 时，$E_3(1, 0)$ 是局部渐进稳定的，即系统的演化稳定策略（ESS）为（合作，不合作）；或者

（2）当 $d_1 < d_2$ 时，若 $c' + (1 - \varepsilon)c_2:$
$$\begin{cases} > (1 - \varepsilon)(\sigma_2(\Delta_g)(b + \Delta_b) + m_g) + d_2 \\ < (1 - \varepsilon)(\sigma_1(\Delta_g)b + m_g) + d_1 \end{cases};$$
则该动力系统亦只有四个均衡点 $E_1(0, 0)$，$E_2(0, 1)$，$E_3(1, 0)$，$E_4(1, 1)$，且满足：

（a）$\varepsilon^2(\sigma_0(\Delta_g)(b + \Delta_b) + m_g) - (1 - \varepsilon)(1 - \lambda_2)\sigma_1(\Delta_g)b > c' + \varepsilon^2(1 - \beta)c_2$ 时，$E_4(1, 1)$ 是局部渐进稳定的，即系统的演化稳定策略（ESS）为（合作，合作）；

（b）$\varepsilon^2(\sigma_0(\Delta_g)(b + \Delta_b) + m_g) - (1 - \varepsilon)(1 - \lambda_2)\sigma_1(\Delta_g)b < c' + \varepsilon^2(1 - \beta)c_2$ 时，

$E_3(1,0)$是局部渐进稳定的，即系统的演化稳定策略（ESS）为（合作，不合作）。

证明：类似于命题4.8和命题4.2，这里从略。

命题4.5说明，①当实力较强企业1对共性技术需求比实力较弱企业2迫切，共性技术研发活动成本$c' + (1-\varepsilon)c_2$大于企业2独立研发时的预期支付$(1-\varepsilon)(\sigma_2(\Delta_g)b + m_g) + d_2$，但小于企业1独立研发时的预期支付$(1-\varepsilon)(\sigma_1(\Delta_g)(b+\Delta_b) + m_g) + d_1$时，若企业2的合作研发支付$\varepsilon^2(\sigma_0(\Delta_g)b + m_g)$与不合作时的"搭便车"支付$(1-\varepsilon)(1-\lambda_2)\sigma_1(\Delta_g)b$之差能覆盖合作研发产生的成本$c' + \varepsilon^2(1-\beta)c_2$时；或者②当实力较强企业1对共性技术需求不及实力较弱企业2迫切，共性技术研发产生的成本$c' + (1-\varepsilon)c_2$大于企业1独立研发时的预期支付$(1-\varepsilon)(\sigma_2(\Delta_g)(b+\Delta_b) + m_g) + d_2$，但小于企业1独立研发时的预期支付$(1-\varepsilon)(\sigma_1(\Delta_g)b + m_g) + d_1$时，若企业2的合作研发支付$\varepsilon^2(\sigma_0(\Delta_g)(b+\Delta_b) + m_g)$与不合作时的"搭便车"支付$(1-\varepsilon)(1-\lambda_2)\sigma_1(\Delta_g)b$之差能覆盖成本$c' + \varepsilon^2(1-\beta)c_2$，则博弈双方都将选择合作研发策略即企业共性技术合作研发机制能够形成，反之则双方将选择不合作策略即合作研发机制不能形成。

命题4.6 若$d_1 < d_2$及$c' + (1-\varepsilon)c_2：\begin{cases} < (1-\varepsilon)(\sigma_2(\Delta_g)(b+\Delta_b) + m_g) + d_2 \\ > (1-\varepsilon)(\sigma_1(\Delta_g)b + m_g) + d_1 \end{cases}$，

则动力系统(4.4)只有四个均衡点$E_1(0,0)$，$E_2(0,1)$，$E_3(1,0)$，$E_4(1,1)$，且满足：

（1）$\varepsilon^2(\sigma_0(\Delta_g)b + m_g) - (1-\varepsilon)(1-\lambda_1)\sigma_2(\Delta_g)b > c' + \varepsilon^2\beta c_2$时，均衡点$E_4(1,1)$是局部渐进稳定的，即系统的演化稳定策略（ESS）为（合作，合作）；

（2）$\varepsilon^2(\sigma_0(\Delta_g)b + m_g) - (1-\varepsilon)(1-\lambda_1)\sigma_2(\Delta_g)b < c' + \varepsilon^2\beta c_2$时，均衡点$E_2(0,1)$是局部渐进稳定的，即系统的演化稳定策略（ESS）为（合作，不合作）。

证明：当$\begin{cases} (1-\varepsilon)(\sigma_1(\Delta_g)b_1 - c_2 + m_g) - c' + d_1 < 0 \\ (1-\varepsilon)(\sigma_1(\Delta_g)b_2 - c_2 + m_g) - c' + d_2 > 0 \end{cases}$时，可知均衡点$E_5(x^*,y^*)$不满足条件（舍去）。

当$d_1 > d_2$时，有$c' + (1-\varepsilon)c_2：\begin{cases} > (1-\varepsilon)(\sigma_1(\Delta_g)(b+\Delta_b) + m_g) + d_1 \\ < (1-\varepsilon)(\sigma_2(\Delta_g)b + m_g) + d_2 \end{cases}$，根据条件$\sigma_1(\Delta_g) > \sigma_2(\Delta_g)$，可知此种情形无意义，舍去；

当 $d_1 < d_2$ 时，有 $c' + (1 - \varepsilon) c_2 : \begin{cases} > (1 - \varepsilon)(\sigma_1(\Delta_g) b + m_g) + d_1 \\ < (1 - \varepsilon)(\sigma_2(\Delta_g)(b + \Delta_b) + m_g) + d_2 \end{cases}$，

由微分方程描绘的群体动力系统，其均衡点的稳定性可由该动力系统的雅可比矩阵（Jacobian）的局部稳定性分析得到（Friedman，1991），据此系统（4.4）易得其雅克比矩阵：

$$\mathbf{J} = \begin{bmatrix} \partial \dot{x} / \partial x & \partial \dot{x} / \partial y \\ \partial \dot{y} / \partial x & \partial \dot{y} / \partial y \end{bmatrix} =$$

$$\begin{bmatrix} (1 - 2x)(\Delta_1 y + (1 - \varepsilon)(\sigma_1(\Delta_g) b_1 - c_2 + m_g) - c' + d_1) x (1 - x) \Delta_1 \\ y (1 - y) \Delta_2 (1 - 2y)(\Delta_2 x + (1 - \varepsilon)(\sigma_2(\Delta_g) b_2 - c_2 + m_g) - c' + d_2) \end{bmatrix} \quad (4.5)$$

那么，易得矩阵 $\mathbf{J}$ 的行列式 $\det\mathbf{J}$ 和迹 $\mathrm{tr}\mathbf{J}$ 分别为：

$\det\mathbf{J} = (1 - 2x)(1 - 2y)(\Delta_1 y + (1 - \varepsilon)(\sigma_1(\Delta_g) b_1 - c_2 + m_g) - c' + d_1)(\Delta_2 x + (1 - \varepsilon)(\sigma_2(\Delta_g) b_2 - c_2 + m_g) - c' + d_2) - xy(1 - x)(1 - y)\Delta_1 \Delta_2$

$\mathrm{tr}\mathbf{J} = (1 - 2x)(\Delta_1 y + (1 - \varepsilon)(\sigma_1(\Delta_g) b_1 - c_2 + m_g) - c' + d_1) + (1 - 2y)(\Delta_2 x + (1 - \varepsilon)(\sigma_2(\Delta_g) b_2 - c_2 + m_g) - c' + d_2)$

根据式（4.5）及其行列式 $\det\mathbf{J}$ 和迹 $\mathrm{tr}\mathbf{J}$ 及根据命题4.8易得本命题均衡点的稳定性分析结果，如表4.4所示。

表4.4 命题4.6稳定性分析结果

均衡点	$\Delta_1 > c' - (1 - \varepsilon)(\sigma_1(\Delta_g) b_1 - c_2 + m_g) - d_1$			$\Delta_1 < c' - (1 - \varepsilon)(\sigma_1(\Delta_g) b_1 - c_2 + m_g) - d_1$		
	$\det\mathbf{J}$ 符号	$\mathrm{tr}\mathbf{J}$ 符号	稳定性	$\det\mathbf{J}$ 符号	$\mathrm{tr}\mathbf{J}$ 符号	稳定性
$E_1 (0, 0)$	$-$	$\pm$	鞍点	$-$	$\pm$	鞍点
$E_2 (0, 1)$	$-$	$\pm$	鞍点	$+$	$-$	ESS
$E_3 (1, 0)$	$+$	$+$	不稳定点	$+$	$+$	不稳定点
$E_4 (1, 1)$	$+$	$-$	**ESS**	$-$	$\pm$	鞍点

根据上述命题可知，若共性技术研发活动成本 $c' + (1 - \varepsilon) c_2$ 大于实力较强企业1独立研发时预期支付 $(1 - \varepsilon)(\sigma_1(\Delta_g) b + m_g) + d_1$，但小于实力较弱企业2独立研发时预期支付 $(1 - \varepsilon)(\sigma_2(\Delta_g)(b + \Delta_b) + m_g) + d_2$，且企业1对共性技术需求不及企业1迫切时，一方面，若企业1的合作研发支付 $\varepsilon^2(\sigma_0(\Delta_g) b + m_g)$ 与

不合作时的"搭便车"支付$(1-\varepsilon)(1-\lambda_1)\sigma_2(\Delta_g)b$之差能覆盖成本$c'+\varepsilon^2\beta c_2$，则博弈双方都将选择合作研发策略，即企业共性技术合作研发机制能够形成；反之则博弈双方中仅有企业2选择合作研发策略，而实力较强的企业1选择不合作策略，此时共性技术合作研发机制不能形成。

命题4.7 若动力系统 (4.4) 满足以下条件：

（1）当$d_1>d_2$时，若$c'+(1-\varepsilon)c_2>(1-\varepsilon)(\sigma_1(\Delta_g)(b+\Delta_b)+m_g)+d_1$且满足

（a）当$c'<\min\left\{\begin{array}{l}\varepsilon^2(\sigma_0(\Delta_g)b-(1-\beta)c_2+m_g)-(1-\varepsilon)(1-\lambda_2)\sigma_1(\Delta_g)b\\\varepsilon^2(\sigma_0(\Delta_g)(b+\Delta_b)-\beta c_2+m_g)-(1-\varepsilon)(1-\lambda_1)\sigma_2(\Delta_g)b\end{array}\right\}$时，

该动力系统有五个均衡点$E_1(0,0)$，$E_2(0,1)$，$E_3(1,0)$，$E_4(1,1)$和$E_5(x^*,y^*)$，其中$E_1(0,0)$或$E_4(1,1)$为系统的演化稳定策略（ESS），即此时系统演化存在混合策略；

（b）当$c'>\max\left\{\begin{array}{l}\varepsilon^2(\sigma_0(\Delta_g)b-(1-\beta)c_2+m_g)-(1-\varepsilon)(1-\lambda_2)\sigma_1(\Delta_g)b\\\varepsilon^2(\sigma_0(\Delta_g)(b+\Delta_b)-\beta c_2+m_g)-(1-\varepsilon)(1-\lambda_1)\sigma_2(\Delta_g)b\end{array}\right\}$，

或者c'介于$\varepsilon^2(\sigma_0(\Delta_g)(b+\Delta_b)-\beta c_2+m_g)-(1-\varepsilon)(1-\lambda_1)\sigma_2(\Delta_g)b$与$\varepsilon^2(\sigma_0(\Delta_g)b-(1-\beta)c_2+m_g)-(1-\varepsilon)(1-\lambda_2)\sigma_1(\Delta_g)b$两者之间时，该动力系统只有四个均衡点$E_1(0,0)$，$E_2(0,1)$，$E_3(1,0)$，$E_4(1,1)$，其中$E_1(0,0)$为此时系统唯一的演化稳定策略（ESS）。

（2）当$d_1<d_2$时，若$c'+(1-\varepsilon)c_2>\max\left\{\begin{array}{l}(1-\varepsilon)(\sigma_1(\Delta_g)b+m_g)+d_1\\(1-\varepsilon)(\sigma_2(\Delta_g)(b+\Delta_b)+m_g)+d_2\end{array}\right\}$且满足

（a）当$c'<\min\left\{\begin{array}{l}\varepsilon^2(\sigma_0(\Delta_g)(b+\Delta_b)-(1-\beta)c_2+m_g)-(1-\varepsilon)(1-\lambda_2)\sigma_1(\Delta_g)b\\\varepsilon^2(\sigma_0(\Delta_g)b-\beta c_2+m_g)-(1-\varepsilon)(1-\lambda_1)\sigma_2(\Delta_g)b\end{array}\right\}$

时，该动力系统有五个均衡点$E_1(0,0)$、$E_2(0,1)$、$E_3(1,0)$、$E_4(1,1)$和$E_5(x^*,y^*)$，其中$E_1(0,0)$或$E_4(1,1)$为系统的演化稳定策略（ESS），即此时系统演化存在混合策略；

（b）当$c'>\max\left\{\begin{array}{l}\varepsilon^2(\sigma_0(\Delta_g)(b+\Delta_b)-(1-\beta)c_2+m_g)-(1-\varepsilon)(1-\lambda_2)\sigma_1(\Delta_g)b\\\varepsilon^2(\sigma_0(\Delta_g)b-\beta c_2+m_g)-(1-\varepsilon)(1-\lambda_1)\sigma_2(\Delta_g)b\end{array}\right\}$，

或者 c' 介于 $\varepsilon^2(\sigma_0(\Delta_g)b - \beta c_2 + m_g) - (1-\varepsilon)(1-\lambda_1)\sigma_2(\Delta_g)b$ 与 $\varepsilon^2(\sigma_0(\Delta_g)(b+\Delta_b) - (1-\beta)c_2 + m_g) - (1-\varepsilon)(1-\lambda_2)\sigma_1(\Delta_g)b$ 两者之间时，该动力系统只有四个均衡点 $E_1(0, 0)$、$E_2(0, 1)$、$E_3(1, 0)$、$E_4(1, 1)$，其中 $E_1(0, 0)$ 为此时系统唯一的演化稳定策略（ESS）。

证明： 首先证明(1)，即 $d_1 > d_2$ 的情形，若 $\begin{cases}(1-\varepsilon)(\sigma_1(\Delta_g)b_1 - c_2 + m_g) - c' + d_1 < 0 \\ (1-\varepsilon)(\sigma_1(\Delta_g)b_2 - c_2 + m_g) - c' + d_2 < 0\end{cases}$，易得 $c' + (1-\varepsilon)c_2 > (1-\varepsilon)(\sigma_1(\Delta_g)(b+\Delta_b) + m_g) + d_1$；若使 $E_5(x^*, y^*)$ 成为满足条件的均衡点，则必有 $\begin{cases}\Delta_2 > c' - (1-\varepsilon)(\sigma_2(\Delta_g)b - c_2 + m_g) - d_2 \\ \Delta_1 > c' - (1-\varepsilon)(\sigma_1(\Delta_g)(b+\Delta_b) - c_2 + m_g) - d_1\end{cases}$，进一步根据条件 $0 < \beta \leqslant \dfrac{1}{2}$，$\lambda_1 < \lambda_2$ 及 $\sigma_1(\Delta_g) > \sigma_2(\Delta_g)$，易得条件(1)(a)的情形；若 $E_5(x^*, y^*)$ 不满足条件，则有 $\begin{cases}c' - (1-\varepsilon)(\sigma_2(\Delta_g)b - c_2 + m_g) - d_2 > (</<)\Delta_2 \\ c' - (1-\varepsilon)(\sigma_1(\Delta_g)(b+\Delta_b) - c_2 + m_g) - d_1 < (>/<)\Delta_1\end{cases}$，同理可得条件(1)(b)的情形，结合式(4.5)及其 $\det\mathbf{J}$ 和迹 $\mathrm{tr}\mathbf{J}$，各均衡点稳定性的详细分析如表4.5所示，条件(2)的证明同条件(1)。证毕。

表4.5 命题4.7稳定性分析结果

$d_1 > d_2$ / 分析内容	$\Delta_2 > c' - (1-\varepsilon)(\sigma_2(\Delta_g)b - c_2 + m_g) - d_2$						$\Delta_2 < c' - (1-\varepsilon)(\sigma_2(\Delta_g)b - c_2 + m_g) - d_2$					
	$\Delta_1 > c' - (1-\varepsilon)(\sigma_1(\Delta_g)(b+\Delta_b) - c_2 + m_g) - d_1$			$\Delta_1 < c' - (1-\varepsilon)(\sigma_1(\Delta_g)(b+\Delta_b) - c_2 + m_g) - d_1$			$\Delta_1 > c' - (1-\varepsilon)(\sigma_1(\Delta_g)(b+\Delta_b) - c_2 + m_g) - d_1$			$\Delta_1 < c' - (1-\varepsilon)(\sigma_1(\Delta_g)(b+\Delta_b) - c_2 + m_g) - d_1$		
均衡点	$\det\mathbf{J}$符号	$\mathrm{tr}\mathbf{J}$符号	稳定性	$\det\mathbf{J}$符号	$\mathrm{tr}\mathbf{J}$符号	稳定性	$\det\mathbf{J}$符号	$\mathrm{tr}\mathbf{J}$符号	稳定性	$\det\mathbf{J}$符号	$\mathrm{tr}\mathbf{J}$符号	稳定性
$E_1(0, 0)$	+	−	**ESS**	+	−	**ESS**	+	−	**ESS**	+	−	**ESS**
$E_2(0, 1)$	+	+	不稳定	−	±	鞍点	+	+	不稳定	−	±	鞍点
$E_3(1, 0)$	+	+	不稳定	+	+	不稳定	−	±	鞍点	−	±	鞍点
$E_4(1, 1)$	+	−	**ESS**	±		鞍点			鞍点	+	+	不稳定
$E_5(x^*, y^*)$	−	0	鞍点									
分析内容	$\Delta_1 > c' - (1-\varepsilon)(\sigma_1(\Delta_g) b - c_2 + m_g) - d_1$			$\Delta_1 < c' - (1-\varepsilon)(\sigma_1(\Delta_g) b - c_2 + m_g) - d_1$			$\Delta_1 > c' - (1-\varepsilon)(\sigma_1(\Delta_g) b - c_2 + m_g) - d_1$			$\Delta_1 < c' - (1-\varepsilon)(\sigma_1(\Delta_g) b - c_2 + m_g) - d_1$		
$d_1 > d_2$	$\Delta_2 > c' - (1-\varepsilon)(\sigma_2(\Delta_g)(b+\Delta_b) - c_2 + m_g) - d_2$						$\Delta_2 < c' - (1-\varepsilon)(\sigma_2(\Delta_g)(b+\Delta_b) - c_2 + m_g) - d_2$					

由命题 4.7 可知，企业对共性技术需求状况对系统演化局势具有一定影响。

（1）若企业 1 对共性技术需求较企业 2 迫切，此时合作研发系统演化前提是共性技术研发成本 $c' + (1-\varepsilon)c_2$ 大于企业 1 独立研发所获得的预期支付 $(1-\varepsilon)(\sigma_1(\Delta_g)(b+\Delta_b)+m_g)+d_1$，在此前提下，若信息收集与分析成本 c' 小于企业 1 与企业 2 合作研发各自获得支付与相应不合作时获得支付之差中较低者时，系统演化稳定于 $E_1(0,0)$ 或 $E_4(1,1)$，即博弈双方要么都合作要么都不合作，到底选择合作还是不合作策略，取决于系统初始状态，即鞍点 $E_5(x^*, y^*)$ 的位置；若 c' 介于这两个差值中间或者比它们任何一个都大，系统将毫无意外收敛于 $E_1(0,0)$，此时共性技术合作研发机制不能形成。

（2）若企业 2 对共性技术需求较企业 1 迫切，此时合作研发系统演化的前提 $c' + (1-\varepsilon)c_2$ 大于企业 1 或企业 2 独立研发所获得的预期支付中较大者，在此前提下，若信息收集与分析成本 c' 小于博弈双方均合作研发时带来的支付与相应各方不合作带来的支付之差中较小者，则系统最终将演化至 $E_1(0,0)$ 或 $E_4(1,1)$，即要么合作或不合作，到底会演化至哪个均衡点同样取决于初始条件；若 c' 介于这两个差值中间或者比它们任何一个都大，系统终将收敛于 $E_1(0,0)$，此时共性技术合作研发机制终不能形成。

4.4　考虑预期背叛时企业共性技术合作研发的演化博弈

共性技术合作研发形成时，由于信息不对称性，加之共性技术的准公共品等特性，企业在共性技术合作研发中往往出于某种机会主义动机，如学习到相关知识后选择背叛；又如在群体合作中，其他人花费成本监督而有些人不去监督，从而获得监督产生的额外支付，即二阶"搭便车"行为，等等。每个企业均在依据自己所处商业氛围及过去经验做出有限理性预期，这些预期势必影响企业共性技术研发策略的选择。下面将企业预期背叛行为内生化于模型，以考察其对共性技术合作形成机制的影响。

4.4.1 假设与支付矩阵

有关企业决策的准确性前面已经通过参数 ε 进行了刻画，显然 ε 越接近1，企业越能够准确判断合作者类型，预期共性技术合作研发中的背叛问题将不那么突出，在此假设预期背叛行为带来的损失 $r_i(\varepsilon,d_i)=\begin{cases}0,& if & \varepsilon=1\\ >0,& if & 0<\varepsilon<1\end{cases}$，且 $r'(\varepsilon)<0$ 及 $r'(d_i)>0$，即 $r(\varepsilon)$ 是 ε 的减函数，d_i 的增函数，$i=1,2$；为了更全面考察 $r_i(\varepsilon,d_i)$ 对共性技术合作研发机制的影响，本节在4.3节分析框架的基础上建模，据此可得考虑预期背叛时博弈的支付矩阵，如表4.6所示。

表4.6　考虑预期背叛时实力需求均不同企业间博弈的支付矩阵

企业1 ＼ 企业2		共性技术研发策略	
		1 辨别合作 y	2 不合作 $1-y$
共性技术研发策略	1 辨别合作 x	$(\varepsilon^2(\sigma_0(\Delta_g)b_1-\beta c_2+m_g)-c'-\varepsilon^2 r_1(\varepsilon,d_1),\ \varepsilon^2(\sigma_0(\Delta_g)b_2-(1-\beta)c_2+m_g)-c'-\varepsilon^2 r_2(\varepsilon,d_2))$	$((1-\varepsilon)(\sigma_1(\Delta_g)b_1-c_2+m_g)-c',\ (1-\varepsilon)(1-\lambda_2)\sigma_1(\Delta_g)b)$
	2 不合作 $1-x$	$((1-\varepsilon)(1-\lambda_1)\sigma_2(\Delta_g)b,\ (1-\varepsilon)(\sigma_2(\Delta_g)b_2-c_2+m_g)-c')$	$(-d_1,\ -d_2)$

根据支付矩阵表4.6，易得此时企业共性技术合作研发系统的动力系统：

$$\dot{x}=x(1-x)((\varepsilon^2(\sigma_0(\Delta_g)b_1-\beta c_2+m_g)-(1-\varepsilon)(1-\lambda_1)\sigma_2(\Delta_g)b-(1-\varepsilon)(\sigma_1(\Delta_g)b_1-c_2+m_g)-d_1-\varepsilon^2 r_1(\varepsilon,d_1))y+(1-\varepsilon)(\sigma_1(\Delta_g)b_1-c_2+m_g)-c'+d_1)$$

$$\dot{y}=y(1-y)((\varepsilon^2(\sigma_0(\Delta_g)b_2-(1-\beta)c_2+m_g)-(1-\varepsilon)(1-\lambda_2)\sigma_1(\Delta_g)b-(1-\varepsilon)(\sigma_2(\Delta_g)b_2-c_2+m_g)-d_2-\varepsilon^2 r_2(\varepsilon,d_2))x+(1-\varepsilon)(\sigma_2(\Delta_g)b_2-c_2+m_g)-c'+d_2)$$

$$(4.6)$$

根据动力系统（4.6），可得系统的诸均衡点：

$P_1(0, 0)$，$P_2(0, 1)$，$P_3(1, 0)$，$P_4(1, 1)$，

$P_5(x^*, y^*) =$

$$\left(\frac{c' - (1-\varepsilon)(\sigma_2(\Delta_g)b_2 - c_2 + m_g) - d_2}{\Delta_2}, \frac{c' - (1-\varepsilon)(\sigma_1(\Delta_g)b_1 - c_2 + m_g) - d_1}{\Delta_1} \right)$$

其中，

$\Delta_1 = (\varepsilon^2(\sigma_0(\Delta_g)b_1 - \beta c_2 + m_g) - (1-\varepsilon)(1-\lambda_1)\sigma_2(\Delta_g)b - (1-\varepsilon)(\sigma_1(\Delta_g)b_1 - c_2 + m_g) - d_1 - \varepsilon^2 r_1(\varepsilon, d_1)$

$\Delta_2 = (\varepsilon^2(\sigma_0(\Delta_g)b_2 - (1-\beta)c_2 + m_g) - (1-\varepsilon)(1-\lambda_2)\sigma_1(\Delta_g)b - (1-\varepsilon)(\sigma_2(\Delta_g)b_2 - c_2 + m_g) - d_2 - \varepsilon^2 r_2(\varepsilon, d_2)$

由于系统均衡点需满足条件 $x_0, y_0 \in [0, 1]$，下面研究上述 5 个均衡点哪些符合要求或在什么条件下符合。

命题 4.8 上述 5 个均衡点中

（1）$P_1(0, 0)$，$P_2(0, 1)$，$P_3(1, 0)$，$P_4(1, 1)$ 为满足条件的均衡点；

（2）满足下列条件之一时，$P_5(x^*, y^*)$ 点为符合条件的均衡点：

（a）当 $d_1 > d_2$ 时，$c' + (1-\varepsilon)c_2 > (1-\varepsilon)(\sigma_1(\Delta_g)(b+\Delta_b) + m_g) + d_1$，且满足条

件 $c' < \min \begin{cases} \varepsilon^2(\sigma_0(\Delta_g)b - (1-\beta)c_2 + m_g) - (1-\varepsilon)(1-\lambda_2)\sigma_1(\Delta_g)b - \varepsilon^2 r_2(\varepsilon, d_2) \\ \varepsilon^2(\sigma_0(\Delta_g)(b+\Delta_b) - \beta c_2 + m_g) - (1-\varepsilon)(1-\lambda_1)\sigma_2(\Delta_g)b - \varepsilon^2 r_1(\varepsilon, d_1) \end{cases}$；

或者

（b）当 $d_1 < d_2$ 时，$c' + (1-\varepsilon)c_2 > \max \begin{cases} (1-\varepsilon)(\sigma_2(\Delta_g)(b+\Delta_b) + m_g) + d_2 \\ (1-\varepsilon)(\sigma_1(\Delta_g)b + m_g) + d_1 \end{cases}$，且满足

条件 $c' < \min \begin{cases} \varepsilon^2(\sigma_0(\Delta_g)(b+\Delta_b) - (1-\beta)c_2 + m_g) - (1-\varepsilon)(1-\lambda_2)\sigma_1(\Delta_g)b - \varepsilon^2 r_2(\varepsilon, d_2) \\ \varepsilon^2(\sigma_0(\Delta_g)b - \beta c_2 + m_g) - (1-\varepsilon)(1-\lambda_1)\sigma_2(\Delta_g)b - \varepsilon^2 r_1(\varepsilon, d_1) \end{cases}$

证明： 显然（1）满足是符合条件的均衡点，下面重点证明（2）。

若 $P_5(x^*, y^*)$ 为在二维平面 $S = \{(x, y) \mid 0 \leqslant x, y \leqslant 1\}$ 上，那么需要满足

前提条件 $(Q) \begin{cases} \Delta_1 > (or <) c' - (1-\varepsilon)(\sigma_1(\Delta_g)b_1 - c_2 + m_g) - d_1 > (or <) 0 \\ \Delta_2 > (or <) c' - (1-\varepsilon)(\sigma_2(\Delta_g)b_2 - c_2 + m_g) - d_2 > (or <) 0 \end{cases}$，由于

">"或"<"的等价性，为分析之便，这里在">"的情形下展开分析。根据 (Q)

后半部分不等式可得：

$$c' + (1-\varepsilon)c_2 > \max\begin{cases}(1-\varepsilon)(\sigma_2(\Delta_g)b_2 + m_g) + d_2 \\ (1-\varepsilon)(\sigma_1(\Delta_g)b_1 + m_g) + d_1\end{cases} \tag{4.7}$$

首先证明情形（2）（a）。

当 $d_1 > d_2$ 时，根据式(4.7)可得：$c' + (1-\varepsilon)c_2 > (1-\varepsilon)(\sigma_1(\Delta_g)(b+\Delta_b) + m_g) + d_1$（这里用到条件 $\sigma_1(\Delta_g) > \sigma_2(\Delta_g)$），同时根据（Q）前半部分不等式并将 Δ_1 和 Δ_2 代入有：

$$\begin{cases}\varepsilon^2(\sigma_0(\Delta_g)b_2 - (1-\beta)c_2 + m_g) - (1-\varepsilon)(1-\lambda_2)\sigma_1(\Delta_g)b > c' + \varepsilon^2 r_2(\varepsilon, d_2) \\ \varepsilon^2(\sigma_0(\Delta_g)b_1 - \beta c_2 + m_g) - (1-\varepsilon)(1-\lambda_1)\sigma_2(\Delta_g)b > c' + \varepsilon^2 r_1(\varepsilon, d_1)\end{cases}$$

$$\tag{4.8}$$

整理式（4.8）可得情形（2）（a），同理可证明情形（2）（b）。证毕。

由上述命题可知，在该命题条件下，企业共性技术合作研发动力系统（4.6）有 5 个均衡点且均位于二维平面 $S = \{(x, y) | 0 \leq x, y \leq 1\}$ 之上。

4.4.2　企业共性技术合作研发的演化稳定均衡

鉴于在考虑预期背叛问题情境下的博弈支付函数特征，系统演化收敛至纯策略情形类似于4.3节中的命题4.4、命题4.5、命题4.6及命题4.7（2），这里不再赘述。为了研究预期背叛行为对合作研发系统演化的影响，下面重点考察系统存在5个均衡点情形，即以命题4.7为前提展开研究，于是可得系统均衡点稳定性的如下命题。

命题4.9　在命题4.8条件下，系统（4.6）有5个均衡点 $P_1(0, 0)$、$P_2(0, 1)$、$P_3(1, 0)$、$P_4(1, 1)$ 和 $P_5(x^*, y^*)$，其中 $P_5(x^*, y^*)$ 为系统的鞍点，$P_1(0, 0)$ 或 $P_4(1, 1)$ 为系统的演化稳定策略（ESS），即此时系统演化存在混合策略。

证明：类似于命题4.3和命题4.8，这里从略，下面仅给出该命题的稳定性分析结果，具体如表4.7所示。

表 4.7 命题 4.9 的稳定性分析结果

前提条件 分析内容 均衡点	命题 4.8（2）（a）		
	detJ 符号	trJ 符号	稳定性
E_1（0, 0）	+	−	ESS
E_2（0, 1）	+	+	不稳定
E_3（1, 0）	+	+	不稳定
E_4（1, 1）	+	−	ESS
E_5（x^*, y^*）	−	0	鞍点
均衡点	deJ 符号	trJ 符号	稳定性
分析内容 前提条件	命题 4.8（2）（b）		

根据上述命题可知，当企业 1 对共性技术需求比企业 2 迫切时，若共性技术研发成本 $c' + (1-\varepsilon)c_2$ 超过企业 1 在对方不合作时进行研发获得的研发支付 $(1-\varepsilon)(\sigma_1(\Delta_g)(b+\Delta_b)+m_g)+d_1$，且企业 2 或企业 1 合作研发活动成本 $c' + \varepsilon^2 (1-\beta)c_2$，或 $c' + \varepsilon^2 \beta c_2$ 与其预期背叛问题带来的损失 $\varepsilon^2 r_2(\varepsilon, d_2)$，或 $\varepsilon^2 r_1(\varepsilon, d_1)$ 之和小于其合作研发获得的支付 $\varepsilon^2 (\sigma_0(\Delta_g)b + m_g)$，或 $\varepsilon^2 (\sigma_0(\Delta_g)(b+\Delta_b)+m_g)$ 与不合作研发的支付 $(1-\varepsilon)(1-\lambda_2)\sigma_1(\Delta_g)b$，或 $(1-\varepsilon)(1-\lambda_1)\sigma_2(\Delta_g)b$ 之差时；或者，当企业 1 对共性技术需求不及企业 2 迫切时，若共性技术研发成本 $c' + (1-\varepsilon)c_2$ 超过对方不合作时企业 1 或企业 2 独立进行研发获得的研发支付 $(1-\varepsilon)(\sigma_1(\Delta_g)b+m_g)+d_1$ 和 $(1-\varepsilon)(\sigma_2(\Delta_g)(b+\Delta_b)+m_g)+d_2$ 中较小者，且企业 2 或企业 1 合作研发活动成本 $c' + \varepsilon^2 (1-\beta)c_2$，或 $c' + \varepsilon^2 \beta c_2$ 与其预期背叛问题带来的损失 $\varepsilon^2 r_2(\varepsilon, d_2)$，或 $\varepsilon^2 r_1(\varepsilon, d_1)$ 之和小于其合作研发获得的支付 $\varepsilon^2 (\sigma_0(\Delta_g)(b+\Delta_b)+m_g)$，或 $\varepsilon^2 (\sigma_0(\Delta_g)b+m_g)$ 与不合作研发的支付 $(1-\varepsilon)(1-\lambda_2)\sigma_1(\Delta_g)b$，或 $(1-\varepsilon)(1-\lambda_1)\sigma_2(\Delta_g)b$ 之差时，系统演化稳定于 E_1（0, 0）或 E_4（1, 1），即博弈双方要么合作要么不合作，到底选择合作还是不合作，取决于系统的初始状态，即各损益参数取值。

4.5 基于数值模拟的研发系统演化稳定均衡验证与分析

观察本章4.2节、4.3节和4.4节中的关于企业共性技术合作研发系统演化稳定性系列命题不难发现，共性技术合作研发系统的演化稳定策略（ESS）可分为两大类：一类为在一定条件下系统演化稳定至（合作，合作）、（合作，不合作）、（不合作、合作）以及（不合作，不合作）等四种纯策略之一；另一类为一定条件下系统演化稳定至（合作，合作）或者（不合作，不合作）的混合策略，此时系统演化局势取决于系统初始状态。据此，本节从这两类进行数值分析，以对各命题进行验证，在分析之前下首先给出诸命题进行数值模拟时各参数的合理赋值，详见表4.8和表4.9。

表4.8 各命题数值模拟之参数赋值一览（一）

命题/条件	ε	σ_0	σ_1	σ_2	Δ_g	b	Δ_b	c_2
4.1	0.8	0.4	0.3	0.2	1.1	2	—	0.5
4.2（1）	0.8	0.4	0.3	0.2	1.1	2	—	0.5
4.2（2）	0.65	0.4	0.3	0.2	1.1	2	—	0.5
4.3（1）	0.8	0.4	0.3	0.2	1.1	2	—	0.5
4.3（2）	0.65	0.4	0.3	0.2	1.1	2	—	0.5
4.4（1）	0.8	0.4	0.3	0.2	1.1	2	0.05	0.5
4.4（2）	0.8	0.4	0.3	0.2	1.1	2	0.05	0.5
4.5（1）（a）	0.8	0.4	0.3	0.2	1.1	2	0.05	0.5
4.5（1）（b）	0.7	0.4	0.3	0.2	1.1	2	0.05	0.5
4.5（2）（a）	0.8	0.4	0.3	0.2	1.1	2	0.05	0.5
4.5（2）（b）	0.65	0.4	0.3	0.2	1.1	2	0.05	0.5
4.6（1）	0.8	0.4	0.3	0.2	1.1	2	0.05	0.5
4.6（2）	0.65	0.4	0.3	0.2	1.1	2	0.15	0.5
4.7（1）（a）	0.8	0.4	0.3	0.2	1.1	2	0.05	0.5

命题/条件	参数	ε	σ_0	σ_1	σ_2	Δ_g	b	Δ_b	c_2
4.7（1）（b）		0.67	0.4	0.3	0.2	1.1	2	0.05	0.5
4.7（2）（a）		0.8	0.4	0.3	0.2	1.1	2	0.05	0.5
4.7（2）（b）		0.67	0.4	0.3	0.2	1.1	2	0.05	0.5
4.9	4.8（2）（a）	0.8	0.4	0.3	0.2	1.1	2	0.05	0.5
	4.8（2）（b）	0.8	0.4	0.3	0.2	1.1	2	0.05	0.5

表4.9　各命题数值模拟之参数赋值一览（二）

命题/条件	参数	β	m_g	λ_1	λ_2	c'	d_1	d_2	r_1	r_2
4.1		0.4	0.08	0.4	0.5	0.10	0.1	0.1	—	—
4.2（1）		0.4	0.08	0.4	0.5	0.14	0.1	0.1	—	—
4.2（2）		0.3	0.08	0.4	0.45	0.14	0.1	0.1	—	—
4.3（1）		0.4	0.08	0.4	0.5	0.11	0.05	0.05	—	—
4.3（2）		0.4	0.08	0.2	0.5	0.20	0.1	0.1	—	—
4.4（1）		0.4	0.08	0.4	0.5	0.08	0.2	0.1	—	—
4.4（2）		0.4	0.08	0.4	0.5	0.08	0.1	0.2	—	—
4.5（1）（a）		0.4	0.08	0.4	0.5	0.11	0.2	0.1	—	—
4.5（1）（b）		0.4	0.08	0.4	0.45	0.22	0.2	0.1	—	—
4.5（2）（a）		0.4	0.08	0.4	0.5	0.13	0.1	0.12	—	—
4.5（2）（b）		0.3	0.08	0.4	0.45	0.15	0.1	0.12	—	—
4.6（1）		0.4	0.08	0.4	0.5	0.12	0.05	0.12	—	—
4.6（2）		0.47	0.08	0.3	0.5	0.20	0.1	0.185	—	—
4.7（1）（a）		0.4	0.08	0.4	0.5	0.20	0.12	0.1	—	—
4.7（1）（b）		0.47	0.08	0.2	0.5	0.22	0.12	0.1	—	—
4.7（2）（a）		0.4	0.08	0.25	0.5	0.12	0.05	0.1	—	—
4.7（2）（b）		0.47	0.08	0.2	0.5	0.22	0.1	0.185	—	—
4.9	4.8（2）（a）	0.4	0.08	0.4	0.5	0.22	0.12	0.1	0.0432	0.036
	4.8（2）（b）	0.4	0.08	0.4	0.5	0.22	0.1	0.12	0.036	0.0432

注：在模拟中令 $r_i(\varepsilon, d_i) = (1-\varepsilon^2)d_i$，$\sigma_0(\Delta_g) = \sigma_0 \times \Delta_g$，$i = 1, 2$。

下面利用 MATLAB R2010a 软件，根据表 4.8 和表 4.9 对相应命题进行数值模拟，以验证理论分析和均衡点的稳定性，及其他损益参数对共性技术合作研发系统演化的影响，以下动态演化图横坐标为企业 1 群体选择合作研发策略的概率 x，纵坐标为企业 2 群体选择合作研发策略的概率 y。

（1）演化稳定策略为纯策略时各命题的演化动态。这种情况指共性技术合作研发系统的演化稳定策略（ESS）仅仅有一种结果，要么博弈双方均合作，要么均不合作，要么只有一方合作，例如，命题 4.1、命题 4.2、命题 4.3（2）、命题 4.4、命题 4.5、命题 4.6、命题 4.7（1）（b）和命题 4.7（2）（b）等均属此类情况。为观察之便且不失一般性，这里均匀选取具有代表性的三个初始观察值点（0.2，0.8），（0.2，0.2）或（0.8，0.8）以及（0.8，0.2），各命题分类数值模拟结果如图 4.1～图 4.4 所示。

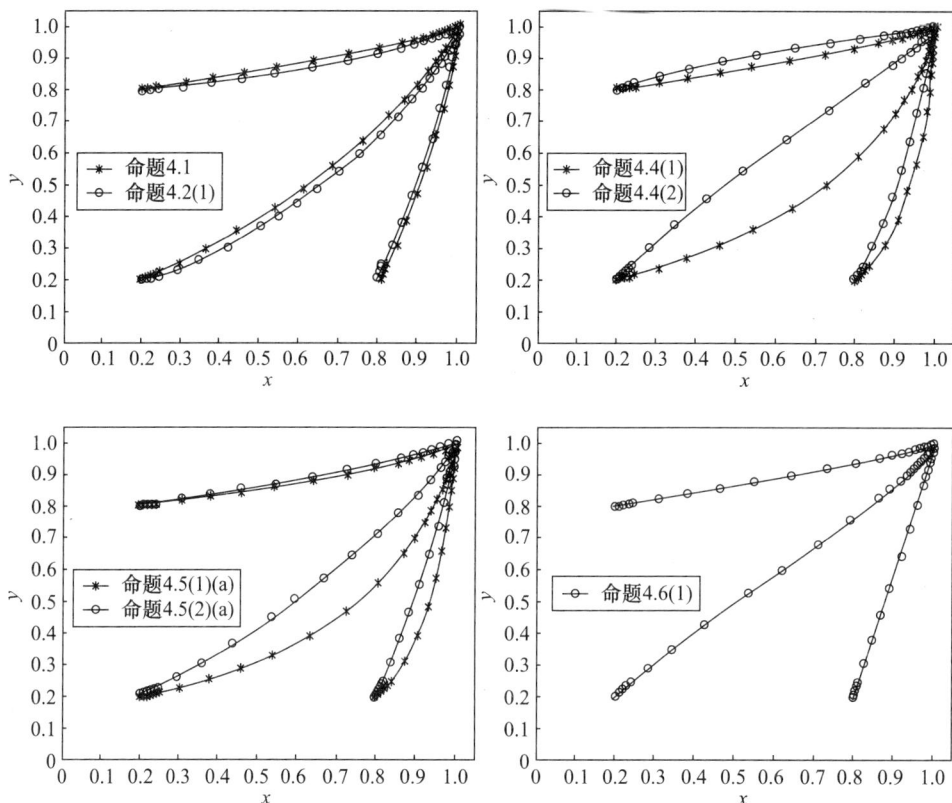

图 4.1　稳定于（合作，合作）策略的演化动态

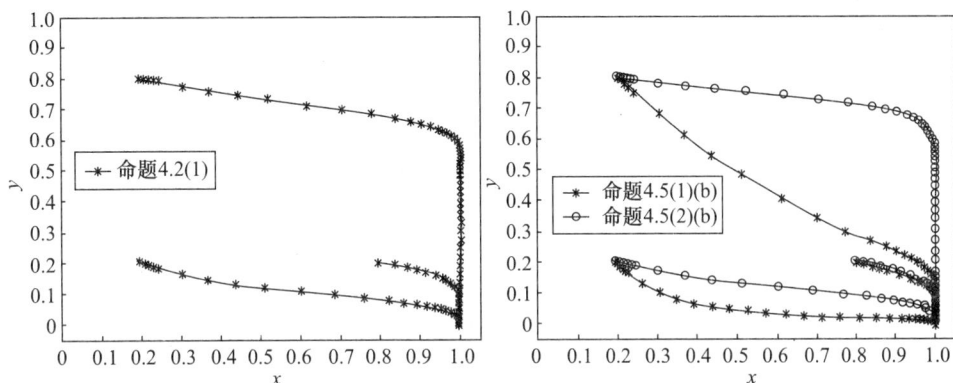

图 4.2 稳定于（合作，不合作）策略的演化动态

由图 4.1 可知，各子图分别对命题 4.1、命题 4.2（1）、命题 4.4、命题 4.5（1）（a）和命题 4.5（2）（a）及命题 4.6（1）进行仿真，模拟结果验证了各个命题所述结论，此时系统最终将演化至演化稳定策略（ESS）即（合作，合作），此情形下企业共性技术合作研发机制能够形成。

由上图可知，演化稳定策略（ESS）是 E_3（1，0）的各命题，即命题 4.2（2）、命题 4.5（1）（b）和命题 4.5（2）（b）进行仿真，结果验证了各命题结论；进一步，命题 4.5（1）（b）企业 1 群体中 x 上升和 y 下降同时进行，而命题 4.2（2）和命题 4.5（2）（b）初始观察值中 y 的比例较高时，如初始值点（0.2，0.8），系统演化先是 x 迅速增加演化至 y 值为 0.6 左右时，y 的比例骤降直至演化稳定策略，此时合作研发机制无法形成。

图 4.3 演化动态是研究中演化稳定策略（ESS）是 E_2（0，1）的唯一命题 4.6（2），此时只有实力较弱企业 2 愿意合作研发。初始值越接近 ESS，系统演化速度就越快；若初始观察值中实力较强企业 1 比例 x 较低时，如初始值点（0.2，0.8），系统演化特征是先 x 迅速减少后在 y 为 0.3 左右时 y 骤然上升至演化稳定策略；此种情形下，企业共性技术合作研发机制无法形成。

由图 4.4 模拟了演化稳定策略（ESS）是 E_1（0，0），即（不合作，不合作）的命题 4.3（2）、命题 4.7（1）（b）和命题 4.7（2）（b）（这里均只模拟了第一种情形）及命题 4.3（2）与命题 4.7（1）（b）易知，当初始观察值均较高时，如点（0.8，0.8），系统演化首先是 y 值下降逼近于 0，之后 x 才骤然下降至 0，最终系统稳定于 E_1（0，0）演化稳定策略；命题 4.7（2）（b）出现了与命题 4.7（1）（b）不同的演化轨迹，体现了博弈双方对共性技术需求迫切性差异对系统的影响。

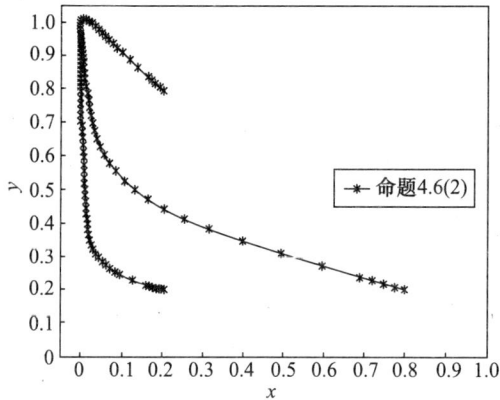

图 4.3　稳定于（不合作，合作）策略的演化动态

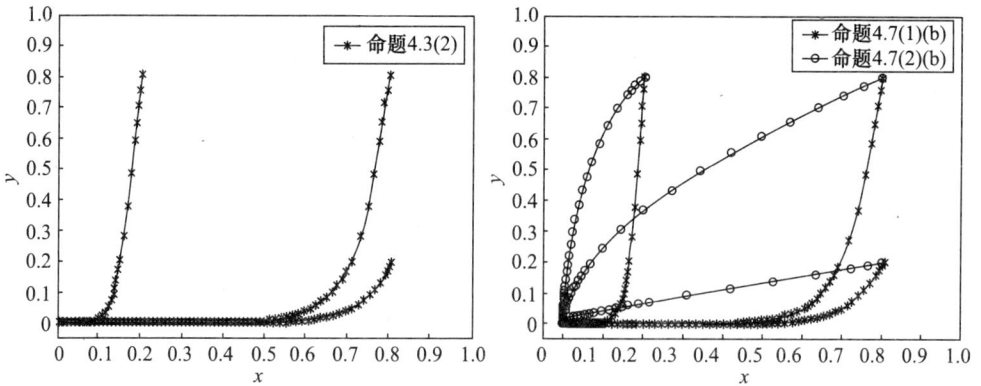

图 4.4　稳定于（不合作，不合作）策略的演化动态

总之，数值模拟结果验证了各命题在既定条件下对系统演化局势的判定，尽管各命题演化至对应的 ESS 轨迹有所不同，但是具有初始值越接近该 ESS，演化速度越快的共同特征，同时也可看出对共性技术需求迫切性程度不同对系统演化存在的影响。

（2）演化稳定策略为混合策略时系统的演化动态。此情形下共性技术合作研发系统的演化稳定策略（ESS）可能有两种，或者博弈双方均选择合作，或者双方均不合作策略。此时企业共性技术合作研发系统到底会演化稳定于哪种策略，取决于系统的初始状态，更进一步取决于系统的鞍点位置，即损益参数的初始值及其变化，命题4.3（1）、命题4.7（1）（a）和命题4.7（2）（a）以及命题4.9均属这种情况。下面首先对这些命题进行验证，然后分析各损益参数变化对系统演化的影响。

1）相关命题的验证与分析。为演化动态更直观和丰富，这里在以上增选2个初始观察值（0.3，0.3）、（0.4，0.3）及（0.3，0.4），数值结果如图4.5和图4.6所示。

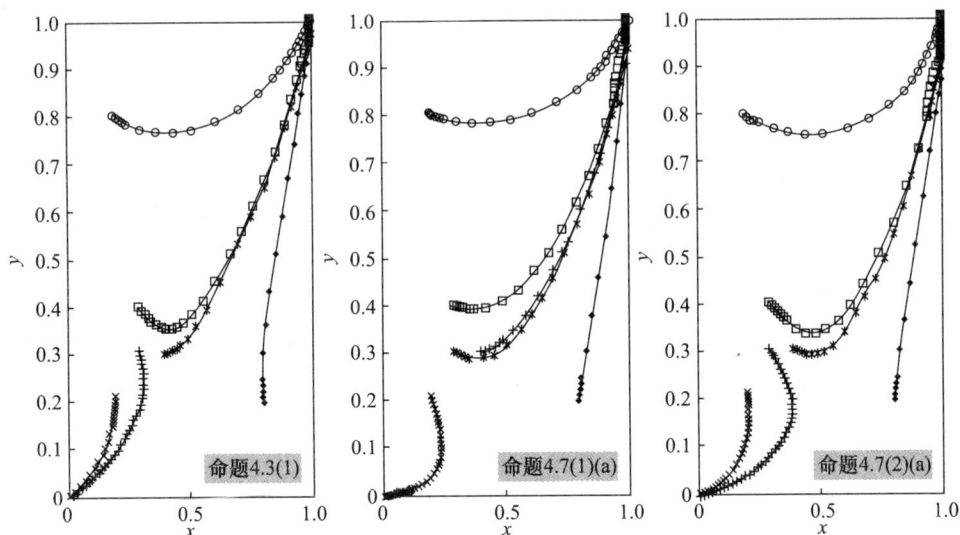

图4.5 命题4.3（1）、命题4.7（1）（a）和命题4.7（2）（a）的演化动态

图4.4表明，在命题4.3（1）条件下，在给定的6个初始观察值中，有2个演化稳定于 E_4（1，1），演化稳定策略（ESS）即（合作，合作），另外4个演

化于 E_1（0，0），演化稳定策略（ESS）即（不合作，不合作），观察命题 4.7（1）（a）的演化动态图可知，原来在命题 4.3（1）条件下的初始值（0.3，0.3）向着相反方向演化，此时只有 1 个值演化稳定于 E_4（1，1）策略；察命题 4.7（2）（a）的演化动态与命题 4.3（1）类似，那么为何出现这样的演化局势呢？或者说是什么决定了系统究竟会演化至哪个演化稳定策略（ESS）？通过表 4.8 和表 4.9 可知，演化局势差异在于初始赋值即系统初始状态的差异的不同。具体地，命题 4.3（1）成立的前提是实力相异需求相同，命题 4.7（1）（a）成立前提是实力相异但需求不同，且实力较强企业对共性技术需求更迫切，而命题 4.7（2）（a）是在实力较弱企业对共性技术需求更迫切前提下成立的，可见初始状态是决定系统的基本演化态势。进一步，当初始状态中考虑了预期背叛问题时则系统的演化局势发生了相应变化，具体如图 4.6 所示。可知，实力较强企业对共性技术需求不及实力较弱企业迫切时抑制了合作研发机制的形成。

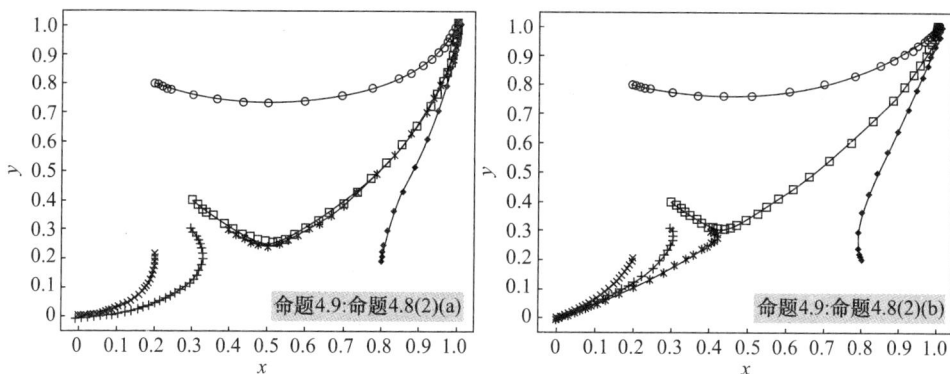

图 4.6　命题 4.9 两种情形的演化动态

2）各损益参数变化对系统演化的影响。上述通过对参数合理的赋值（参数赋值需满足相关假设和参数间关系），利用 MATLAB 进行数值模拟对各命题进行了验证，为了更深入挖掘各参数变化对系统演化的影响，下面主要采用解析方法并结合数值模拟对参数的影响进行分析。绘制相位图，具体如图 4.7 所示。

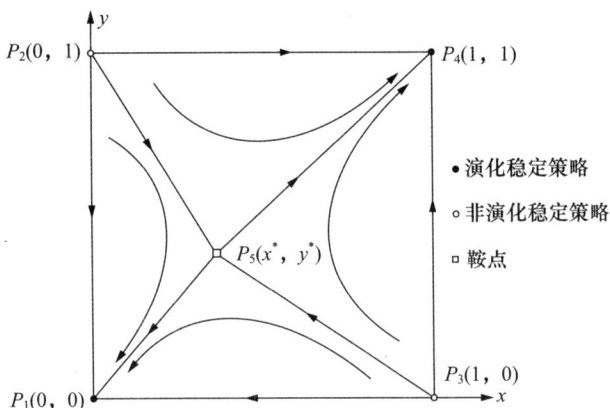

图 4.7　合作研发系统混合策略的动态演化相位

如图 4.7 所示，由不稳定点相连的折线 $P_2 P_3 P_5$ 是此时企业共性技术合作研发系统收敛于不同演化稳定策略（ESS）的临界线，在此折线左下方（即 $P_2 P_1 P_3 P_5$ 部分），系统终将收敛于均衡点 $P_1(0,0)$，即（不合作，不合作）策略，而在此折线右上方（即 $P_2 P_4 P_3 P_5$ 部分），系统终将收敛于均衡点 $P_4(1,1)$，即（合作，合作）策略。易知，鞍点 P_5 的变化直接决定系统演化局势，而这又取决于相关参数变化。根据鞍点 $P_5(x^*, y^*)$ 坐标，可得区域 $P_2 P_4 P_3 P_5$ 面积的表达式为：

$$S_{P_2 P_4 P_3 P_5} = 1 - \frac{1}{2} \left[\frac{c' - (1-\varepsilon)(\sigma_2(\Delta_g)b_2 - c_2 + m_g) - d_2}{\Delta_2} + \frac{c' - (1-\varepsilon)(\sigma_1(\Delta_g)b_1 - c_2 + m_g) - d_1}{\Delta_1} \right]$$

$$= \frac{1}{2} \left[\frac{\varepsilon^2(\sigma_0(\Delta_g)b_2 - (1-\beta)c_2 + m_g) - (1-\varepsilon)(1-\lambda_2)\sigma_1(\Delta_g)b - \varepsilon^2 r_2(\varepsilon, d_2) - c'}{\Delta_2} + \right.$$

$$\left. \frac{\varepsilon^2(\sigma_0(\Delta_g)b_1 - \beta c_2 + m_g) - (1-\varepsilon)(1-\lambda_1)\sigma_2(\Delta_g)b - \varepsilon^2 r_1(\varepsilon, d_1) - c'}{\Delta_1} \right]$$

其中，

$$\Delta_1 = (\varepsilon^2(\sigma_0(\Delta_g)b_1 - \beta c_2 + m_g) - (1-\varepsilon)(1-\lambda_1)\sigma_2(\Delta_g)b - (1-\varepsilon)(\sigma_1(\Delta_g)b_1 - c_2 + m_g) - d_1 - \varepsilon^2 r_1(\varepsilon, d_1)$$

$$\Delta_2 = (\varepsilon^2(\sigma_0(\Delta_g)b_2 - (1-\beta)c_2 + m_g) - (1-\varepsilon)(1-\lambda_2)\sigma_1(\Delta_g)b - (1-\varepsilon)(\sigma_2(\Delta_g)b_2 - c_2 + m_g) - d_2 - \varepsilon^2 r_2(\varepsilon, d_2)$$

考虑各命题（命题 4.3 (1)、命题 4.7 (1) (a) 和命题 4.7 (2) (a) 以及

命题4.9）在不同情形下支付函数特征，$S_{P_2P_4P_3P_5}$ 表达式亦有所不同，具体满足：

命题4.3（1）下，$b_1 = b_2 \equiv b$，$d_1 = d_2 \equiv d$ 且 $r_i(\varepsilon, d_i) \equiv 0$，$i = 1$，2；

命题4.7（1）（a）及命题4.7（2）（a）下，$b_1 = \begin{cases} b + \Delta_b, & if \quad d_1 > d_2 \\ b, & if \quad d_1 < d_2 \end{cases}$，$b_2 =$

$\begin{cases} b, & if \quad d_1 > d_2 \\ b + \Delta_b, & if \quad d_1 < d_2 \end{cases}$ 且 $r_i(\varepsilon, d_i) \equiv 0$，$i = 1$，2；

命题4.9下，$b_1 = \begin{cases} b + \Delta_b, & if \quad d_1 > d_2 \\ b, & if \quad d_1 < d_2 \end{cases}$，$b_2 = \begin{cases} b, & if \quad d_1 > d_2 \\ b + \Delta_b, & if \quad d_1 < d_2 \end{cases}$ 且 $r_i(\varepsilon, d_i)$

是 ε 的减函数，d_i 的增函数，$i = 1$，2。

由上述分析可知，命题4.3（1）和命题4.7（1）（a）及命题4.7（2）（a）可看作是命题4.9的特例，因此可以命题4.9为例进行参数影响分析。为此，在研发支付 b 和研发成本 c_2 既定情况下，下面分析表达式中损益参数如何影响系统演化，即对企业共性技术合作研发机制的形成施加怎样影响。第4章4.5节探讨了实力相同需求迫切程度不同下相关参数对共性技术合作研发系统演化的影响，在新情境下，原先对系统有影响的参数是否还存在相同影响？新内生化入模型参数对系统施以怎样的作用？下面在与第4章4.5节相关参数影响分析比较基础上，着重在实力相异前提下分析参数影响。

（a）需求迫切程度 d_1 和 d_2。在博弈双方实力相异情形下，如若单独考察 d_1 或 d_2 对系统影响，由 $\dfrac{dS_{P_2P_4P_3P_5}}{dd_i} > 0 (i = 1$，2$)$ 可知 d_1 或 d_2 越大，$S_{P_2P_4P_3P_5}$ 越大，系统收敛于 $P_4(1, 1)$ 的概率越大，进一步，若 $|d_1 - d_2| = \Delta_d$，图4.6中 $\Delta_d = 0.02$，当增大它们之间差距为 $\Delta_d = 0.06$，此时命题4.9两种情形（$d_1 > d_2$ 和 $d_1 < d_2$）的演化动态如图4.8所示，通过与图4.6对比发现，在其他情况不变时，博弈双方对共性技术需求迫切程度差异较大而抑制了合作研发机制的形成。

（b）信息搜集与分析成本 c'、企业决策准确率 ε、政府和学研方的支持 m_g 和 Δ_g 以及预期共性技术研发的支付增加额 Δ_b。根据 $S_{P_2P_4P_3P_5}$ 表达式可知，c' 与 $S_{P_2P_4P_3P_5}$ 负相关，ε、Δ_b、m_g 和 Δ_g 与 $S_{P_2P_4P_3P_5}$ 正相关。由此可知，若 c' 减少，Δ_b，ε，m_g 和 Δ_g 增加则有助于企业共性技术合作研发机制的形成，与第4章4.5节

分析类似。进一步，若对企业的技术支持力度和资金支持力度同时增加 0.02，即在其他参数不变时，分别在 $\Delta_g = 1.15$（表现为共性技术研发成功率增加 0.02）和 $m_g = 0.1$ 时做数值模拟，如图 4.9 所示，为直观起见，只在 $d_1 > d_2$ 并取初始值 $(0.1，0.9)$ 进行模拟（其他初始值以及在 $d_1 < d_2$ 时可做类似模拟，这里从略），对比图中可演化线可知，对技术的支持比对资金支持能够更快使系统收敛于 P_4 $(1，1)$。由此可见，技术支持相对于资金支持对共性技术合作研发机制形成更重要。

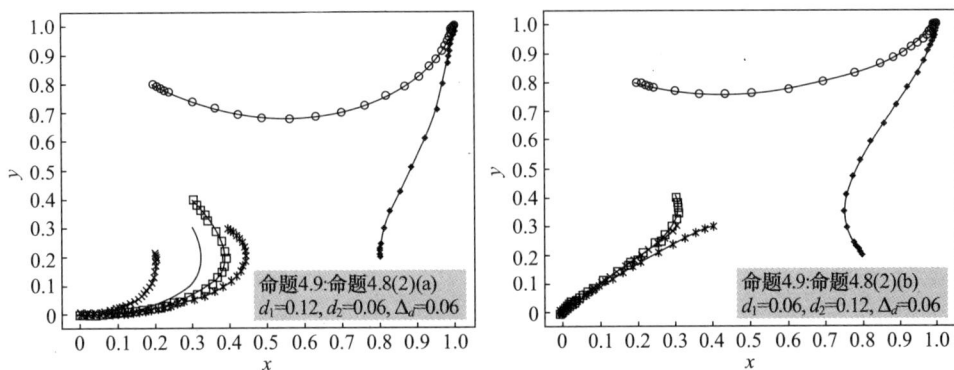

图 4.8　$\Delta_d = 0.06$ 时命题 4.9 的动态演化

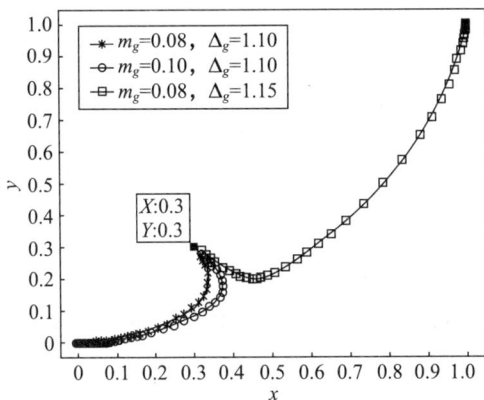

图 4.9　资金和技术支持对系统演化的影响

（c）预期背叛损益参数 $r_1(\varepsilon, d_1)$ 和 $r_2(\varepsilon, d_2)$。利用解析法进行分析，通过 $S_{P_2P_4P_3P_5}$ 对 $r_1(\varepsilon, d_1)$ 和 $r_2(\varepsilon, d_2)$ 求导可知，$\dfrac{dS_{P_2P_4P_3P_5}}{dr_i} < 0 (i = 1, 2)$，即 r_i 与 $S_{P_2P_4P_3P_5}$ 成负相关关系，$r_1(\varepsilon, d_1)$ 或 $r_2(\varepsilon, d_2)$ 增大，则 $S_{P_2P_4P_3P_5}$ 减小，反之反然。由此可知，企业共性技术合作研发机制的形成受企业预期背叛带来损失的消极影响。

（d）共性技术被模仿和复制的难度 λ_i（$i = 1, 2$）。此参数一定程度可表示博弈双方研发实力的差异，对 λ_1 求导得：

$$\frac{dS_{P_2P_4P_3P_5}}{d\lambda_1} = \frac{1}{2} \frac{[c' - (1-\varepsilon)(\sigma_1(\Delta_g)b_1 - c_2 + m_g) - d_1](1-\varepsilon)\sigma_2(\Delta_g)b}{[\Delta_1]^2} > 0$$

同理可得，$\dfrac{dS_{P_2P_4P_3P_5}}{d\lambda_2} > 0$，可知，$\lambda_i$ 与 $S_{P_2P_4P_3P_5}$ 呈正相关，λ_i 越大则 $S_{P_2P_4P_3P_5}$ 越大，企业共性技术合作研发机制的形成越可能。进一步，其他条件不变，当共性技术被实力较弱企业 2 模仿和复制难度增至 $\lambda_2 = 0.7$ 时，以命题 4.9 且 $d_1 < d_2$ 情形下初始值 $(0.4, 0.3)$ 为例考察系统演化动态，如图 4.10 所示。

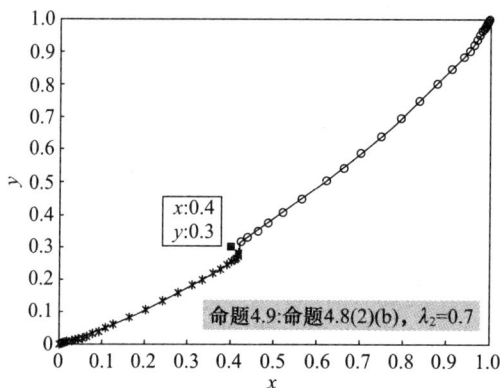

图 4.10　$\lambda_2 = 0.7$ 时 $d_1 < d_2$ 情形下初始值 $(0.4, 0.3)$ 的演化动态

由图 4.10 可知，与图 4.6 右图相比（$d_1 > d_2$ 时可做类似模拟，这里从略），其他条件不变情况下，当 $\lambda_2 = 0.7$ 时，企业 2 对共性技术模仿难度的增加，有利

于系统向演化稳定策略 $P_4(1, 1)$ 收敛；反过来看，与图 4.10 相比，λ_2 从 0.7 下降至 0.5，此时利于系统向着 $P_1(0, 0)$ 演化。由此可见，当共性技术被企业 1 模仿和复制难度 λ_1 一定时，其与 λ_2 差距 Δ_λ 越大，企业共性技术合作研发机制越容易形成。

（e）研发成功率 $\sigma_i(\Delta_g)(i=0, 1, 2)$。$\sigma_0(\Delta_g)$ 为合作研发的成功率，表明两企业研发能力的合力，而 $\sigma_1(\Delta_g) > \sigma_2(\Delta_g)$ 表明企业 1 的研发实力强于企业 2，对 $\sigma_i(\Delta_g)$ 求导得：

$$\frac{dS_{P_2P_4P_3P_5}}{d\sigma_0(\Delta_g)} = \frac{1}{2}\left[\frac{\varepsilon^2 b_2(c' - (1-\varepsilon)(\sigma_2(\Delta_g)b_2 - c_2 + m_g) - d_2)}{(\Delta_2)^2} + \right.$$

$$\left. \frac{\varepsilon^2 b_1(c' - (1-\varepsilon)(\sigma_1(\Delta_g)b_1 - c_2 + m_g) - d_1)}{(\Delta_1)^2}\right]$$

可知 $\dfrac{dS_{P_2P_4P_3P_5}}{d\sigma_0(\Delta_g)} > 0$，即合作研发成功率提高，企业进行共性技术合作研发的可能性越大；此外，通过解析方法难以直观求出 $\sigma_1(\Delta_g)$ 和 $\sigma_2(\Delta_g)$ 与面积 $S_{P_2P_4P_3P_5}$ 的关系。下面以图 4.6 为基准，通过数值模拟求解，为此令 $\sigma_1 = 0.38$，即 $\sigma_1(\Delta_g) = \sigma_1 \times \Delta_g = 0.418$，数值结果如图 4.11 所示。

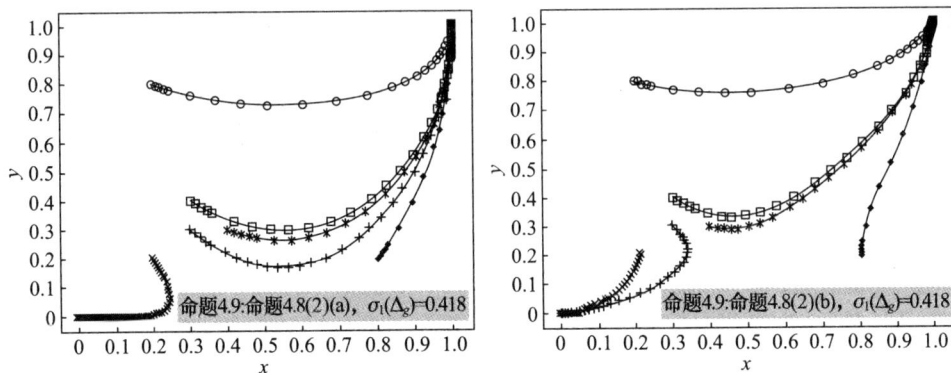

图 4.11　$\sigma_1(\Delta_g)$ 和 $\sigma_2(\Delta_g)$ 对系统演化的影响

由图 4.11 可知，与图 4.6 相比，参数 $\sigma_1(\Delta_g)$（若增加 $\sigma_2(\Delta_g)$ 可得相同的结论）的增加有利于共性技术合作研发系统向着 $P_4(1, 1)$ 收敛；由此可得，企业具备一定研发能力是合作研发机制的形成，若企业 1 的 $\sigma_1(\Delta_g)$ 既定，则博弈双方的实力相差越小，越利于共性技术合作研发机制的形成。

（f）企业共性技术合作研发的成本分享系数 β。与图 4.6 相比，其他条件不变时，当减少 β 至 $\beta = 0.34$ 时，系统的演化动态如图 4.12 所示。

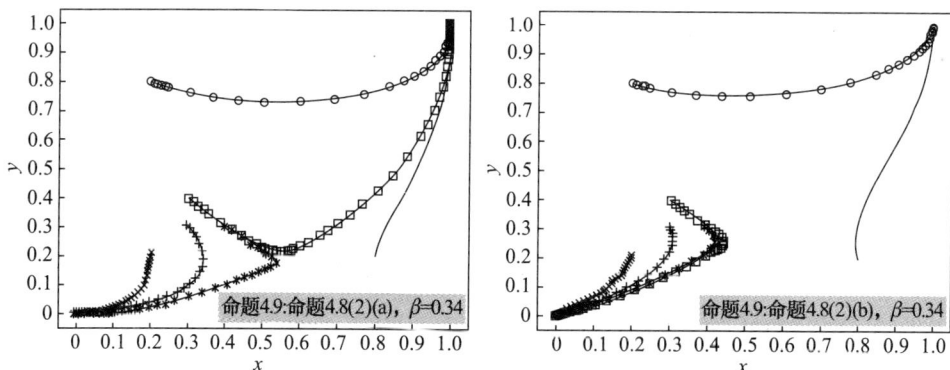

图 4.12　$\beta = 0.34$ 时命题 4.9 的演化动态

由图 4.12 可知，命题 4.9 的两种情形，即不论实力强弱，也不论企业对共性技术需求迫切差异程度如何，系数 β 减少有利于系统向演化稳定策略 P_4（0，0）收敛，即（不合作，不合作）演化稳定策略（ESS）β 降低不利于共性技术合作研发机制的形成。进一步，成本分享系数 β 减少意味着博弈双方进行共性技术合作研发成本的分担更加不公允。因此，平等互惠是企业共性技术合作研发机制形成的重要前提。

4.6　结论与讨论

上面内容分析了实力相异对共性技术需求迫切程度相同和迫切程度不同企业间共性技术合作的研发，通过演化博弈模型分析，得出系列命题，并通过数值模拟对各命题的理论分析结果进行了验证。下面对上述分析进一步总结和讨论，并据此提出相关建议。

（1）若系统演化稳定策略（ESS）为混合策略，系统最终的演化局势取决于相关损益参数的变化。分析表明，企业共性技术合作研发机制形成与企业决策准确率 ε、政府和学研方的支持 m_g 和 Δ_g、预期共性技术研发的支付增加额 Δ_b、表征研发实力的合作研发成功率 $\sigma_0(\Delta_g)$ 与企业独自研发 $\sigma_i(\Delta_g)$、共性技术被模仿和复制难度 λ_i 以及企业对共性技术的需求迫切程度 d_i 均成正相关关系，而与信息收集与分析成本 c'、预期背叛 $r_i(\varepsilon, d_i)$ 呈现负相关关系，$i = 1, 2$；而企业合作研发成本分享系数 β 的降低不利于共性技术合作研发机制的形成，表明公平对合作研发机制形成的重要性。

由于企业实力相异和需求迫切程度不同，若企业 1 独自研发的成功率 $\sigma_1(\Delta_g)$ 既定，企业间研发实力差距越大（即 $\sigma_1(\Delta_g) - \sigma_2(\Delta_g)$ 越大），越不利于企业共性技术合作研发机制的形成。若共性技术被企业 1 模仿和复制难度 λ_1 保持不变，企业间对共性技术模仿和复制能力差距越大（即 $\lambda_1 - \lambda_2$ 越大），企业共性技术合作研发机制越容易形成。博弈企业双方对共性技术需求迫切程度 d_i 的差距（$|d_1 - d_2| = \Delta_d$）较大不利于共性技术合作研发机制的形成，根据 $r'(\varepsilon) < 0$ 及 $r'(d_i) > 0$ 可知，在 Δ_d 既定时，企业决策准确率 ε 增大，$r_i(\varepsilon, d_i)$ 随之变小，此时共性技术合作研发更可能形成。由上面分析可知，实践中若要促进企业共性技术合作研发机制形成，需要综合权衡上述各损益参数的影响。

（2）研发成本 $c' + (1 - \varepsilon)c_2$ 是企业共性技术合作研发系统演化稳定于不同演化稳定策略（ESS）的重要前提。综观本章 4.2 节至 4.4 节各命题，无论系统演化于哪类演化稳定策略（ESS），$c' + (1 - \varepsilon)c_2$ 均是重要前提。如在命题 4.3、命题 4.7 以及命题 4.9 中，共性技术合作研发系统的 ESS 为（0，0）或（1，1），其成立的前提或条件之一是 $c' + (1 - \varepsilon)c_2$ 较大以至于超过企业在对方不合作时独自研发的支付。由该项的组成参数可知，一般情况下，若 c_2 保持不变，则减小 c' 或增大 ε，相应地，$c' + (1 - \varepsilon)c_2$ 降低，从而利于合作研发的形成，上述 4.4 节有关参数对系统影响的分析也佐证了 c' 和 ε 对系统演化施加的影响。为此，共性技术合作研发应充分重视 $c' + (1 - \varepsilon)c_2$ 的数额，若过大就可能导致共性技术合作研发供给无法实现。尽管产业集群的存在为企业收集和分析信息提供了客观便利，为促进进一步合作，管理当局需要搭建共性技术合作研发平台，使企业用较小成本 c' 就能够以较高准确率 ε 选择合作伙伴，进而进行共性技术合作研发。

（3）企业共性技术合作研发所获支付 $\varepsilon^2(\sigma_0(\Delta_g)b_i + m_g)$ 是合作最终能否形成的决定性因素。有关共性技术合作研发所获支付对系统 ESS 的影响，所有相关命题凡涉及系统演化至稳定策略 $(1,1)$ 策略时，只要涉及有关 $\varepsilon^2(\sigma_0(\Delta_g)b_i + m_g)$ 条件，均要求其大于一定值即综合成本项，包括共性技术合作研发成本 $c' + \varepsilon^2\beta c_2$（或者 $c' + \varepsilon^2(1-\beta)c_2$）和不合作的预期支付 $(1-\varepsilon)(1-\lambda_i)\sigma_j(\Delta_g)b$（$i=1$，$2$，$j=2$，$1$），在此可理解为共性技术合作研发的机会成本。为此，在 ε，b_i 和 c_2 既定情况下，为了促进共性技术合作研发形成：一方面增加 $\varepsilon^2(\sigma_0(\Delta_g)b_i + m_g)$，即增加 $\sigma_0(\Delta_g)$ 和 m_g，为此就需要外部力量的适时支持即技术和资金方面支持；另一方面减少 $c' + \varepsilon^2\beta c_2$（或者 $c' + \varepsilon^2(1-\beta)c_2$）和 $(1-\varepsilon)(1-\lambda_i)\sigma_j(\Delta_g)b$，即取决于参数 c'，λ_i 及 β，减少信息搜寻和分析成本 c'，同时增加共性技术被企业模仿和复制的难度 λ_i，此参数的大小与企业研发能力有关，也与共性技术本身和产权保护力度有关，而成本分享系数 β 起到合作前提作用，应该在合作研发机制形成时进行科学合理的选择。鉴于以上分析，为促进企业共性技术合作研发机制形成，企业既要善于利用外部支持，尤其技术支持，同时应该甄别不同共性技术对象的合作研发，企业应该会同管理当局探索共性技术的产权保护技术和措施，进而使企业共性技术通过合作研发供给得以实现。

（4）考虑研发实力相异企业对共性技术需求迫切程度不同和预期背叛问题后合作研发形成的条件变得更加复杂。本书重点关注共性技术合作研发形成机制，即系统演化稳定于（1，1），即（合作，合作）策略的情况。总的来说，当博弈双方对共性技术需求迫切程度不同时，研发实力相异企业间合作研发机制形成的条件变得复杂，且当考虑预期背叛问题后，系统演化至（合作，合作）策略所需条件提高，合作研发形成的难度有所增加。例如，命题 4.1 在合作双方实力相异而需求迫切性相同情形下，演化至（1，1），即（合作，合作）演化稳定策略的条件为 $(1-\varepsilon)(\sigma_2(\Delta_g)b + m_g) + d > c' + (1-\varepsilon)c_2$，相应地如命题 4.4，当企业双方对共性技术需求不同时，此时系统稳定于 $(1,1)$ 策略的条件应分情况而论，当 $d_1 > d_2$ 时，满足条件 $c' + (1 - \varepsilon)c_2 < (1 - \varepsilon)(\sigma_2 (\Delta_g)b + m_g) + d_2$；或者当 $d_1 < d_2$ 时，需满足条件 $c' + (1 - \varepsilon)c_2 < \min$

$$\begin{Bmatrix} (1 - \varepsilon)(\sigma_1(\Delta_g)b + m_g) + d_1 \\ (1 - \varepsilon)(\sigma_2(\Delta_g)(b + \Delta_b) + m_g) + d_2 \end{Bmatrix}$$，可见共性技术合作研发形成条件复杂化；

在预期背叛问题内生化模型后，与命题 4.3（1）、命题 4.7（1）（a）和命题 4.7（2）（a）相比而言，命题 4.9 收敛于演化稳定策略（0，0）或（1，1）条件中增加预期背叛损益项 $\varepsilon^2 r_2(\varepsilon, d_2)$，此时系统演化稳定于（0，0）或（1，1）策略难度增加。由此可知，企业对共性技术需求迫切程度的差异及预期合作后的背叛问题对共性技术合作研发形成具有重要影响，为此，管理当局应在营造良好的合作氛围的同时更应注重信用评级体系，使企业对共性技术通过合作研发供给形成良好的预期，减少企业对未来的担忧，在共性技术合作研发实践中应给予充分重视。

4.7 本章小结

本章主要研究了实力相异企业间共性技术合作研发的形成机制，主要运用多群体（非对称）模仿者动态模型，分别在企业对共性技术需求迫切程度相同、对共性技术需求迫切程度相异以及考虑未来背叛行为情形下，分析各损益参数对企业共性技术合作研发形成机制的影响，以及不同情境下企业共性技术合作研发形成的条件变化，在分析中应用 MALAB R2010a 对本章系列命题进行验证和图像描述，据此得出结论并给出相应建议。

5 基于多人演化雪堆博弈的
多企业共性技术合作研发研究

前面对两企业共性技术合作研发形成机制，通过演化博弈建模分别多种情形进行了较系统的分析，为理解企业共性技术合作研发形成机制内在演化规律有一定启迪，更为本章研究多企业共性技术合作研发提供了前提和铺垫。

考虑共性技术的公共物品特性，本章根据多人演化雪堆模型（N－person Evolutionary Snowdrift Game，NESG）（Zheng et al.，2008；Souza et al.，2009）和公共物品博弈（Public Goods Games，PGG）（Hauert et al.，2003；Galbiati & Vertova，2008）相关研究，首先通过现有 NESG 的深入分析，指出其存在的不足；其次，通过考虑由时间延误和到达目的地所办事情重要性而引发的时间成本因素对现有模型的改进，建立一个考虑时间成本的更一般化的多人雪堆博弈模型（Generalized N－person Snowdrift Game，GNSG），并将改进后的多人雪堆博弈模型（GNSG）应用于多企业共性技术合作研发形成机制的研究，结合数值模拟方法分析相关参数对多企业共性技术合作研发系统演化的影响，并得出相应结论。

5.1 多人演化雪堆博弈模型的提出、不足与改进

5.1.1 多人演化雪堆博弈模型的提出与不足

演化博弈理论在研究各种规模合作的出现及其演化方面扮演着核心角色，并得到不同领域学者们持续而广泛的关注（Macy et al.，2002；Nowak，2006；Gomez －

Gardenes et al.，2007；Souza et al.，2009；Santos et al.，2012）。过去，学者们更多关注两人合作困境，例如囚徒困境（Axelrod & Hamilton，1981）、雪堆博弈（Sugden，1986）以及猎鹿博弈（Skyrms，2004）。而在实际生活中，往往会遇到这样情况：一个群体任务常常需要多个成员合作才能完成，此时，合作成员承担了与完成任务相关的所有成本，而不合作者却能不劳而获地完成任务后的收益，这就涉及多于两人的集体决策问题，而这类合作问题最好放在多人博弈的框架内进行研究（Hauert et al.，2006；Gokhale & Traulsen，2010；Santos et al.，2011；Van Segbroeck et al.，2012），极具代表性的是公共物品博弈模型（PGG）。

在 PGG 博弈中，考虑一个由 N 个代理人（即博弈的参与方或局中人，下同）组成的互动群体（Interacting Group），每个代理人均有两种策略可供选择，要么为公共品生产贡献自己的力量，要么不付出任何力量。假设 b 为每个代理人贡献的公共品价值，c 表示每个代理人为提供此公共品付出的成本，满足 $b > c > 0$。若考虑一个有 N 个合作代理人的群体，则他们贡献的公共品总价值 Rnb 被平均分配给所有代理人，$R(R < N)$ 称之为公共物品价值倍增因子（Multiplier）。因此，每一个合作代理人（Cooperators，C）最终获得 $Rnb/N - c$ 的收益，而不合作代理人（Defector，D）不劳而获得的收益为 Rnb/N。显而易见，仅进行一次（One - Shot）博弈的 PGG 中，代理人不合作所获收益优于合作，于是 PGG 的纳什均衡是所有代理人最终都选择不合作。进一步，若令 $N = 2$，PGG 退化为囚徒困境博弈，因此 PGG 即为 N 人囚徒困境模型。

根据两人雪堆博弈（SG，Snowdrift Game）（具体见第 2 章理论基础及相关文献综述相关内容）和 PGG，Zheng 等（2008）提出了一个多人演化雪堆博弈模型（NESG）。据此，将两人雪堆博弈更贴近地可描述为：路上行驶的多个司机（称之为代理人）被同一雪堆阻挡，只有将雪堆铲走他们才能前往目的地，所有人都想顺利地到达目的地，但并不是每个人都愿意合作铲雪；于是可能发生三种情况：所有人都不铲雪，则没有人能够到达目的地；所有人均合作铲雪，都能到达目的地并共同承担由此引致的成本；若只有一部分人合作铲雪，所有人均可到达目的地，但仅由这些合作者承担铲雪成本。将博弈的支付及符号作如下规定：设 N 个代理人中有 k 个人合作铲雪，铲掉雪堆所需的总成本为 c，为此每个代理人可获得的固定收益为 b，通常假设 $b > c > 0$，这样就可得到一个类似斗鸡、鹰鸽或雪堆博弈的支付排序特征（Smith, 1982）。于是，多人雪堆博弈的支付可表示为：

$$P_C(k) = b - \frac{c}{k} \quad k \in [1, N] \tag{5.1}$$

$$P_D(k) = \begin{cases} 0 & k = 0 \\ b & k \in [1, N-1] \end{cases} \tag{5.2}$$

以上便是现有多人雪堆博弈模型（NESG），现有 NESG 将两人雪堆博弈扩展至多人博弈，为在多人框架下研究代理人合作行为提供了便利和启迪。结合实际情况，通过深入分析现有 NESG 模型，即式（5.1）和式（5.2）可发现如下不足。

首先，在 NESG 中，参与者偏向于选择不合作，因为不合作策略能够保证他得到的支付至少不高于其他参与者，显然这不利于合作现象的产生，于是公共品悲剧（Tragedy of Commons）就不可避免地产生，构成模型的内生性不足。

其次，现有 NESG 表明，所有参与者均不合作时，代理人支付均为零，暗含着这样的假设：时间的延误和到达目的地所办的事情均无足轻重，这显然与现实和常理严重不符，因为人类大都从事有目的、有意识的活动，若所有代理人均不合作铲雪，他们就会因时间延误而遭受惩罚、焦虑等物质和精神上的损失，其所获得的支付应为负数。

再次，即使部分代理人甚至全部代理人都合作铲雪，铲雪工作也不可能一蹴而就，不管是合作代理人还是拒绝铲雪者，在雪堆被彻底铲走之前，都必须承担与自己前往目的地所办事情重要程度及其心理状况所引致的损失，例如不铲雪的代理人也必须等待直到雪堆被铲走，这明显与到达目的地所办事情有关。若到达目的地所办事情越重要，代理人承担的等待成本就会越大，那么代理人就越可能选择合作，因为铲雪人越多，铲掉雪堆所花时间会越短，代理人就可能因时间节约而获益或减少损失，这也是现有模型所忽略的。

最后，根据以上模型，只要有一个代理人铲雪，其他人都可不劳而获，这隐含的假设是每个代理人的铲雪能力足够大到足以将雪堆及时铲走，考虑旧雪堆没有及时铲掉又开始一场大雪而形成新的雪堆的可能性以及每个代理人铲雪能力的限制，更接近现实的情况是需一个最小临界值 M 数量的代理人合作铲雪，才能及时将雪堆铲掉，Souza 等（2009）对此进行了较详细的探讨。

基于以上分析，可对现有 NESG 模型进行扩展和改进。

5.1.2 对现有模型的改进

更接近现实的模型往往需要设置更多的额外参数（Zheng et al. , 2008），将时间参数引入现有 NESG 模型实现对其改进以使模型更切合现实情况。于是有：

$$P_C(k) = \begin{cases} b - \dfrac{c}{k} - \dfrac{\ell w(b)}{k}, & if \quad k \geq M \\[3mm] -\dfrac{c}{M} - w(b), & if \quad 1 \leq k < M \end{cases} \qquad (5.3)$$

$$P_D(k) = \begin{cases} b - \dfrac{\ell w(b)}{k+1}, & if \quad k \geq M-1 \\[3mm] -w(b), & if \quad 0 \leq k < M-1 \end{cases} \qquad (5.4)$$

在式（5.3）和式（5.4）中，w 为所有代理人均不合作时所引致的每个代理人总效用（或收益）的损失，包括由于未能或未能及时到达目的地而遭受的正常效用损失及由此衍生出的由于等待而遭受的额外效用损失（如焦虑）两种成分。鉴于 w 与时间延误密切相关，可将 w 称作代理人承担的时间成本，显然时间成本与到达目的地所办的事情重要程度正相关，若代理人没有被雪堆阻挡，就不存在合作铲雪问题，时间成本就成为无源之水。因此，一个合乎逻辑的前提设定是：到达目的地所获得的收益 b 越大（进而 b/c 越大），意味着代理人所办事情越重要，时间成本 w 越大，相应的等待成本也越大，即通过代理人到达目的地所获得的收益 b 的大小衡量到达目的地所办事情的重要性，于是可设 $w = w(b)$，$w(0) = 0$ 且 $w'(b) > 0$。若只有 k 个代理人合作铲雪时，当 $k < M$ 时，无论代理人如何努力也不能将雪堆铲掉，此时合作代理人（C）遭受的成本为 c/M（这里沿用 Souza 等（2009）关于每个代理人铲雪能力无差异的假设，将来的研究可放松这个假设）和 $w(b)$，此时不合作铲雪者仅损失 $w(b)$；当 $k \geq M$ 时，无论铲雪者还是拒绝铲雪而等待的代理人都必须等待直到雪堆被铲走才能继续旅程，此时所有代理人都将遭受并共同分担等待成本，明显代理人承担的等待成本只是 $w(b)$ 的一部分，

可用 $\ell w(b)$ 表示，$\ell(0 < \ell < 1)$ 为等待成本占时间成本的比例。显然，等待成本与雪堆被铲走的时间，进而与合作铲雪代理人的数目有关，合作铲雪的代理人越多每个人承担的等待成本越少，用 $\ell w(b)/k$ 表示合作代理人应承担的等待成本量，k 为 N 个代理人中合作代理人数量，若只有一个代理人铲雪，其承担了几乎全部等待成本；$\ell w(b)/k+1$ 表示不合作铲雪代理人应承担的等待成本量：若不考虑合作代理人临界值，不合作铲雪代理人获得收益的基本前提是至少有一个代理人铲雪；若存在合作代理人最小临界值，当合作代理人增加至 $k = M-1$ 时，不合作者才能获得收益，即此时不合作代理人获得收益的前提是至少应有 $k \geqslant M$ 个代理人合作铲雪，因此，这里的 $k+1$ 为除这些合作铲雪代理人之外的其他 $N-1-k$ 个代理人中选择合作铲雪的数量，将以上考虑时间成本及最小合作临界值模型称为更一般化的多人雪堆博弈模型（GNSG）。

5.2 改进后的多人雪堆博弈模型（GNSG）的求解与分析

5.2.1 GNSG 模型求解

由于存在有限理性，代理人之间合作铲雪是一个不断学习的互动过程。多人雪堆博弈中的演化行为可通过复制动力学表现（Hofbauer & Sigmund, 1998），合作者概率为 $x(t) = N_C(t)/N_{all}$，$N_C(t)$ 为群体中合作代理人在时间 t 的数量，N_{all} 为群体总规模（Hauert & Doebeli, 2004；Zhong et al., 2006），则不合作者的概率为 $1 - x(t)$，$x(t)$ 随时间的演化可由微分方程表示为（Hofbauer & Sigmund, 1998）：

$$\dot{x} = x(f_C - \bar{f}) \tag{5.5}$$

其中，f_C 和 $\bar{f}$ 分别是合作代理人和整个群体的平均适应度。通常，适应度 f_C 为时间依赖，并由二项分布样本选取规则决定（Hauert et al., 2006）。

$$f_C = \sum_{k=0}^{N-1} \binom{N-1}{k} x^k (1-x)^{N-1-k} P_C(k+1) \tag{5.6}$$

式（5.6）为合作代理人的平均适应度，它考虑了某个代理人的 $N-1$ 个毗邻者的各种组合，方程前 3 个因子表示 N 个代理人群体中有 $k+1$ 个合作代理人的概率。类似，不合作代理人的适应度为：

$$f_D = \sum_{k=0}^{N-1} \binom{N-1}{k} x^k (1-x)^{N-1-k} P_D(k) \tag{5.7}$$

在式（5.5）中，合作动态 $x(t)$ 随着适应度 f_C 大于（小于）平均适应度 $\bar{f}$ 而增加（减少），后者可被定义为：

$$\bar{f}(t) = x(t) f_C(t) + (1-x(t)) f_D(t) \tag{5.8}$$

将式（5.8）代入式（5.5），$x(t)$ 动态可由以下方程给出：

$$\dot{x} = x(1-x)(f_C - f_D) \tag{5.9}$$

动态演化之后，系统演化进一个稳定态，即纳什均衡，此时 $\dot{x}=0$。由式（5.9）稳定状态或均衡的合作概率 x^* 满足：

$$f_C(x^*) = f_D(x^*) \tag{5.10}$$

接下来，将式（5.3）和式（5.4）合作和不合作代理人支付分别标准化表示如下：

$$P_C(k) = -\left(\frac{c}{M} + w(b)\right) + \left(b - \frac{c}{k} - \frac{\ell w(b)}{k} + \frac{c}{M} + w(b)\right) H(k-M) \tag{5.11}$$

$$P_D(k) = -w(b) + \left(b - \frac{\ell w(b)}{k+1} + w(b) H(k-M)\right) \tag{5.12}$$

其中，$H(\omega)$ 设为步长函数，$\omega = k-M$，满足 $H(\omega+1<0)=0$ 及 $H(\omega \geq 0)=1$；于是，当且仅当合作铲雪代理人数量满足 $k \geq M$ 时，雪堆才能被及时铲掉，合作者共同承担了由铲雪引致的全部成本，否则代理人只会徒付出铲雪成本而不能获得任何收益。将式（5.11）和式（5.12）分别代入式（5.6）和式（5.7），并且根据式（5.10），可得：

$$\frac{b}{c}\binom{N-1}{M-1}(x^*)^M(1-x^*)^{N-M} + \frac{w(b)}{c}\left(1-\frac{\ell}{M}\right)\binom{N-1}{M-1}(x^*)^M(1-x^*)^{N-M} -$$

$$\frac{1}{N}\left[1 + \sum_{k=0}^{M-1}\binom{N}{k}(x^*)^k(1-x^*)^{N-k}\left(\frac{k}{M}-1\right)\right] = 0 \quad (5.13)$$

以上便是考虑时间成本的更一般化的多人雪堆博弈模型（GNSG）在稳定状态时关于 x^*（b/c，w（b），M，N）的 N 阶解析方程。

5.2.2 GNSG 模型分析

根据解析方程式（5.13），利用 MATLAB R2010a 软件，分别对 $M=1$ 和 $M>1$ 两类情形进行比较分析。当 $M=1$ 时，若 $w=0$ 方程（5.13）变为现有的多人雪堆博弈模型（NESG），详细可参见 Zheng 等（2008）的研究，当 $w\neq0$ 时，方程（5.13）变为：

$$\frac{b}{c}Nx^*(1-x^*)^{N-1} + \frac{(1-\ell)w(b)}{c}Nx^*(1-x^*)^{N-1} + (1-x^*)^N - 1 = 0 \quad (5.14)$$

式（5.14）即为现有 NESG 考虑时间成本的在稳定状态时关于 x^*（b/c，N，w）的 N 阶解析方程。可通过数值方法对比性分析 $w=0$ 和 $w\neq0$ 时系统演化情形，为研究之便，这里假设时间成本 $w=\lambda b$，$\lambda\geq0$ 为时间成本因子，同时 $N=20$，$\ell=0.3$（以下数值求解，N 和 ℓ 取值不变），具体数值结果如图 5.1 所示。

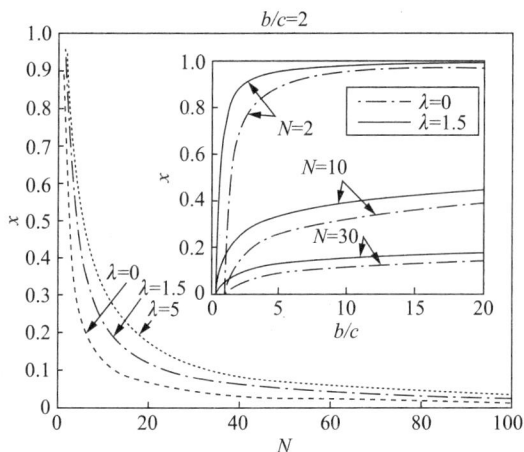

图5.1　$M=1$ 时稳定态 x 的演化

观察图 5.1 可知，与根据现有 NESG 所得出的基本结论类似，考虑时间成本后的 NESG 也提供合作和不合作铲雪代理人共存时的稳定状态，合作代理人的稳定均衡（Stable Equilibrium）量 x 随着群体规模 N 的增加和收益－成本比 b/c 的减少而降低。进一步，群体规模对合作行为具有一定抑制作用，观察图 5.1（内嵌图）可知，较大的 b/c 对应较高的合作水平，b/c 对代理人合作具有促进作用，然而这种作用随着群体规模的变大而降低，如群体规模由 $N=2$ 增加至 $N=30$ 时，系统的合作水平快速降低；此外，在不同群体规模，考虑时间成本时（$\lambda = 1.5$）的合作水平均明显高于不考虑时间成本时（$\lambda = 0$）的情况，因此，时间成本可通过放大代理人的损益变量来影响代理人的决策行为，由于 b/c 固定不变，时间成本在一定程度上可替代 b/c 作为代理人是否选择合作的主要决策变量，同时也可抵消群体规模对合作行为的抑制，进而促进群体合作行为的涌现。

当 $1 < M < k$ 时，若 $w=0$，方程（5.13）与现有 NESG 考虑最小临界值 M 情形相同，具体解析方程如式（5.15）所示。

$$\frac{b}{c}\binom{N-1}{M-1}(x^*)^M(1-x^*)^{N-M} - \frac{1}{N}\left[1 + \sum_{k=0}^{M-1}\binom{N}{k}(x^*)^k(1-x^*)^{N-k}\left(\frac{k}{M}-1\right)\right] = 0$$

$$(5.15)$$

式（5.15）中，当 $N = M = 2$ 时，将退化为猎鹿博弈困境，$N > 2$ 及 $1 < M < k$ 时系统将涌现出完全不同的合作演化动态，详细可参考 Souza 等（2009）的分析，下面着重考察 $w \neq 0$ 且 $N > 2$ 及 $1 < M < k$ 时的情形，解析方程如式（5.13）所示，即为改进后的 GNSG 演化稳定态的 N 阶解析方程的情形，模拟结果如图 5.2 所示。

如图 5.2 所示，由于临界值 M 的引入，此时系统呈现出与系统式（5.14）和式（5.15）很不相同的 U 型演化动态，除了一个稳定均衡（如 $M=2$ 时）与 $M=1$ 时相同外，还存在一个成本收益比 b/c 的临界值（为 U 型演化轨迹的低端），只有 b/c 不小于此临界值时，每一个 b/c 值与 U 型演化线才存在交点，即系统演化的均衡点。在分析系统演化特征之前，给出保证式（5.13）的下述命题。

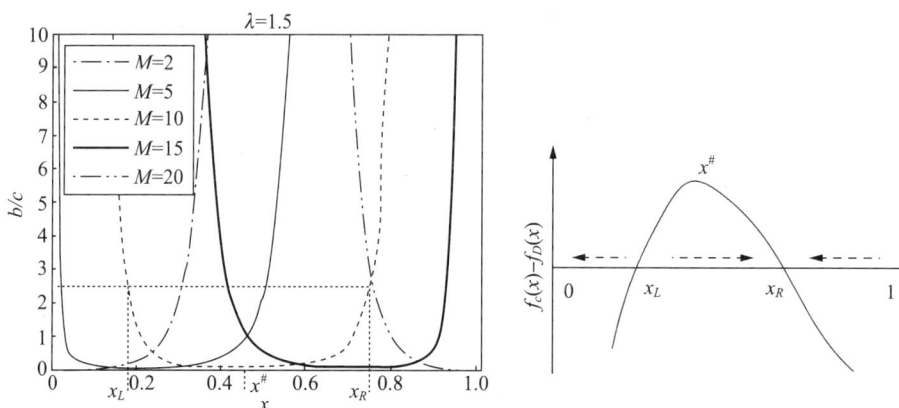

图 5.2 $M>1$ 且 $w=2$ 时稳定态 x 的演化

命题 5.1 对于方程（5.13）来说，总是存在一个收益成本比 b/c 的临界值 ϖ 满足：

（1）当 $b/c > \varpi$ 时，系统存在两个均衡点 x_L 和 x_R，x_L 为系统演化的不稳定均衡点，x_R 为系统演化的稳定均衡点；

（2）当 $b/c = \varpi$ 时，系统仅存在一个均衡点 $x^{\#}$，为系统演化的不稳定均衡点；

（3）当 $b/c < \varpi$ 时，系统不存在演化均衡点。

证明： 此命题证明等价于求解方程（5.13），而这又等价于求解以下多项式：

$$f(x) = \frac{b}{c}\binom{N-1}{M-1}(x^*)^M(1-x^*)^{N-M} + \frac{w(b)}{c}\left(1-\frac{\ell}{M}\right)\binom{N-1}{M-1}(x^*)^M$$

$$(1-x^*)^{N-M} - \frac{1}{N}\left[1 + \sum_{k=0}^{M-1}\binom{N}{k}(x^*)^k(1-x^*)^{N-k}\left(\frac{k}{M}-1\right)\right] \quad (5.16)$$

令 $b/c = \omega$，式（5.16）可化解为以下多项式：

$$f(x,\omega) = N\left[1 + \frac{w(b)}{b}\left(1-\frac{\ell}{M}\right)\right]\binom{N-1}{M-1}(x^*)^M(1-x^*)^{N-M} -$$

$$\frac{1}{\omega}\left[1 + \sum_{k=0}^{M-1}\binom{N}{k}(x^*)^k(1-x^*)^{N-k}\left(\frac{k}{M}-1\right)\right] \quad (5.17)$$

式（5.17）与式（5.16）具有相同根，且将变量 ω 显性化，进一步可定义函数：

$$G(x) = N\left[1 + \frac{w(b)}{b}\left(1 - \frac{\ell}{M}\right)\right]\binom{N-1}{M-1}(x^*)^M(1-x^*)^{N-M} \Bigg/$$

$$\left[1 + \sum_{k=0}^{M-1}\binom{N}{k}(x^*)^k(1-x^*)^{N-k}\left(\frac{k}{M}-1\right)\right] \tag{5.18}$$

由式（5.18）可得，$\prod : [0, 1] \rightarrow \mathbf{R}$，在 $[0, 1]$ 上连续以及 $(0, 1)$ 上可微。此外，根据多项式（5.17）令 $f(x, \omega) = 0$，求解 ω，易得如下恒等式：

$$f(x, G(x)) = 0 \tag{5.19}$$

方程 G（x）可以用来研究系统演化的收益成本临界值的存在，进一步，给定 ω 可研究 $G(x) = 1/\omega$，进而证明命题 1。为此，根据式（5.18）可得：

$$G'(x) = N\left[1 + \frac{w(b)}{b}\left(1 - \frac{\ell}{M}\right)\right]\binom{N-1}{M-1}(x^*)^{M-1}(1-x^*)^{N-M-1}\Phi(x)/D^2$$

$$\tag{5.20}$$

其中，

$$\Phi(x) = M - Nx - \frac{1}{M}\sum_{k=0}^{M-1}\binom{N}{k}(x^*)^k(1-x^*)^{N-k}(M-k)^2$$

$$D = 1 + \sum_{k=0}^{M-1}\binom{N}{k}(x^*)^k(1-x^*)^{N-k}\left(\frac{k}{M}-1\right)$$

由于

$$\sum_{k=0}^{M}\binom{N}{k}(x^*)^k(1-x^*)^{N-k}\left(\frac{k}{M}-1\right) \geqslant \frac{k}{M}-1 > -1 \tag{5.21}$$

根据式（5.21）可知，$D > 0$。进一步，由式（5.20）可知，在 $(0, 1)$ 上，$G'(x)$ 的符号及其根的情况与 $\Phi(x)$ 相同。此外，由于 $\Phi(0) = M > 0$ 及 $\Phi(1) = M - N < 0$，由此可知，$\Phi(x)$ 在 $(0, 1)$ 上至少存在一个根。令 $z = x/(1-x)$，由 $\Phi(x)$ 的一阶条件有：

$$\Phi'(x) = -\left[N + \frac{1}{M}\sum_{k=0}^{M-1}\binom{N}{k}z^k(1-x)^{N-1}(M-k)^2\left(k\frac{1}{z(1-x)}-N\right)\right] \tag{5.22}$$

又因为

$$\frac{1}{M}\sum_{k=0}^{M-1}\binom{N}{k}z^k(1-x)^{N-1}(M-k)^2\left(\frac{k}{z(1-x)}-N\right)$$

$$\geqslant -\frac{1}{M}\sum_{k=0}^{M-1}\binom{N-1}{k}x^k(1-x)^{N-1-k}(M-k)^2 > \frac{(M-k)^2}{M} > -M$$

根据式（5.22）可得，$\Phi'(x)<0$，由此可知，$\Phi(x)$ 在区间（0，1）上仅有一个根，记为 $x^\#$，进一步可知，在区间（0，$x^\#$）上，$G'(x)>0$；在（$x^\#$，1）上，$\prod'(x)<0$。因此，$G(x)$ 在 $x^\#$ 处实现最大，$G(x^\#)$ 也为全局最大值。令 $\prod(x^\#)=1/\varpi$，易知方程 $\prod(x)=1/\omega$，当 $\omega>\varpi$ 时，存在两个根 x_L 和 x_R，且 $x_L\in[0,x^\#)$ 和 $x_R\in(x^\#,1]$；在 $\omega=\varpi$ 时，仅存在一个根 $x^\#$；在 $\omega<\varpi$ 时方程无解。据此，可考察上述均衡点（根）的演化稳定性，当 $\omega>\varpi$ 时，对式（5.19）求一阶导数但不展开，可得：

$$\left(N\binom{N-1}{M-1}(x^*)^M(1-x^*)^{N-M}\right)' +$$

$$G(x)\left(\frac{w(b)}{c}\left(1-\frac{\ell}{M}\right)\binom{N-1}{M-1}(x^*)^M(1-x^*)^{N-M}-\left[1+\sum_{k=0}^{M-1}\binom{N}{k}(x^*)^k(1-x^*)^{N-k}\left(\frac{k}{M}-1\right)\right]\right)'$$

$$=G'(x)\left(\left[1+\sum_{k=0}^{M-1}\binom{N}{k}(x^*)^k(1-x^*)^{N-k}\left(\frac{k}{M}-1\right)\right]-\frac{w(b)}{c}\left(1-\frac{\ell}{M}\right)\binom{N-1}{M-1}(x^*)^M(1-x^*)^{N-M}\right)$$

结合前文分析，上式可表示为：

$$f'(x,G(x))=G'(x)D \tag{5.23}$$

根据式（5.23）可得，由于 $D>0$，可知 $f'(x,\omega)$ 进而 $f'(x)$ 与 $G'(x)$ 符号相同，又由于 $G'(x_L)>0$ 及 $G'(x_R)<0$，可得 x_L 为系统演化的不稳定均衡点，x_R 为稳定均衡点。接下来考察 $\omega=\varpi$ 时候的情况，此时必有：

$$\lim_{\omega\to\varpi^-}x_L=x^\#\text{以及}\lim_{\omega\to\varpi^+}x_R=x^\#$$

对于 $\omega>\varpi$ 来说，必有 $x_L<x_R$，由稳定性结果可推知，对于 $\omega>\varpi$，无论 $x<x_L$ 还是 $x>x_R$ 时，均有 $f(x)<0$。因此，当 $\omega=\varpi$ 时，$f(x)$ 必在 $x^\#$ 处实现最大化，则有 $f(x)\leqslant 0$，由此可得，$x^\#$ 为系统的不稳定均衡点。证毕。

根据命题5.2可知，$b/c=\varpi$ 时，点 $x^\#$ 是系统演化的唯一但不稳定均衡点，

随着 b/c 增加以至逐渐超过 ϖ，系统同时出现不稳定均衡点 x_L 和稳定均衡点 x_R（如图 5.2 所示），这意味着系统合作概率存在一个范围 $x \in (x_L, x_R)$，在此范围内合作行为得到支持；进一步，不稳定均衡点 x_L（临界值处为 $x^{\#}$）将 U 型演化线分割成两个界限明确的吸引盆（Basins of Attraction），依赖 b/c 变化，系统将总是演化至要么完全由不合作代理人充斥的系统稳定均衡态（$x < x_L$），要么演化至合作者与不合作者共存的稳定均衡态（$x > x_L$）。从图 5.2 还可以观察到，共存的均衡态 x_R 随着临界值 M 的增加而增加，可能原因是 M 越大合作代理人应分摊的成本相对越少。此外，由不稳定均衡点 x_L 位置定义的吸引盆规模反映了存在合作者数量临界值 $M > 1$ 时集体协调困难程度。

为了分析时间成本及群体规模对系统合作演化动态的影响，以图 5.2 中 $M = 10$ 为参照，对比 $w = 0$ 和 $w \neq 0$ 时系统的演化状况，分别对式（5.15）和式（5.13）的数值模拟结果如图 5.3 所示。

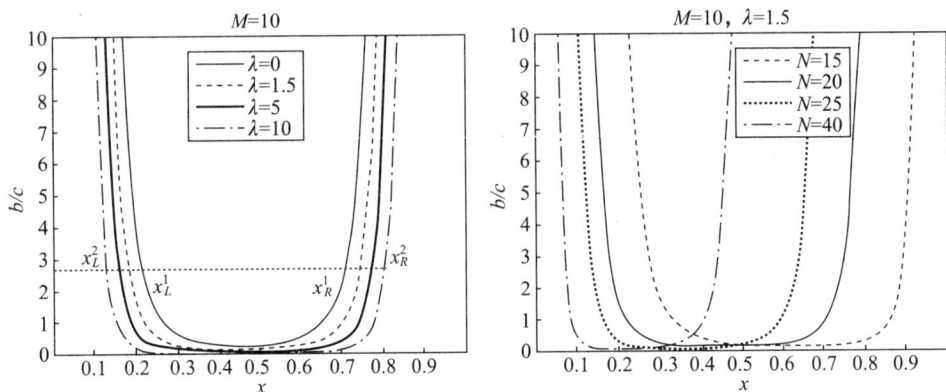

图 5.3 有无时间成本时系统演化的比较性分析

根据图 5.3 左图可知，当 $\lambda = 0$ 即不考虑时间成本时，系统演化的稳定与不稳定均衡点分别为 x_R^1 和 x_L^1，随着时间成本的逐步增大，x_R^1 和 x_L^1 随之增大和降低，当时间成本增加至 $\lambda = 10$，此时 x_R^1 和 x_L^1 分别增加和减少至 x_R^2 和 x_L^2，明显演化至 x_R 的吸引盆规模随 λ 而变大，这意味着系统合作概率变大；此外，观察图 5.3 右图，随着群体规模 N 的增大使得 x_R 和 x_L 随之减少，而 x_R 减少的速度相对更快。由以上分析可知，与图 5.1 所得结果类似，时间成本可增强甚至替代 b/c 成为促进系统合作行为涌现的主要变量，也可成为改善吸引盆规模越大群体协调越困难的积极力量，权衡正反两个方面力量可促使系统合作的涌现。

综上所述，在全混合（Well-mixed）群体下，通过对现有模型的改进建立了一个考虑时间成本的更一般化的多人雪堆博弈模型（GNSG）。数值分析表明：临界值 M 的存在使得代理人合作呈现出完全不同的由不稳定均衡点划分成两个吸引盆的 U 型合作动态，时间成本可通过放大代理人的损益变量来影响代理人的决策行为，一定程度上能够抵消抑制合作力量（例如群体规模 N），其与 b/c 共同成为多人合作行为涌现的主要因素。上述数学求解与数值模拟分析表明，对模型的改进是有成效的。那么，将 GNSG 应用于多企业共性技术合作研发形成机制研究是否适用呢？下面就此问题展开进一步分析。

5.2.3　将 GNSG 用于多企业共性技术合作研发的适用性

改进后的多人雪堆博弈模型（GNSG）基本建模思想为：多个代理人被同一雪堆阻挡，只有将雪堆铲走他们才能继续前往目的地，铲雪会承担相应成本，但并不是每个人都愿意铲雪，因为待雪堆被铲掉后，其照样能够继续自己的旅程，如何预防或激励"搭便车"者（即不铲雪者）选择与其他代理人合作铲雪是 GNSG 模型研究的核心，GNSG 实质是 PGG 的另一种表述或应用，两者具有内在的一致性联系，这种内在联系也明确了将 GNSG 用于研究多人共性技术合作研发问题的适用性，具体表现在：

（1）两者均具有公共品属性。在 GNSG 中，雪堆可看作是一种公共物品，铲雪就是一种提供公共品的行为；而产业共性技术也是一种具有公共物品属性的竞争前阶段技术，同样研发共性技术也可以看作一种供应特殊公共物品的行为，两者具有类似的内在属性。

（2）两者具有类似的外部性。这是公共品性质引发出来的特征，GNSG 中雪堆被铲走后，其他代理人就能够享受道路畅通带来的好处。类似地，共性技术一旦被研发出来，研发企业难以独占研究成果，其他企业不付出或付出较少代价就能够获得共性技术带来的好处。

（3）两者的合作动因类似。在 GNSG 中，代理人是否铲雪与其到达目的地所办事情的重要性相关，到达目的地所办事情越重要，铲雪与否的损益就越大；类似，企业对共性技术需求的迫切性也是其做出是否研发决策的重要考虑因素。因此，预期损益是两者进行合作的类似性的内在动因。

因此，将 GNSG 通过适当修正后应用于企业共性技术合作研发是适合的，下面基于 GNSG 对多企业共性技术合作研发形成机制进行研究。

5.3 基于 GNSG 的多企业共性技术合作研发演化博弈分析

根据前文分析可知，通过现有多人演化雪堆博弈模型（NESG）的分析，发现其存在的不足，据此通过引入时间成本等因素实现对模型的改进，改进后的模型简称为 GNSG。由上述分析可知，将 GNSG 应用于多人企业共性技术是适合的（但需要做适当修正），下面就基于 GNSG 的基本思想在不考虑合作研发企业数量最小临界值 M 和考虑该临界值 M 两种情形下，对多企业共性技术合作研发形成机制进行演化博弈分析。

5.3.1 多企业共性技术合作研发基本情形设定

根据 GNSG 的基本建模思想，将多企业共性技术合作研发基本情形设定：考虑一个由多家企业组成的区域市场或产业集群，企业有通过技术提升其竞争力的迫切欲望，但是由于技术提升所依赖的共性技术亟待供给，由于共性技术自身固有的准公共物品特征，使单个企业进行共性技术研发意愿不强烈，合作研发供给共性技术成为一种重要策略选择。假设企业仍有两种策略可供选择：合作研发和不合作，企业到底选择哪种策略取决于其对相关损益参数的权衡。类似地，共性技术研发预期带来的支付为 b，需要支付的总成本为 c，GNSG 模型中的相关参数可赋予适合共性技术研发情境的特定含义：

（1）参数 w 可理解为所有企业代理人都不合作时所引致的每家企业总效用

（或收益）的损失。包括由于未能或未能及时供应共性技术造成技术缺失或滞后而引致的损失，显然 w 与企业对共性技术的需求迫切程度呈正相关，更贴切地可称之为引致成本。若企业对共性技术无需求，就不存在共性技术研发问题，w 也就不复存在，据此假设：共性技术为企业带来的收益 b 越大，企业对共性技术需求越迫切，那么不合作研发所引致的成本 w 就越大，即引致成本 w 可看作收益 b 的增函数，设 $w = w(b)$，$w(0) = 0$ 且 $w'(b) > 0$。

（2）当群体中只有部分企业合作时，无论合作研发企业还是不合作企业都必须等到共性技术被成功研发出来才可能基于共性技术实现进一步市场化阶段的技术提升。此时，同样存在一项成本，这里称之为等待成本。显然等待成本只是引致成本 w 的一部分，用 ℓ（$0 < \ell < 1$）表示等待成本占引致成本的比例，于是等待成本就可表示为 ℓw，显然，ℓ 与共性技术被研发出来的时间进而与共性技术研发力量，也即共性技术合作研发企业的数量相关，若群体中选择共性技术合作研发的企业代理人越多，则 ℓ 相应越小。

（3）用 $\dfrac{\ell w}{n}$ 表示为选择合作研企业代理人应承担的等待成本，n 为 N 家企业代理人中合作者数量，若只有一家企业研发共性技术，其承担了几乎全部等待成本；$\dfrac{\ell w}{n+1}$ 表示选择不合作的企业代理人应承担的等待成本量，不合作企业获得收益的基本前提是至少应有一家企业进行共性技术研发，易知这里的 n 为除这个选择合作研发策略企业之外的其他 $N-1$ 个企业中选择合作研发的企业数量。当所有企业代理人都不合作即 $n=0$ 时，每个企业都将遭受 w 的效用损失，随着合作企业数的增多，相应企业等待成本越小。

（4）共性技术兼具公共物品和私人物品特性，尽管企业难以独占研发成果，但是其他企业要模仿和复制共性技术本身属性也有一定的难度。循着前面章节的假设，令 λ 表示共性技术被企业模仿和复制的难度，$0 < \lambda < 1$。此外，在区域或产业集群内部，由于信息不完全及企业故意隐藏信息等缘故，企业在合作研发形成时需要花费成本收集和分析相关信息，同时还需要花费如谈判、签订合约等交易成本，这些成本同样用参数 c' 表示，$c' > 0$。每个企业都愿意与自认为是"好"的企业合作，假设双方均认为对方是"好"企业时合作研发方可形成，在此假设"好"企业概率为 ε, $0 < \varepsilon \le 1$。

5.3.2 不考虑最小临界值 M 时的企业共性技术合作研发演化

不考虑合作研发企业数量的最小临界值 M 意味着若只有一家企业进行共性技术研发也能研发成功，只是耗时较长，这种假定忽略的企业研发能力的限定以及由于时滞导致的正在研发的共性技术过时等于无形损耗，如共性技术研发出来后即面临过时的危险。根据 5.3.1 节多企业共性技术合作研发基本情形设定，在不考虑最小临界值 M 时，多企业共性技术合作研发群体的支付函数可表示为：

$$P_C(n) = \varepsilon^2(b + m_g) - c' - \frac{\varepsilon^2 c}{n} - \frac{\ell w(b)}{n}, \ if \ n \in [1, N] \tag{5.24}$$

$$P_D(n) = \begin{cases} -w(b), \ if & n = 0 \\ (1-\lambda)b - \dfrac{\ell w(b)}{n+1}, \ if & n \in [1, N-1] \end{cases} \tag{5.25}$$

根据 5.2.1 节相关内容，通过复制动力学对式（5.24）和式（5.24）进行求解，将式（5.24）和式（5.25）代入式（5.6）和式（5.7）并结合式（5.10），经过数学推演易得：

$$\sum_{j=1}^{N-1} \frac{1}{j+1} \binom{N-1}{j} \left(\frac{x^*}{1-x^*}\right)^j = \frac{(1-\ell)w + \varepsilon^2(b+m_g) - c' - \varepsilon^2 c}{\varepsilon^2 c} +$$

$$\frac{\varepsilon^2(b+m_g) - c' - (1-\lambda)b}{\varepsilon^2 c} \sum_{j=1}^{N-1} \binom{N-1}{j} \left(\frac{x^*}{1-x^*}\right)^{j+1} \tag{5.26}$$

利用恒等式：

$$(1+y)^N = \sum_{i=0}^{N} \binom{N}{i} y^i \tag{5.27}$$

可得：

$$\int (1+y)^N dy = \frac{1}{N+1}(1+y)^{N+1}\Big|_0^x = \sum_{i=0}^{N} \binom{N}{i} \frac{y^{i+1}}{i+1}\Big|_0^x \tag{5.28}$$

于是有：

$$\sum_{i=0}^{N} \binom{N}{i} \frac{x^{i+1}}{i+1} = \frac{1}{N+1}\left[(1+x)^{N+1} - 1\right] \tag{5.29}$$

应用方程（5.29）于式（5.26）可得：

$$\left[\frac{(1-\ell)w + \varepsilon^2 m_g - c'}{\varepsilon^2 c} + \frac{b}{c}\right] x^* (1-x^*)^{N-1} + \frac{1}{N}\left[(1-x^*)^N - 1\right] +$$

$$\left[\left(1 - \frac{1-\lambda}{\varepsilon^2}\right)\frac{b}{c} + \frac{\varepsilon^2 m_g - c'}{\varepsilon^2 c}\right]\sum_{j=1}^{N-1}\binom{N-1}{j}(x^*)^{j+1}(1-x^*)^{N-1-j} = 0 \quad (5.30)$$

以上便是在不考虑最小临界值 M 时多企业共性技术合作研发模型达到演化稳定状态时关于 x^* 的 N 阶解析方程。

5.3.3 考虑最小临界值 M 时的企业共性技术合作研发演化

共性技术研发实践中，往往会出现这种情况：某一项共性技术研发需要一定数量的企业合作研发才能完成，即共性技术合作研发需要一个企业数量的最小临界值 M。若合作企业数量在 M 之下，则共性技术不能够被成功地研发出来。在此情形下，若群体中有 k 家企业代理人合作研发：当 $k < M$ 时，无论代理人如何努力也不能成功地研发出共性技术，此时选择合作策略代理人遭受的成本为 c/M（假设每个代理人的研发能力无差异，将来的研究可放松这个假设）与 $w(b)$ 之和，而不合作企业仅损失 $w(b)$；当 $k \geqslant M$ 时，共性技术能够被研发出来，但是所有代理人仍然会遭受并共同分享等待成本 $\ell w(b)$，合作企业越多每家企业承担的等待成本越少。用 $\ell w(b)/k$ 表示合作企业应承担的等待成本量，k 为 N 个企业代理人中合作者数量，$\ell w(b)/k+1$ 为不合作企业代理人应承担的等待成本量，k 表示除 $k \geqslant M$ 个合作企业之外的其他 $N-1-k$ 家企业中选择合作研发的数量。基于5.3.1 节与上述分析，易考虑最小临界值 M 时多企业共性技术研发群体选择不同策略的支付函数：

$$P_C(k) = \begin{cases} \varepsilon^2(b + m_g) - c' - \dfrac{\varepsilon^2 c}{k} - \dfrac{\ell w(b)}{k}, & if \quad k \geqslant M \\[3mm] -c' - \dfrac{\varepsilon^2 c}{M} - w(b), & if \quad 1 \leqslant k < M \end{cases} \quad (5.31)$$

$$P_D(n) = \begin{cases} -w(b), & if \quad 0 \leqslant k < M \\[3mm] (1-\lambda)b - \dfrac{\ell w(b)}{k+1}, & if \quad k \geqslant M \end{cases} \quad (5.32)$$

根据5.2.1节相关内容，通过复制动力学对上述式（5.31）和式（5.32）进行求解。根据式（5.11）和式（5.12），可分别将式（5.18）和式（5.19）标准化表示如下：

$$P_C(k) = -\left(c' + \frac{\varepsilon^2 c}{M} + w(b)\right) + \left(\varepsilon^2(b+m_g) - \frac{\varepsilon^2 c}{k} - \frac{\ell w(b)}{k} + \frac{\varepsilon^2 c}{M} + w(b)\right)H(k-M)$$

$$(5.33)$$

$$P_D(k) = -w(b) + \left((1-\lambda)b - \frac{\ell w(b)}{k+1} + w(b)\right)H(k-M) \qquad (5.34)$$

类似地，函数 $H(\omega)$ 满足 $H(\omega < 0) = 0$ 及 $H(\omega \geq 0) = 1$；于是，当且仅当合作研发企业数量满足 $k \geq M$ 时，共性技术才能被及时研发出来，此时合作者共同承担了研发的全部成本，否则代理人徒付出成本而不能获得任何收益。分别将式（5.31）和式（5.32）代入式（5.6）和式（5.7）并结合式（5.10），主要数学推演过程如下：

$$f_C(x^*) - f_D(x^*)$$

$$= \sum_{k=0}^{N-1}\binom{N-1}{k}x^k(1-x)^{N-1-k}[P_c(k+1) - P_D(k)]$$

$$= -\sum_{k=0}^{N-1}\binom{N-1}{k}x^k(1-x)^{N-1-k}\left(\frac{\varepsilon^2 c}{M} + c'\right) + \sum_{k=0}^{N-1}\binom{N-1}{k}x^k(1-x)^{N-1-k}$$

$$\left[\left(\varepsilon^2(b+m_g) - \frac{\varepsilon^2 c}{k+1} - \frac{\ell w(b)}{k+1} + \frac{\varepsilon^2 c}{M} + w(b)\right)H(k+1-M) - \right.$$

$$\left.\left((1-\lambda)b - \frac{\ell w(b)}{k+1} + w(b)\right)H(k-M)\right]$$

$$= -A\left(\frac{\varepsilon^2 c}{M} + c'\right) + B + \left(2\varepsilon^2(b+m_g) - (1-\lambda)b + w(b) - \frac{\ell w(b)}{M}\right)$$

$$\binom{N-1}{M-1}(x^*)^M(1-x^*)^{N-M}$$

上式中

$$A = \sum_{k=0}^{N-1}\binom{N-1}{k}x^k(1-x)^{N-1-k}$$

$$B = \sum_{k=M}^{N-1} \binom{N-1}{k} (x^*)^k (1 - x^*)^{N-1-k} \frac{\varepsilon^2 (b + m_g) - (1 - \lambda) b + \varepsilon^2 c (k + 1 - M)}{M(k+1)}$$

$$= \frac{1}{xN} \sum_{k=M}^{N-1} \binom{N}{k} (x^*)^k (1 - x^*)^{N-k} \left((\varepsilon^2 (b + m_g) - (1 - \lambda) b) k + \left(\frac{k}{M} - 1 \right) \varepsilon^2 c \right)$$

将 A 和 B 代入并令 $f_C(x^*) - f_D(x^*) = 0$ 易得：

$$N \left(2\varepsilon^2 (b + m_g) + w(b) - (1 - \lambda) b - \frac{\ell w(b)}{M} \right) \binom{N-1}{M-1} (x^*)^M (1 - x^*)^{N-M} -$$

$$\sum_{k=0}^{N-1} \binom{N}{k} (x^*)^k (1 - x^*)^{N-k} \left(\frac{\varepsilon^2 c}{M} + c' \right) k + \sum_{k=M}^{N-1} \binom{N}{k} (x^*)^k (1 - x^*)^{N-k}$$

$$\left((\varepsilon^2 (b + m_g) - (1 - \lambda) b) k + \left(\frac{k}{M} - 1 \right) \varepsilon^2 c \right) = 0 \tag{5.35}$$

以上便是在考虑最小临界值 M 时多企业共性技术合作研发模型达到演化稳定状态时关于 x^* 的 N 阶解析方程。

5.4 多企业共性技术合作研发演化稳定性分析

为了更直观验证和考察多企业共性技术合作研发系统的动态演化过程及相关参数对系统演化的影响。可运用 MATLAB R2010a 软件对 N 阶解析方程式（5.30）与式（5.35）进行数值模拟与分析，即考察不考虑最小临界值（$M = 1$）和考虑最小临界值（$M > 1$）两种情形。为研究之便，这里假设引致成本为 $w(b) = \xi b$，即假定引致成本是共性技术研发预期支付的线性函数，其中 $\xi \geqslant 0$ 为引致成本因子，并令共性技术研发成本 $c = 1$（以下数值求解中，取 c 值不变）。

5.4.1 不考虑最小临界值（$M = 1$）时系统的演化动态

（1）若令参数 $\varepsilon = 1$，$m_g = 0$，$c' = 0$ 及 $\lambda = 0$，则式（5.30）就变为式（5.14），数值结果如图 5.1 所示。此时多企业进行共性技术合作研发的环境变得"理想化"，具有如下特征：区域或产业集群中信息是完备的（$\varepsilon = 1$）、没有外部力量的支持($m_g = 0$)、合作的形成无任何信息和交易成本产生($c' = 0$)以及所研发的共性技术是纯公共物品($\lambda = 0$）等，此种情形由于理想而与现实相距较远，但是作为后续研究的基准是有益的。尽管如此，此种情形也能够揭示一些系统演化的有用信息，具体由图5.4可知：①在不同群体规模 N 下系统演化至合作研发和不合作企业代理人共存的均衡状态，例如 N 分别为2、5及20时，系统演化均衡时选择合作策略的企业比例 x 均小于1；②选择合作研发策略的企业代理人比例 x 随着群体规模 N 的减少和收益 – 成本比 b/c 的增加而增加，群体规模 N 对合作具有一定抑制作用，以 $\ell = 0.3$ 和 $\xi = 1.5$ 的演化轨迹为例，随着 N 从2增加至20，系统稳定于演化均衡时选择合作研发策略的企业 x 降低，此外，易知随着 b/c 的增加 x 比例也相应增加；③时间成本 $w(b) = \xi b$ 可通过放大代理人的损益变量来影响其决策行为，也可抵消群体规模对合作行为的抑制，若 b/c 不变，在一定程度上，时间成本可替代 b/c 作为代理人是否选择合作的主要决策变量，例如，不同群体规模 N 下，与 $\xi = 1.5$ 相比，$\xi = 0$ 时系统达到均衡态时合作水平 x 明显降低；④等待成本占引致成本 $x(b)$ 的比例 ℓ 较少对系统合作研发机制的形成具有积极作用，表明较短的共性技术研发期，即可"立竿见影"促使企业选择共性技术合作研发策略，例如当等待成本比例 ℓ 由0.6降至0.3，系统演化至稳定均衡时的合作水平上升。

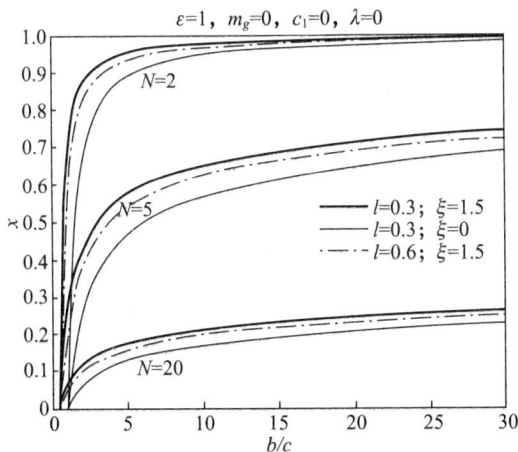

图5.4　参数 $\varepsilon = 1$ 及 m_g，c'，$\lambda = 0$ 时系统的演化动态

（2）考察参数 m_g，c'，λ 以及 ε 对系统演化的影响。下面以图 5.4 中参数 $N=5$，$\varepsilon=1$，$\ell=0.3$ 及 $\xi=1.5$ 所对应的演化动态为基准进行分析，模拟中外部力量的支持 m_g 通过占共性技术预期支付 b 的比例来实现，数值结果如图 5.5 所示。

下面挖掘图 5.5 所包含的有价值信息。图 5.5 左图中，在其他条件不变前提下，参数 $\varepsilon=1$ 所对应的是基准演化线，在此基础上若 $\varepsilon=0.8$，则系统演化均衡时选择合作研发策略比例 x 将下降为 28.76%。以此为基础进一步令 $m_g=0.5$ 时，合作研发企业比例 x 上升为 44.85%；进一步若令 $\lambda=0.02$ 时，系统达到演化均衡时的合作企业比例 x 进一步上升为 49.75%；再进一步令 $c'=0.6$ 时，均衡时选择合作的企业比例又下降 x 为 45.39%。由上述分析可知，来自外部力量的支持 m_g、共性技术被复制的难度 λ 以及企业决策的准确性 ε 的增加，信息搜索等成本 c' 的降低有益于共性技术合作研发机制的形成；特别地，系统演化动态对参数 m_g 和 λ 的变化较敏感，如图 5.5 右图所示，当 λ 从 0.02 增加至 0.3 时（其他参数赋值与图 5.5 左图同），系统逐渐收敛于演化均衡 1，参数 m_g 可作类似模拟。

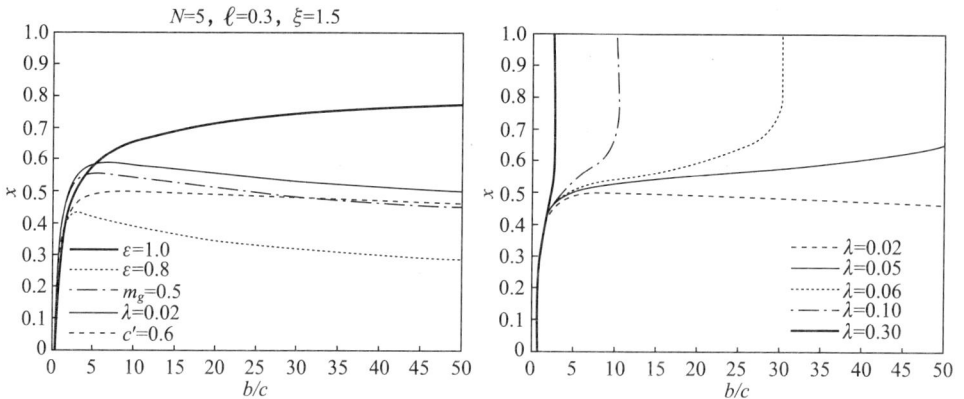

图 5.5　参数 m_g，c'，λ 及 ε 对系统演化的影响

5.4.2　考虑最小临界值（$M>1$）时系统的演化动态

与 5.2 节模型分析类似，下面着重考察 $w \neq 0$ 且 $N>2$ 及 $1<M<k$ 时的情形。

若令参数 $\varepsilon = 1$，$m_g = 0$，$c' = 0$ 及 $\lambda = 0$，则式（5.35）就变为式（5.13），此时共性技术合作研发环境亦变得"理想化"，具备 5.4.1 节描述的相应特征；所不同的是，此时共性技术至少需要 $M > 1$ 家企业合作研发才能成功，与图 5.4 相比，在考虑最小临界值 M 时，系统演化出现 U 型轨迹的演化动态（如图 5.2 所示），进一步根据命题 5.1 可知，随着 b/c 增加以至逐渐超过收益成本比最小临界值 ϖ 后，系统同时出现不稳定均衡点 x_L 和稳定均衡点 x_R，意味着系统合作概率存在一个范围 $x \in (x_L, x_R)$，在此范围内合作研发行为得到加强，在演化均衡 x_R 处合作研发与不合作企业共存于共性技术研发系统；此外，共存演化均衡 x_R 中合作者的比例随着临界值 M 的增加而上升，其他参数 N，b/c，w（b）及 ℓ 的变化对共性技术合作研发机制影响与 5.4.1 相关分析类似，不再赘述。

进一步，根据命题 5.1 及其相关分析，为了刻画此时系统演化动态的重要特征以及便于展开下述分析，下面更明确给出有关吸引盆、吸引盆规模（Size of Basin of Attraction）及其与共性技术合作研发系统演化关系的结论性命题。

命题 5.2 ①吸引盆是由不稳定均衡点 x_L 规定的，每一个 $b/c > \varpi$ 都对应被 x_L 划分的两个演化稳定均衡截然不同的吸引盆，$x < x_L$ 时的演化均衡系统由不合作企业组成，$x > x_L$ 时演化均衡是合作企业与不合作企业共存（x_R）于系统；②吸引盆规模由不稳定均衡点 x_L 位置确定，就演化均衡 x_R 而言表现为同一演化轨迹中 x_L 到 x_R 的范围；③均衡 x_R 吸引盆规模的增大有利于企业共性技术合作研发机制的形成。

若去除"理想化"的共性技术合作研发条件，即参数 m_g，c'，λ 和 ε 均不为 0 且 $\varepsilon \neq 1$ 时，系统演化动态会怎样？这些参数变化对系统演化产生怎样影响？下面就着重研究参数 m_g，c'，λ 及 ε 变化对系统演化的影响。为此，以图 5.2 中 $M = 5$ 对应的演化轨迹为基准进行分析，此时其他参数设定为 $N = 20$，$M = 5$，$\varepsilon = 1$，$\ell = 0.3$，$\xi = 1.5$ 以及参数 m_g，c' 和 λ 均为 0，依据图 5.5 左图数值模拟思路，逐次递进令 $\varepsilon = 0.8$，$m_g = 0.5$，$\lambda = 0.02$，$c' = 0.6$，具体数值结果如图 5.6 所示。需要指出的是，当企业共性技术合作研发条件即参数 m_g，c'，λ 和 ε 改变后，系统演化轨迹依然为 U 型，此时，与解析方程（5.13）具有类似的演化特征，根据式（5.35）通过与命题 5.1 的类似证明方法即可得证。

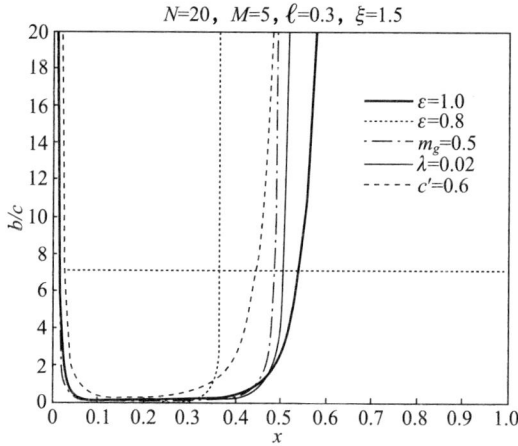

图 5.6 相关参数对系统演化的影响

进一步观察图 5.6 可知，在考虑最小临界值 M 时参数 m_g、c'、λ 及 ε 对系统演化的影响与不考虑此临界值 M 情况类似，参数 m_g、λ、ε 的增加及 c' 的降低有利于增大均衡 x_R 的吸引盆规模，进而对企业共性技术合作研发机制的形成产生积极影响。各参数对系统演化的具体影响，以图 5.6 中 $c'=0.6$ 对应的演化轨迹为基准，据此参数赋值为 $N=20$，$M=5$，$\ell=0.3$，$\xi=1.5$，$\varepsilon=0.8$，$m_g=0.5$，$\lambda=0.02$，下面模拟时均是在其他参数既定，仅仅改变所关注参数变化时系统的演化动态，如图 5.7 所示。

由图 5.7a 可知，随着参数 ε 由初始值 0.8 减少至 0.001，x_R 的吸引盆规模随之缩小，且缩小速度逐渐减慢，此时系统演化均衡 x_R 中选择共性技术合作研发策略的企业较少，共性技术合作研发供给难以实现。若 c' 从 0.6 减少至 0.001，由图 5.7b 可知，均衡 x_R 的吸引盆规模具有轻微增加，可知参数 c' 对系统演化的影响并不大。进一步观察图 5.7c 和 d 可知，系统对这两个参数 m_g 和 λ 变化均较敏感，相对而言系统对 λ 的变化更敏感，且参数 m_g 和 λ 对系统演化轨迹影响类似，随着 m_g 或 λ 的增加，系统演化轨迹由 U 型逐渐向着 L 形演化，x_R 的吸引盆规模逐渐扩大，系统中选择合作研发策略的企业逐渐增多。从另一个视角看，随着 m_g 和 λ 的增大，系统演化至均衡态对应的共性技术收益成本越来越少，当参数逐渐增加并达到一定值时，如 $m_g=0.8$ 或 $\lambda=0.30$，系统最终演化稳定于演化均衡，即此时区域中所有的企业均选择合作研发策略。

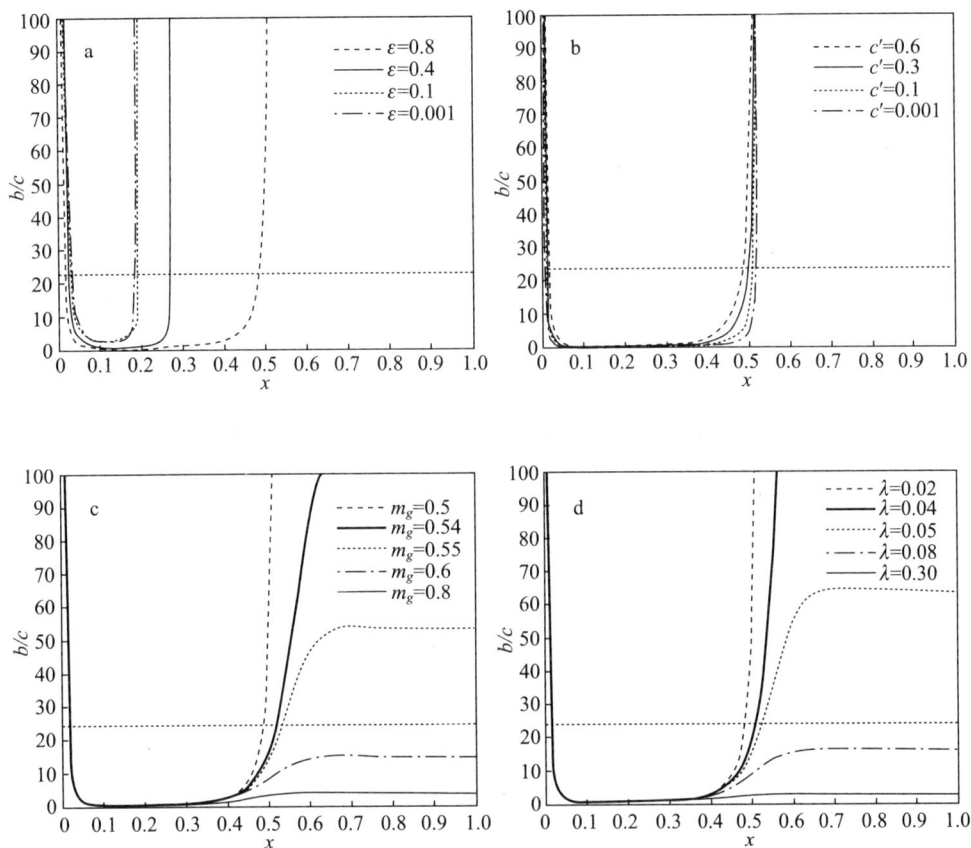

图 5.7   参数 ε、m_g、c' 及 λ 分别对系统演化动态的影响

5.5   结 论 与 讨 论

前文通过对现有 NESG 进行了改进，并将改进后的多人雪堆博弈模型（GNSG）成功应用于多企业共性技术合作研发，分别对不考虑合作研发企业数量最小临界值和考虑此临界值两种情况通过数值模拟进行分析。下面对本章主要研

究内容和相关分析做进一步的总结与讨论。

（1）基于对现有 NESG 模型不切合实际缺陷的分析，通过引入时间成本 $w(b)$ 等因素实现对 NESG 模型改进，建立一个更一般化的多人雪堆博弈模型（GNSG），对改进的模型通过严密的数学推演和求解，并结合数值模拟与现有 NESG 的比较性分析说明：对 NESG 模型的改进工作是有成效的，并得到如下结论：合作代理人数量的最小临界值 M 的存在使得代理人合作呈现出完全不同的由不稳定均衡点 x_L 划分成两个吸引盆的 U 型合作动态，在不同群体规模 N 下系统演化至合作和不合作代理人共存的均衡状态，选择合作代理人 x 比例随着群体规模 N 的减少和收益－成本比 b/c 的增加而增加，群体规模 N 对合作具有一定抑制作用，而时间成本 $w(b)$（不论临界值 M 是否存在）可通过放大代理人的损益变量来影响代理人的决策选择，在一定程度上能够抵消抑制合作的力量（如群体规模 N），其与 b/c 共同成为多人合作行为涌现的主要影响因素，进而使多人合作行为的涌现成为可能。改进后的 GNSG 对研究类似公共物品博弈（PPG）（如生态环境保护、公海渔业等）的合作问题提供了一个基础研究框架，具有一定理论意义。

（2）通过公共品属性、外部性及合作动因三个方面分析说明，将 GNSG 模型通过适当的修正后应用于企业共性技术合作研发是适合的。为结合企业共性技术研发的实际，分别建立了不考虑最小临界值 M 和考虑临界值 M 的多企业共性技术合作研发模型。就前者分析表明：GNSG 模型可看作当共性技术为纯公共物品时的情形，因此具有 GNSG 模型的基本特征，进一步，在多企业共性技术合作研发模型中，$w(b)$ 被视为由企业对共性技术需求迫切程度引致的成本，$w(b)$ 同样能够影响代理人的决策选择，并能够一定程度抵消群体规模 N 对合作行为的抑制，而等待成本占 $w(b)$ 的比例 ℓ 若降低会对系统合作研发机制形成产生积极影响，可见较短的共性技术研发期可促使企业选择共性技术合作研发策略。此外，与前面章节分析类似，来自系统外部力量的支持 m_g、共性技术被复制和模仿难度 λ 及企业决策准确性 ε 的增加，信息搜索等成本 c' 的降低皆有益于共性技术合作研发机制的形成，其中，系统演化对参数 m_g 和 λ 的变化较为敏感。其次，在共性技术合作研发实践中，综合理解和权衡多企业共性技术合作研发各损益参数影响机理的前提下，采取合理措施（如管理当局合理的支持、加强共性技术产权保护等）实现多企业共性技术合作研发供给。

（3）在考虑最小临界值 M 时，系统演化出现与不考虑此临界值时完全不同的 U 型演化动态特征。此时，存在一个收益成本比 b/c 的最小阈值 ϖ，当 b/c 超过 ϖ 时系统同时出现不稳定均衡点 x_L 和稳定均衡点 x_R，不稳定均衡点 x_L 将系统划分为两个吸引盆，同时也决定了系统演化至不同稳定态的吸引盆规模（size of basin of attraction）。分析表明：除具有与不考虑 M 时所具有的全部演化特征外，此时还出现了一些新的特征，即 x_R 的吸引盆规模随着 M 增大而变大，相对参数 ε 和 c'，参数 m_g 尤其是 λ 对系统具有较大影响，随着 λ 和 m_g 的增大，系统演化轨迹由 U 型逐渐向着 L 形演化，x_R 的吸引盆规模随之增大，选择合作研发策略的企业也在不断增加。因此，共性技术研发有最小合作企业数量 M 限制时，促进多企业共性技术合作研发机制形成需要着重关注外部力量的支持 m_g，尤其是要增加共性技术成果被其他企业复制的难度 λ，也应兼顾其他因素的影响，如提高企业决策的准确率 ε 以及降低信息搜索等综合交易成本 c' 的作用。

5.6　本章小结

本章首先对现有多人雪堆博弈模型 NESG 进行了深入分析，更切合实际地列举出模型存在缺陷，据此通过引入时间参数对 NESG 进行了改进，将改进后的更一般的多人雪堆博弈模型简称为 GNSG，进一步分析了 GNSG 应用于多企业共性技术合作研发的适用性。在此基础上，就不考虑合作研发企业数量最小临界值和考虑此临界值两种情况进行演化博弈建模，并借助 MALAB R2010a 软件进行数值分析，得出结论并给出一些建议。

6 企业共性技术合作研发形成机制、策略及案例研究

根据前文模型分析结论，下面首先明确提出企业共性技术合作研发形成机制概念模型；其次，从建设创新平台、建立专项计划、继续发挥政府作用、建立知识产权制度以及打造高效的组织运行机制五个方面，提出促进企业共性技术合作研发机制形成的相关策略，并通过国内外共性技术研发实例进行穿插验证；最后选取浙江绍兴纺织业共性技术研发案例作为个案研究，以进一步为上述概念模型和策略的合理性提供现实支持。通过本章研究，归纳和凝练本书的核心研究成果，并据此提出切合实际的策略建议，以利于合作研发氛围的形成，进而利于共性技术合作研发机制的持续稳定，更重要的是，为我国通过合作研发提供共性技术提供更有效和具体的指导。

6.1 企业共性技术合作研发形成机制概念模型

前文通过演化博弈建模，对两企业和多企业共性技术合作研发形成机制进行研究，主要从微观影响机制视角进行建模和分析。除了在一定条件下（如命题3.8（1）等）合作研发机制能够直接形成外，当合作研发模型存在混合策略时，分析各损益参数对共性技术合作研发系统演化的影响，即对企业共性技术合作研发策略选择的影响，可见命题4.9（1）、命题5.3（1）、命题5.7（1）（a）和命题5.7（2）（a）、命题5.9以及第5章5.4节的分析内容。据此，在对共性技术合作研发策略影响各参数进行逻辑整合基础上，绘制了企业共性技术合作研发

形成机制概念模型，具体如图 6.1 所示。

接下来对该概念模型进行较详细的阐述和分析。

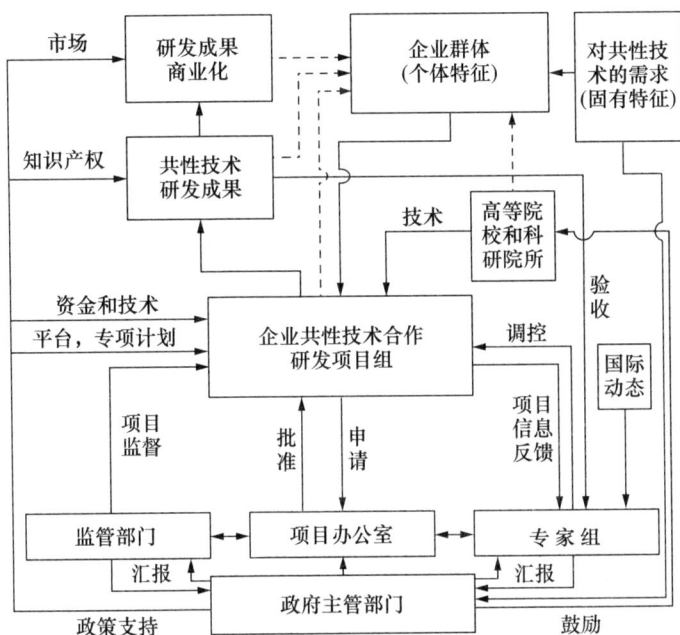

图 6.1 企业共性技术合作研发形成机制概念模型

（1）对共性技术的需求及共性技术固有的公共品、高风险等属性是企业选择共性技术合作研发的逻辑起点，企业群体中个体特征（如研发能力）的差异对企业共性技术合作研发机制的形成亦产生重要影响。由前文模型分析可知，企业的研发实力、对共性技术的需求迫切程度以对共性技术模仿和复制能力的增大均利于企业选择共性技术合作研发策略，反之则反然；进一步，若实力强企业的研发能力既定，则企业间研发实力差距越大，越不利于企业共性技术合作研发机制的形成；若共性技术被实力强企业模仿和复制难度一定时，企业间对共性技术模仿和复制能力差距越大，企业共性技术合作研发机制越容易形成；企业双方对共性技术需求迫切程度的差距较大则不利于共性技术合作研发机制的形成。

（2）企业群体内部通过博弈及动态选择之后，一旦企业间达成共性技术合作研发意向，就会涉及合作研发组织问题，即为了确保共性技术能够被成功研发出来，如何将有意选择共性技术合作研发策略的企业有目的、有系统地集合起来，对于共性技术合作机制能否最终形成及良性运作具有重大意义，考虑本书着重探讨以企业为主导的共性技术研发供给模式，建议选择合作研发策略的企业形成"企业共性技术合作研发项目组"，作为合作研发项目管理机构。通过组织、协调及引导等方式提高研发工作效率，由各企业共同承担共性技术研发费用，展开独立研发或以项目组名义向主管部门申请共性技术研发项目立项，以期得到主管部门支持，同时应积极吸纳学研方（高等院校和科研院所）参与，前文模型分析验证了学研方在技术研究方面支持对企业共性技术合作研发机制的形成具有显著的正向影响。

（3）政府主管部门接到共性技术研发项目申请后，按一定标准和程序对申请进行遴选，通过批准和资助遴选项目。对于获准立项的项目政府责令监管部门对项目进度、经费使用等情况进行监督和控制，责令专家组收集共性技术研发相关信息，并时刻观察该共性技术发展的国际动态，以避免共性技术的滞后性研发，并对共性技术项目做出适时调整和改进。

（4）出于产业升级及实现国家创新驱动发展战略需要，加之共性技术固有的公共品、高风险等属性，政府会通过各种政策支持共性技术的研发。前文模型分析表明，政府支持在企业共性技术合作研发中发挥不可替代的作用，例如通过共性技术研发平台（产业研发与技术服务平台）、专项计划等进行间接支持，前文模型分析也证实了这一点，同时也得到国内外经验验证。从国际经验看，以政府为载体的共性技术供给模式主要包括以美国、欧盟和加拿大等为代表的政府引导型和以日本和韩国为代表的政府主导型两类，而我国主要是政府主导型共性技术供给模式，政府承担的角色不同，共性技术研发具体组织方式亦不同，主要发达国家及我国典型共性技术专项计划实例基本概况如表6.1所示。

（5）政府对促进共性技术合作研发形成机制的直接支持，主要体现在技术和资金、知识产权保护以及商业化扶持等方面。政府的直接支持对共性技术形成机制产生有显著的正向影响，前文模型分析结论表明，政府在技术和资金的支持

表 6.1 美、日、欧盟和中国共性技术研发供给专项计划典型实例

国家	专项计划	研发主体	经费来源	研发共性技术类型
美国	先进技术计划（ATP）	政府引导，企业，大学与非营利组织参与	政府为主、企业为辅	以高风险的产业关键共性技术为主
	半导体制造技术联合体（SEMATECH）	14 家半导体企业为主，政府和学研方共同参与	政府为主、企业为辅	以半导体关键共性技术为主
	新一代汽车合作计划（PNGV）	政府引导，并与通用、克莱斯勒及福特合作研发	政府与企业共同出资，且侧重基础研究	以新一代汽车的基础技术为主
	微电子与计算机技术公司（MCC）	柯达和摩托罗拉主导，斯坦福大学参与，政府给予一定支持	企业与政府部门共同出资	以国际前沿的产业共性技术为主
日本	超大规模集成电路技术研究联合体（VLSI）	政府主导，并与富士通、东芝等 5 家企业共同组成研发联盟	企业与政府出资比例 6:4	超大规模集成电路基础性技术
	日本下一代制造技术（NCM）	政府主导，并与产业界和科技界的研究力量合作研发	政府承担所有资金	以产业关键共性技术为主
欧盟	欧洲尤里卡计划（EUREKA）	政府引导，加强泛欧工业界和学研方的联合研发	各参与主体共同出资	以增强欧洲竞争力的共性技术为主
	欧洲信息技术研究和开发战略计划（ESPRIT）	政府引导，强调合作研发，大型企业、中小企业与学研方各占 1/3 左右	政府设立专项基金，其他主体共同出资	以长期研究基础技术、共性技术为主
中国	高技术研究发展计划（863 计划）	政府主导，2001 年后向企业倾斜，并与学研方合作研发	由中央财政单列的专项拨款	生物、信息、自动化、能源和新材料等五个领域
	国家重点基础研究发展计划（973 计划）	政府主导，联合多部门行业共同研发	主要来源于国家财政拨款	具有全局性和带动性的基础研究
	国家科技支撑计划（支撑计划）①	政府引导，突出企业技术创新的主体地位，与学研方合作	主要来源于国家财政拨款	以重大工艺技术及共性技术研究与产业化应用为重点

注：根据胡艳果（2005）、薛捷和张振刚（2006）及叶萌（2007）等相关研究资料整理。

---

① 为贯彻落实《国家中长期科学和技术发展规划纲要（2006～2020）》，2014 年 2 月 20 日建立的面向国民经济和社会发展的重大科技需求的计划，详见 http://baike.baidu.com/view/773642.htm#2_2。

激励企业选择共性技术合作研发策略，且技术的激励作用大于直接的资金支持；若共性技术被模仿难度（知识产权保护力度）增大、预期收益的增大均会促使企业选择共性技术合作研发策略，而预期收益的大小取决于共性技术能否商业化或商业化难度。鉴于学研方技术研发方面的优势，政府应鼓励学研方参与企业合作研发。在合作研发实践中应该继续发挥政府对共性技术的支持作用。

（6）政府的支持会鼓励企业选择合作研发策略，而共性技术合作研发过程与结果都会对企业是否持续选择合作研发策略产生影响；此外，区域学研方充裕状况及参与共性技术合作研发积极性也会对企业继续合作研发共性技术产生影响，共性技术合作研发过程中企业是否有背叛行为及能够有效预防也会对企业合作研发行为的继续性产生消极影响，前文的模型分析也表明，预期合作中的背叛状况对共性技术合作研发机制形成产生消极影响。

由以上描述和分析可知，企业共性技术合作研发形成机制是企业群体内外各因素相互影响和权衡的结果。对共性技术的需求及其固有的公共品、高风险等属性是共性技术合作研发的出发点。对企业来说，以共性技术为基础的专业技术开发和商业化是合作研发的内在动力；对政府来说，以共性技术研发实现产业升级及创新驱动经济发展战略是进行政策支持的基本动因。鼓励和支持企业通过合作研发实现共性技术供给以及学研方参与合作研发是互惠共赢的，当这个条件不能得到满足或很好得到满足时，合作研发变成一次性博弈，企业共性技术合作研发形成机制将不能够持续下去，应在互惠前提下形成企业共性技术合作研发机制，进而形成企业共性技术合作研发氛围，使得共性技术研发供给成为现实。

6.2　促进企业共性技术合作研发机制形成的策略

在实践中到底如何促进企业共性技术合作研发机制形成？是本书现实意义和价值所在。下面根据对企业共性技术合作研发形成机制概念模型的阐述和分析，并结合国内外相关共性技术研发案例，提出促进我国共性技术合作研发机制形成策略。

6.2.1 建设多层次开放企业共性技术合作研发创新平台

美国竞争力委员会于 1999 年发布的题为《走向全球：美国创新新形势》研究报告中指出，创新平台（Platform for Innovation）是最有价值但未被充分认识的国家资产，由创新基础设施及创新过程中不可或缺的要素构成，其实质是研发创新活动的支撑系统，是把创新从理念引向实践的一个重要途径（张琼妮，2014）。据此，可将企业共性技术合作研发创新平台界定为：由为企业共性技术合作研发活动提供支撑的基础设施及提供和整合研发过程中不可或缺的各种要素的机构或部门所构成的集成系统，包括科技咨询、信息网络等服务机构；企业、高等院校和科研院所等研发机构；金融机构及其他资本投资机构；相关政策、法规及市场准入规则制定和保障实施的相关政府部门以及促使创新理念向创造财富的技术成果、产品或服务转化的设施设备等。

创新平台对于提高设施设备利用效率、提高产业创新能力及其成果转化、促进创新主体间的协同合作、优化创新人才队伍以及促进发展方式转变均具有重要意义。然而，我国创新资源的匮乏以及总体质量欠佳（赵昱，2014）、关键技术的研发突破难以实现、重大原创性科技成果难以形成的现状，足以说明目前我国技术创新平台建设难以或难以支撑科技创新活动的有效展开，这也折射出共性技术研发创新平台建设滞后和薄弱，共性技术研发创新作为技术创新基础环节和我国创新体系重要组成部分，企业共性技术合作研发创新平台应作为我国创新系统的子系统给予着重关注，以促进企业共性技术合作机制的形成为着眼点，为使创新平台能够可持续支撑和服务共性技术合作研发活动，根据 Archibugi（1999）有关多层次共性技术平台构建思想，探索构建如下多层次开放企业共性技术合作研发创新平台，具体如图 6.2 所示。

根据图 6.2 可将多层次开放企业共性技术合作研发创新平台（以下简称平台）运作模式做如下阐述。①主导层，包括政府及相关职能部门，如科技部；主导层在平台中发挥基础性支撑作用，是相关政策、法规及市场准入规则制定与保障实施主体，是其他各层有效发挥作用的支持者和推动者，也可通过资金和技术直接支持主体层共性技术研发活动，是平台发挥促进企业共性技术合作研发机制

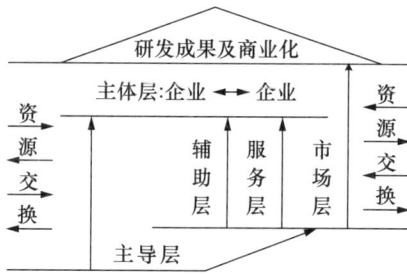

图 6.2 多层次开放企业共性技术合作研发创新平台

形成的根本性保障；②辅助层，包括高等院校和科研院所等研究机构，以及金融和其他资本投资机构，主要作用是为企业共性技术合作研发提供技术和资金或金融服务方面支持，是共性技术合作研发的辅助性研发主体，也是促进企业共性技术合作研发形成的积极力量，受主导层政策和行为的影响；③服务层，包括科技咨询等提供信息咨询服务的中介机构，主要功能是作为各主体间沟通的桥梁和纽带，提供法律咨询、情报、财务管理、可行性研究等服务，可在一定程度降低信息不对称和合作研发风险，受主导层政策的影响；④市场层，主要功能是为共性技术合作研发成果商业化提供渠道和手段，例如提供市场调研和营销策划服务机构，但这些中介机构的作用是有限的，共性技术商业化还要靠政府机构的推动和支持；⑤主体层，共性技术合作研发项目的主要承担者，是由企业群体中选择合作研发策略的企业组成，主要功能是供给企业群体或产业集群所需要的共性技术成果，是共性技术合作研发机制能够形成的最终裁判，其行为受上述四层不同程度影响；⑥外界环境的作用，平台是一个开放的系统，不断与外界环境发生作用。为此，平台对共性技术合作研发的支持方式、平台的组织运作模式以及基础设施设备等均需要随外界环境变化做出适时调整，要柔性灵活地发挥平台功能。

综上所述，平台是一个由发挥互补作用的多层次组成的开放的集成系统。多层次相互作用是平台发挥共性技术合作研发支撑作用的前提；而开放系统是平台自我完善且能够可持续为共性技术合作研发活动提供支撑的基础。通过平台中各层次的内在作用以及开放条件下相互作用，可发挥平台支撑共性技术合作研发活动的根本功能。因此，构建多层次开放合作研发创新平台是促进共性技术合作研发机制形成的重要策略。

6.2.2 建立面向企业合作研发的共性技术专项研发计划

从经济学原理讲，政府作用在于提供市场中私人企业所不愿生产的公共物品，共性技术作为一种准公共品，改革开放以来，在我国一直由政府主导供给，具体供给模式主要有三类（于斌斌、陆立军，2012）：一是国家技术研究院（研究中心），二是区域科技创新服务中心，三是产业集群共性技术开发基金；近几年来，以"产学研""官产学研"模式进行共性技术供给也在增多。例如，2009年3月4日立项至2012年9月15日通过验收的由浙江省科技厅向国家科技部报送的"高档数字化纺织装备研发与产业化"国际支撑项目即是采用"官产学研"共性技术合作研发供给模式。

而以企业为研发主体通过企业间合作的共性技术供给模式却没有得到应有重视，重要原因可能是没有建立这种合作研发的促成机制，造成企业对已有供给模式的"依赖"，于2014年2月20日建立的国家科技支撑计划（见表6.1）指出，"有明确产品目标导向和产业化前景的项目，必须由企业牵头或有企业参与，且企业必须有相应投入"，突出了企业技术研发的主体地位，并鼓励企业与学研方进行合作研发，给企业以合作研发方式进行共性技术研发建立了良好的预期。如表6.1所示，政府通过专项计划供给共性技术已有很多成功经验，美国1990年由美国国家标准与技术研究院（NIST）负责实施的先进技术计划（ATP）（2007年完成）即是成功之典型。根据EAO（Economic Assessment Office）调查，大约有85%的ATP参与企业认为，基于ATP项目的合作研发利于企业获得自身所缺乏的专门知识与技能、加速新产品进入市场、从总体上缩短新产品开发周期、刺激创新思维和激励未来合作。

因此，通过建立面向企业合作研发的共性技术专项计划是可行之策，表6.2部分内容也说明专项计划建立的必要性。对建立企业合作研发共性技术专项计划，建议有如下几点：

首先，各区域主管部门应做好专项计划建立前的调研工作，确保所建立既能满足产业技术升级需要，更要适合企业通过企业合作研发的共性技术专项计划需要，这是共性技术专项计划能够有效运行的前提和基本保障。

其次，共性技术专项计划申请对象应做到尽量明晰化。例如，设计有专门针对大型（龙头）企业、专门针对中小企业、鼓励大中小企业合作以及合作研发企业的专项计划，使有共性技术共同需求的企业能自由合作形成项目组进行申请。同时，应重点鼓励共性技术合作研发项目组中有学研方参与的企业共性技术合作研发。

最后，共性技术专项计划应包含明确的风险控制及责任分摊等规定。例如，明确资助比例及其他优惠政策、企业责任和权利，更重要的是明确研发成果知识产权保护及商业化承诺，使企业对共性技术合作研发有良好的预期；此外，在共性技术项目遴选审批方面应尽量做到审批程序简化，并提高审批过程透明度。

总之，建立面向企业合作研发的共性技术专项计划，若操作适当，专项计划在促进企业共性技术合作研发机制形成的同时，既解决了产业及其企业对共性技术的需求，也供给了国家期望的共性技术；既有利于提高企业的技术研发能力，也有利于共性技术的后续商业转化与扩散。

6.2.3 继续发挥政府在共性技术合作研发中的支持作用

政府在共性技术供给中的作用已得到学术研究与实践经验的一致支持，张治栋和张淑欣（2013）对共性技术政府支持性进行了文献归纳性研究，从他们对共性技术供给和扩散两个方面归纳分析情况看，众多学者均认为政府对共性技术供给发挥不可代替的作用，例如解决市场失灵和组织失灵、政策支持及构建研发、扩散平台等；在实践方面，根据表6.1可知，美国、日本、欧盟及我国实践均表明，政府在产业共性技术研发供给中发挥着重要作用；此外，从经济学本质讲，通过政府供给具有公共品特性的共性技术也是有充分理论依据的。

在我国，产业共性技术供给很大程度得益于政府政策的大力支持，如表6.1所列举的部分专项计划即是明证。尽管如此，我国共性技术发展还面临着很多亟须解决的困境，表6.2充分说明相关政策指导和支持力度需要加强，继续发挥政府对共性技术研发支持是必要的。

根据表6.2可知，政府需要做更多努力以确保共性技术供给，就本书所关注的共性技术合作研发而言，下面从有选择加大技术和资金支持力度和建立企业共性技术合作研发政策支持体系两方面给出发挥政府支持作用的建议。

表 6.2 我国产业共性技术发展过程中存在的困境

困境	表现形式
缺乏针对性的经费支持计划	对共性技术资金投入多以国家科技计划、国家工程研究中心、重点实验室等投入形式为主
政策支持体系不健全	多以政府直接的财政拨款为主，形式较为单一，法律、法规支持保障措施不完善
研发队伍稳定性不够	多以短期课题和项目支持为主，易造成研发人员流动
研发主体缺位	高校和科研院所更关注基础性研究，而企业更重视产品开发，对具有外部性的共性技术研发热度不高
供给与需求衔接不畅	学研方与企业的价值观、目标追求等存在较大差异，且对研发成果的扩散重视不足，易造成供给与需求不对接

注：资料来源于吴进（2013）相关研究。

首先，有选择地加大共性技术合作研发的技术和资金支持力度。这里的技术和资金支持主要指政府的直接支持，可从以下两方面着手：一方面，为共性技术合作研发建立专项资助经费，更应该有选择地为某些共性技术合作研发项目派遣和引进技术专家等，这样的支持往往更有效；另一方面，共性技术合作研发项目的税收优惠激励。如此可"立竿见影"地促进共性技术合作研发机制的形成。

其次，建立企业共性技术合作研发政策支持体系。尽管目前政府颁布的支持技术创新政策中鼓励企业和学研方参与共性技术合作研发中，如863计划、支撑计划等。但是共性技术仍然面临着研发主体缺失、需求与供给衔接不畅等共性技术研发困境。那么，如何实现以企业为主体的共性技术合作研发供给？建议应该探索建立共性技术合作研发政策支持体系，使共性技术合作研发所需信息服务、金融咨询、基础性试验以及成果商业化均有相关政策保障和推动。应从共性技术供给和扩散政策，以及为两者服务的政策环境三个视角建立企业共性技术合作研发支持体系，如图6.3所示。

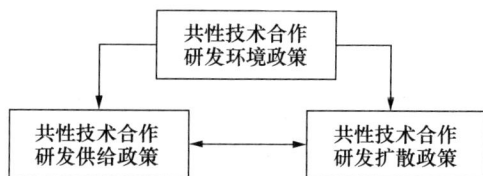

图6.3 企业共性技术合作研发政策支持体系

在企业共性技术合作研发政策支持体系中：①供给类政策，指政府制定的促进企业共性技术合作研发供给政策总和，例如研发投入、合作研发激励、人才培养与引进等政策，以期激励合作研发主体的参与，进而改善共性技术的供给不足现状；②扩散类政策，指政府制定的促进共性技术合作研发成果商业化的系列政策，例如政府采购、共性技术共享及知识产权保护等政策，此类政策利于实现共性技术成果应用的技术研发终极目标，通过建立良好预期可促进合作研发机制的形成；③环境类政策，指政府制定有利于共性技术合作研发的保障共性技术发展的宏观性政策总和，例如法律规制、融资渠道等配套政策，此类政策主要为前两类政策服务，间接影响合作研发机制的形成。

总之，企业共性技术合作研发机制的形成有赖于继续发挥政府在政策方面的间接支持以及资金、技术等方面的直接性支持。

6.2.4 探索建立共性技术合作研发成果的知识产权制度

知识产权指有关创造性智力成果与区别性商业标志的专有权利（郑成思，1995），我国2007年12月29日通过《中华人民共和国科学技术进步法》的第二十条第一款首次规定："利用财政性资金形成科研成果的知识产权，除涉及国家安全、国家利益和重大社会公共利益的外，授权项目承担者依法取得"，为知识产权归属问题做了制度化规定。企业共性技术合作研发成果作为一种智力成果必然涉及知识产权问题，共性技术的知识产权能否得到有力保障、直接影响共性技术的扩散或共享，进而影响研发主体参与共性技术研发的积极性，最终影响企业共性技术合作研发机制能否形成。因此，建立企业共性技术合作研发成果的知识产权制度，对于共性技术合作研发机制形成及有效运行具有重要意义。

共性技术具有与其他应用型技术共同特点，如风险性、潜在价值性，更有自身固有的准公共品性、基础性等"共性"特征。由于"共性"特征使得单个企业不愿或很少投入共性技术研发，共性技术可能会出现供给失灵；也正是由于"共性"特征使得共性技术研发与扩散变得极为重要，受到政府部门的重点关注和支持。因此，建立共性技术知识产权制度应紧紧抓住共性技术的"共性"特征，重点关注以下两个问题：一是共性技术成果的知识产权归属问题；二是共性技术成果的扩散即共享问题。出于提升区域产业竞争力考虑，政府并不希望某个企业或实体独占共性技术研发成果（尤其关键性的），其根本目的是实现共性技术成果的扩散与共享，如此才能使共性技术发挥最大效益，而共性技术作为研发主体的智力成果，必然希望得到对其独占权并获得由此带来的收益。

由此可见，如何化解上述矛盾有效解决上述问题，是探索建立共性技术合作研发成果知识产权制度的关键，为此给出如下建议：①共性技术合作研发成果知识产权应归属于"企业共性技术合作研发项目组"（也可表现为如基于研发成果为纽带的股份制企业等其他形式），即共有知识产权、共享收益。为避免共性技术知识产权纠纷，合作研发之前应就知识产权相关问题达成一致意见并签订书面合作协议，并将研发中的原始资料（如设计图纸）做妥善归档保管。②共性技术知识产权绝不能免费或无条件共享，否则"搭便车"行为将会泛滥，严重损害企业参与研发的积极性，应在充分考虑"共性"前提下建立共性技术知识产权制度。例如，若共性技术成果形成专利权的，有共性技术需求的企业可以与拥有知识产权的项目组进行谈判或协商，以实现共性技术的共享；若形成专有技术的，应在共享转让合同中设立"保密条款"，其中专利的保护期限可在当前的20年基础上做适当调减。③共性技术知识产权制度有赖于政府适当干预，例如，为促进其共享和扩散，政府应对共性技术知识产权拥有方做出一定补偿基础上，促使其降低共性技术转让费用等方式，促进共性技术共享与扩散，此外，对于那些特别关键的共性技术，政府可通过直接支付等方式取得其知识产权，然后成立专门机构或公司促使共性技术的共享和扩散。

总而言之，探索建立专门针对共性技术的知识产权制度，并不与共性技术共享发生根本性矛盾，知识产权的"保护"恰恰是为了更好实现共性技术的"共享"（郭晓林，2006），知识产权制度可在一定程度上缓解共性技术的供给失灵。

6.2.5 构建高效的企业共性技术合作研发组织运行机制

企业共性技术合作研发组织指为了保证共性技术被成功研发出来，如研发企业有目的、有系统地集合起来；与上述几项促进策略不同，这里主要从管理视角探讨企业共性技术合作研发形成机制的组织保障，即构建高效的组织运行机制。具体涉及两个层面的问题：一是企业合作层面的组织运行机制；二是政府支持层面的组织运行机制。无论哪个层面的组织运行机制出现何种问题，都可能影响企业共性技术合作研发形成机制的持续稳定性。

（1）企业合作研发层面的组织运行机制。当企业群体中不同的企业以共性技术需求为纽带而决定合作研发时，组织运行问题就随之产生，例如，在向政府主管部门申请共性技术项目之前，就面临共性技术项目申报书由谁写？相关费用如何分担？当项目审批下来后，项目如何以及在哪里开展？成本承担问题？如何与政府主管部门沟通？项目完成后，共性技术成果收益如何分配？项目成果如何商业化？等等，这均涉及合作研发的组织运行机制问题。为此，建议企业共性技术合作研发组织采用基于现代信息技术的虚拟企业（Virtual Enterprise）模式，借鉴包国宪和贾旭东（2005）有关虚拟企业组织的探讨，提出共性技术合作研发虚拟企业组织及其运行机制，如图6.4所示。

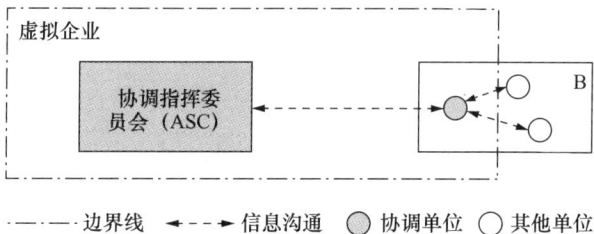

图6.4 共性技术合作研发组织的虚拟企业模式

在虚拟企业模式图6.4中，B表示共性技术合作研发参与主体，包括企业、学研方以及政府机构等。此模式运行机制为：协调指挥委员会（Alliance Steering

Committee，ASC）职能是负责虚拟企业构建、内外协调、资源整合、风险监控（如预防背叛）以及研发成果收益分配等，通过现代信息技术与参与共性技术合作研发的主体进行沟通，并主要以此方式实现其职能，ASC 可设在企业的 R&D 部门，也可设在学研方的某 R&D 中心，ASC 成员各合作方共同任命，并任命总负责人，平时通过信息技术沟通，只有在需要时负责人才各召集到一起。

（2）政府支持层面的组织运行机制。指企业共性技术合作研发项目政府主管部门，主要负责对共性技术合作研发项目的遴选审批，以及对核准立项项目的监督与控制，根据最新动态对项目进行调控等工作，并通过与 ASC 沟通实现其工作，主管部门的内部组织结构也是影响其有效运行的重要因素。如何优化或构建有效政府主管部门组织运行机制？下面结合 ATP 和 EUREKA 运行机制的经验给出如下建议。

1）制定清晰的目标和指导方针，并注重支持可快速商业化的项目。明确的目标和指导方针是组织有效运行的基本前提，而对能够快速商业化的项目进行支持，更符合企业对共性技术的诉求，一定程度上鼓励共性技术合作研发机制的形成。例如，美国国会通过《多元贸易和竞争力法案》明确了 ATP 支持共性技术的场合："能够快速将共性技术研发成果商业化的场合"；欧洲 EUREKA 实际组织运行中也倾向于支持具有商业化性质的项目。

2）应使共性技术研发项目遴选程序和标准透明化，并严格实行同行专家评议规则。遴选程序和标准的公开有利于共性技术项目的初筛，利于提高组织运行效率。为保证项目的价值性和可行性，应该邀请同行专家评议。

3）应强化企业共性技术研发主体地位，并支持有学研方参与的项目。遴选标准中加入这样的规定，利于企业为研发主体的共性技术供给模式的形成，也有利于共性技术的商业化，加速其扩散和转移。

总之，高效的研发组织运行机制是保证共性技术合作研发组织的保障，应从企业层面和政府层面同时着手。就前者而言，本书建议采用虚拟企业组织模式；而在政府层面，应注重企业共性技术合作研发项目的商业和经济价值，突出企业的研发主体地位。

6.3 案例研究：以浙江绍兴纺织业共性技术合作研发为例

选择浙江绍兴纺织业为例是因为：浙江绍兴已形成集化纤、织造、印染、服装、家纺等于一体的完整产业链，成为中国纺织生产规模最大、市场销量最多和设备最先进的全球最大的轻纺产品集散中心——中国轻纺城，在规模上具有相当的代表性；且绍兴纺织业是以产业集群为主要存在形式，印染业列我国百强产业集群与本书合作研发范围界定一致；更重要的，通过绍兴纺织业发展历程回顾发现，合作研发是绍兴纺织业共性技术研发主要模式，更是纺织业技术创新升级的着眼点与基础；因此，以浙江绍兴纺织业共性技术合作研发为例既具有规模上的代表性，又与本书的研究对象有着一定内在关联。

6.3.1 浙江绍兴纺织业发展历程概述

从20世纪80年代初期至今，共经历了六个特征较明显的阶段性发展，可称之为"六次革命"，归纳如图6.5所示。

下面对图6.5进行简单阐述：

（1）"化纤"革命（20世纪80年代初期），20世纪80年代初，绍兴企业家抓住计划经济体制下化纤原料不受限制之市场缝隙，大批乡镇企业迅速崛起，到80年代中期，绍兴年产化纤纺织品已超过亿米，绍兴以化纤为主的纺织业初成气候。

（2）"市场"革命（1988年前后），面对纺织业"流通跟不上生产"局面，1988年10月，政府牵头的柯桥轻纺市场（中国轻纺城）诞生，与此同时，纺织原料、服装以及鞋革等一批专业市场在轻纺城内及周边地区崛起，促进了纺织业的发展。

（3）"产权"革命（1993年前后），以1993年绍兴乡镇企业股份合作制产权制度改革为主要标志，产权改革激发了纺织企业的市场竞争活力，1998年的

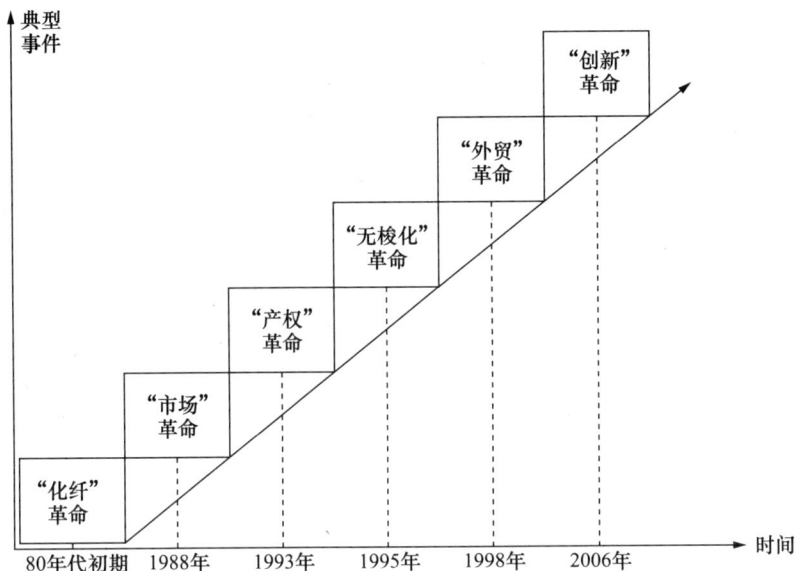

图6.5 浙江绍兴纺织业发展历程①

股份制改造进一步为绍兴经济发展注入活力。

（4）"无梭化"革命（1995年前后），从1995年起，绍兴发起一场改进设备的"无梭化"革命，到1998年实现无梭化率达到50%以上，达到当时世界发达国家水平。

（5）"外贸"革命（1998年前后），为应对东南亚金融危机影响，1998年政府推出促进自营出口的系列配套政策，随后绍兴纺织业掀起一场"外贸"革命，到2003年纺织品自营出口年均增长率超过50%，依靠该举措保持了绍兴纺织业的生机和活力。

（6）"创新"革命（2006年前后），以2006年7月28日浙江绍兴纺织业产学研战略联盟成立为标志，按照"纺织产业科技发展战略沙龙、官产学研合作创新战略平台、共性关键技术攻关战略组合"定位开展工作，为纺织业创新发展注入新活力。

---

① 根据网站 http：//info. 0575123. net/announce/2. html 及钱信军（2007）的相关研究资料整理。

绍兴纺织业的发展既有历史的印记，也有政府的支持，更有经营的智慧，更准确地说，绍兴纺织业是随着经济发展环境和政策不断发展壮大，至今已成为中国纺织产业的"标杆"。近年来，绍兴纺织业一直以创新战略驱动产业转型升级，2006年"产学研战略联盟"成立标志着绍兴纺织业技术创新以合作研发为主要模式的确立。绍兴纺织产业创新驱动发展战略的顺利实施，不可避免地会依赖产业共性技术的研发供给，因此产业共性技术合作研发也是绍兴纺织业关注的重点创新模式。

6.3.2　浙江绍兴纺织业共性技术合作研发供给研究

浙江纺织业是以产业集群形式分布的。据中国纺织工业协会统计，浙江共拥有纺织产业集群31个，占全国纺织产业集群总数近1/3；其中绍兴轻纺、绍兴印染等绍兴纺织产业集群还入选我国百强产业集群。在此背景下，共性技术研发供给显得更加重要，下面分析绍兴业共性技术合作研发供给的做法与经验。

（1）政府持续支持是绍兴纺织业共性技术研发的基本推力。为了激励企业进行共性技术研发，绍兴市政府及有关部门通过增加科技经费、税费减免、知识产权保护等七方面优惠措施给予支持；为了攻克关键共性技术，绍兴市政府还专门制定《绍兴纺织产业重大科技专项试点实施方案》，计划投入6000万元，为30项纺织关键共性技术攻关提供资金支持，资助基金从2002年1.43亿元速增至2009年的5.9亿元；此外，绍兴县还在2010年划拨1000万元科技攻关专项资金，围绕大纺织产业、五大优势产业、三大新兴产业转型升级共性技术、新兴高新技术研发及产业化等展开科技攻关；此外，政府通过出台系列政策支持共性技术研发，例如，从2003年开始绍兴市政府先后制定《科技型企业培育发展规划纲要》《科技型企业认定办法实施细则》《关于推进科技创新加快培育科技型企业的若干政策意见》等10多个扶持共性技术研发的政策性文件；政府还通过支持集群创新项目把更多政策从大企业向大批中小企业倾斜，鼓励中小企业以共性技术为载体，根据自身需求和优势进行后续技术研发，此举极大激发了企业共性技术研发创新积极性。

（2）发挥创新平台作用是绍兴纺织业共性技术研发关键动力。目前，绍兴市已经建立国家级生产力促进中心 1 个，省级高新技术研发中心 35 个，省级区域科技创新服务中心 6 个，市级工程技术开发中心 78 个，市级区域科技创新服务中心 19 个，市级企业科技园 22 个，成为共性技术研发供给主要平台，也是共性技术商业化的基础。更重要的是，2006 年 7 月 28 日浙江绍兴纺织产学研战略联盟的成立，使共性技术研发促进作用得到进一步加强，通过发挥联盟的服务型公共平台、产学研合作与交流平台、资源共享平台等平台作用促进绍兴纺织业共性技术研发。据不完全统计，2006 年联盟内 22 家成员企业就新上国家、省级各类科技项目达 70 多项，争取经费 1700 多万元，产学研合作经费投入 4000 多万元，申请专利近 400 项，足以说明创新平台的作用；又如，联盟建立了一个比较完善的纺织类科技合作项目库和专家资料信息库，为联盟成员提供最新、最全的科技成果转化信息和纺织行业专家资料，为真正实现资源共享奠定基础。

（3）以合作研发为共性技术研发的主要模式，企业研发主体地位初显。为充分利用大学及科研机构基础性研发优势，绍兴市通过"政府搭台、企业唱戏"，使很多纺织企业与高校及科研机构建立了产学研合作关系；由 10 家纺织科技类知名高校院所、绍兴市 22 家省级以上高新技术企业以及 3 个政府机构组成浙江绍兴纺织产学研战略联盟，该联盟的成立及其平台作用也决定了合作研发必将成为今后绍兴纺织业共性技术研发供给的主要模式；此外，还出现企业主动研发共性技术现象，例如，对于绍兴纺织产业关键共性技术，大型纺织企业或企业集团根据自身发展需要组建共性技术攻关小组，借助企业自己的研发机构以及通过高校院所委托研发，对纺机关键共性技术进行联合攻关；针对需求较为迫切的关键共性技术，中小企业也积极参与龙头企业共性技术研发的部分环节，并与中国纺织科学研究院、东华大学等进行合作研发；越来越多的企业注重科技创新竞争优势，更加注重共性技术的商业化及技术知识产权保护，以绍兴县为例，2009 年 1～4 月，全县专利申请 1857 件，同比增长 116%，其中发明专利达 44 件，主要涉及服装加工技术及装备等多项，有力推动了纺织产业的转型升级。

6.3.3 案例研究结果与启示

通过上述案例研究可知：①政府支持、学研方参与以及创新平台在绍兴纺织业共性技术研发供给中发挥着重要作用，也说明政府主导的共性技术供给模式仍然占据重要地位；②以合作研发为主的共性技术供给模式，预示着共性技术合作研发供给模式具有现实可行性。

绍兴纺织业案例研究结果也验证了依据演化博弈模型分析提出的企业共性技术合作研发机制概念模型描述的部分内容，即命题4.9（1）、命题5.3（1）、命题5.7（1）（a）和命题5.7（2）（a）以及命题5.9的相关内容，即强调政府和学研方支持的重要作用以及创新平台对共性技术合作研发作用等。与此同时，一定程度验证了根据概念模型提出的促进共性技术合作研发机制形成策略的合理性。还说明了企业共性技术合作研发形成机制具有现实土壤和实际意义。

本书提出的企业共性技术合作研发形成机制概念模型具有一定的合理性，据此得出的促进合作研发机制形成策略也具有一定现实意义。政府、学研方及企业都可以此为指导合力促成共性技术合作研发供给模式，只要操作得当，以企业为主体的合作研发供给模式可成为现有模式的重要补充，更可成为缓解共性技术供给不足和失灵的另一种模式选择，为我国产业技术转型升级以及国家经济繁荣做出贡献。

6.4　本章小结

本章提出企业共性技术合作研发形成机制概念模型，并进行了较详细的阐述；根据概念模型并结合国内外共性技术研发案例提出促进共性技术合作研发策略；并选择浙江绍兴纺织业共性技术合作研发进行个案研究，进一步检验企业共性技术合作研发形成机制以及促进共性技术合作研发建议的合理性。

7 总结与展望

通过演化博弈建模和数值模拟，本书首先分析了企业选择研发共性技术还是专用技术的决策问题；其次考察了有无政府和学研方参与、企业对共性技术需求迫切程度异同及考虑预期背叛下共性技术合作研发的动态演化过程；最后分析多企业共性技术合作研发系统的演化动态。通过讨论研究，旨在为我国形成共性技术合作研发供给模式提供有益启示和理论依据。本章将对本书研究做全面的总结，指出研究创新点和不足之外，并指出进一步研究的方向。

7.1 主要研究结论

综合研究和分析，本书主要研究结论如下：

（1）共性技术的外部性在供应商技术研发决策中扮演关键角色，研发损益参数对演化均衡位置有显著影响；共性技术后续商业转化难度对供应商研发策略选择的影响依共性技术外部性强弱而定；政府对共性技术的支持激励着供应商选择共性技术研发策略，利于缓解共性技术外部性和技术转化难度的不利影响。

（2）信息搜集与分析成本是企业共性技术合作研发机制能否形成的重要影响参数，只有信息成本足够小，合作研发机制才能够形成。为了促进共性技术合作研发机制形成，要求管理部门搭建企业间合作沟通与互动平台。

（3）政府和学研方的支持对共性技术合作研发机制形成具有积极作用。政府应重视技术支持而非简单的资金扶持，同时应激发学研方参与的积极性。

（4）共性技术对企业越重要或企业的需求越迫切，企业越有可能选择合作研发策略，对共性技术的需求是合作研发机制形成的重要前提。然而，若博弈双方对共性技术需求迫切程度存在差异那种情形，这种差距越大越不利于共性技术合作研发机制的形成。因此，鼓励对共性技术有迫切需的企业进行合作研发是明智之举。

（5）合作研发成功率越高越有利于共性技术合作研发机制的形成。当博弈双方研发实力存在差异时，实力较强一方研发能力既定，则企业间研发实力差距越大，越不利于企业共性技术合作研发机制的形成。具备一定研发实力且合作双方实力差异不是很大时，更利于合作研发机制的形成。

（6）共性技术被模仿和复制难度对企业选择合作研发策略具有显著正向影响，若共性技术本身被模仿和复制难度加大，"搭便车"者就不能够轻易得逞，因此建立共性技术知识产权制度是必要的。

（7）企业共性技术合作研发机制与企业决策准确率、共性技术研发支付预期增加额呈正相关关系，而与预期背叛引致的损失负相关。而合作研发成本分享系数降低不利于共性技术合作研发机制的形成，这意味着平等互惠是企业共性技术合作研发机制得以形成的重要前提。

（8）企业群体规模的减少和收益成本比的增加有利于合作研发机制的形成，企业对共性技术的迫切需求可通过放大其损益使企业倾向于选择合作研发策略，在一定程度上有利于抵消企业规模对合作研发机制形成的抑制作用。

（9）分析表明，除具有不考虑企业数量限制特征外，稳定均衡点的吸引盆规模随着企业临界值增大而变大；外部力量的支持及共性技术被模仿难度对系统有较大的影响，随着两者的增大，系统演化由 U 型逐渐向着 L 形演化，稳定均衡点的吸引盆规模随之增大，合作研发机制形成的概率也增加。

7.2 局限及创新之处

7.2.1 主要创新

本书对共性技术进行了专门研究，尝试将演化博弈论应用于产业共性技术研发领域，着重分析共性技术合作研发氛围的形成，不同情形下共性技术合作研发系统的动态演化，并将多人雪堆博弈应用于多企业共性技术合作研发形成机制的研究，辅之以案例为博弈模型分析结果和共性技术合作研发的促进策略提供现实支持。本书弥补了现有研究对以企业为主体的共性技术合作研发供给模式关注不足的缺憾，主要创新点如下：

（1）系统研究了不同情形下企业共性技术合作研发机制形成的演化机理。根据模型得出信息成本足够小共性技术合作研发机制才能形成、政府对共性技术研发技术本身的支持更利于合作研发机制的形成等研究成果。根据结论并结合国内外案例研究给出了促进合作研发机制形成策略，对于推进共性技术研究及合作研发实践均有一定的价值。

（2）对多人演化雪堆博弈模型进行了改进，并将改进的模型成功应用于多企业共性技术合作研发机制形成演化研究。具体地，将时间成本引入现有多人雪堆博弈模型（NESG）以实现对其改进，并将改进后的多人演化雪堆博弈模型（GNSG）成功运用于多企业间共性技术合作研发的研究，并考虑群体规模变化对多企业共性技术合作研发演化的影响，得出一些有益于实践的结论。通过研究，实现了对现有多人雪堆博弈模型的改进，使其更贴近现实，将其应用于共性技术研发领域，拓宽了其应用范围；重要的是通过成功的应用改进后的 GNSG 模型来研究多企业共性技术合作研发问题，既为多企业共性技术研发研究提供了新的研究视角和工具，也为后续研究提供了基础。

（3）明确提出企业共性技术合作研发形成机制概念模型，提出促进共性技术合作研发机制形成策略，并提出和讨论了企业共性技术合作研发氛围基本概念和机理。在模型分析基础上，提出企业共性技术合作研发形成机制逻辑概念框架；据此，从建设创新平台、建立专项计划、继续发挥政府作用、建立知识产权制度以及打造高效组织运行机制等方面提出促进企业共性技术合作研发机制形成策略建议，并通过国内外共性技术研发实例进行验证，具有重要实践价值；对企业共性技术合作研发氛围及形成机理进行了初步研究，指出直接互惠与间接互惠是共性技术合作研发氛围形成的两种基本动力机制，为进一步研究指明了方向。

7.2.2　研究局限

本书尝试运用演化博弈论从微观上分析企业共性技术合作研发形成机制，尽管做了大量的研究工作并取得了一些成果。但是，所建立的共性技术合作研发博弈模型仍显粗糙，建模部分假设要求较高，还有许多可进一步研究和完善之处。

（1）企业共性技术合作研发策略可更丰富。本书企业研发策略包括辨别合作和不合作两种，为了更细致地对企业共性技术合作研发微观形成机制进行考察，进一步的研究可探索建立两人三策略或三人三策略博弈模型，如可引入一种单纯合作策略，这具有相当挑战性，但研究意义巨大。

（2）共性技术合作研发氛围形成机理研究有待进一步深入。本书基于互惠理论提出了共性技术合作研发氛围形成机理，通过演化博弈建模进行分析，并得出一些结论。然而，由于对合作研发氛围建模属于初步探索，故而模型分析仍显浅薄。

（3）多企业共性技术合作研发研究在全混合群体下展开，而现实中企业更多是异质企业间的互动博弈，随着计算机技术发展以及网络博弈在经济管理领域应用的增多，可进一步在复杂网络背景下展开，如此更接近企业共性技术合作研发实际情况。

本书仅仅就共性技术合作研发形成机制进行了研究，鉴于共性技术对区域乃至国家经济繁荣的重要性，未来展开更深入的研究。

7.3　研究方向

本书关注的核心是共性技术合作研发的持续稳定问题，即如何形成使合作研发持续稳定的机制，回答企业共性技术合作研发形成机制及其影响，以及促进合作研发机制形成的策略。对企业共性技术合作研发行为及其持续性产生重要影响的根本在于共性技术合作研发氛围的好坏，糟糕的研发氛围会弱化甚至扼杀企业选择共性技术合作研发策略积极性，而良好的研发氛围有利于激发企业合作研发行为。共性技术合作研发氛围如何界定？受哪些因素的影响？有益于合作行为产生的共性技术合作研发氛围如何形成？如何通过演化博弈建模对上述问题进行分析和解答是未来需要进一步深入研究的方向。

参考文献

[1] ［美］乔治·泰奇. 研究与开发政策的经济学[M]. 苏竣，柏杰译. 北京：清华大学出版社，2002：89-100.

[2] ［美］詹姆斯·M. 布坎. 民主财政论[M]. 穆怀朋译. 北京：商务印书馆，1993：20-30.

[3] 包国宪，贾旭东. 虚拟企业的组织结构研究[J]. 中国工业经济，2005（10）：96-103.

[4] 鲍健强，胡平，陈玉瑞，项淅学. 共性技术（GT）与区域性科技创新体系研究[J]. 浙江工业大学学报（哲学社会科学版），2004，3（1）：1-6，12.

[5] 操龙灿，杨善林. 产业共性技术创新体系建设的研究[J]. 中国软科学，2005（11）：77-82.

[6] 陈宝明. 产业技术联盟：性质、作用与政府支持[J]. 中国科技论坛，2007（7）：34-37.

[7] 陈柳钦. 产业集群、技术创新与技术创新扩散[J]. 武汉科技大学学报（哲学社会科学版），2007，9（5）：450-454，459.

[8] 陈旭. 基于产业集群的技术创新研究[D]. 电子科技大学博士学位论文，2007.

[9] 陈学梅，孟卫东，胡大江. 国际合资企业中机会主义行为的演化博弈[J]. 系统工程理论与实践，2009，29（2）：53-62.

[10] 崔勋，张义明，瞿皎姣. 劳动关系氛围和员工工作满意度：组织承诺的调节作用[J]. 南开管理评论，2012，15（2）：19-30.

[11] 戴园园，梅强. 我国高新技术企业技术创新模式选择研究——基于演

化博弈的视角[J].科研管理,2013,34(1):2-10.

[12] 邓鳞波.供应商研发决策研究[D].重庆大学博士学位论文,2014.

[13] 刁丽琳.合作创新中知识窃取和保护的演化博弈研究[J].科学学研究,2012,30(5):721-728.

[14] 丁青艳.复杂网络结构下供应链企业间合作关系研究[D].北京交通大学博士学位论文,2012.

[15] 方福前,张平.论政府因何和如何参与共性技术研发[J].财贸经济,2008(10):88-94,109.

[16] 冯杰,黄力伟,王勤,尹成义.数学建模原理与案例[M].北京:科学出版社,2007:51-53.

[17] 付刚.奥尔森集体行动理论研究[D].吉林大学博士学位论文,2011.

[18] 付敬.企业共性技术创新、吸收能力及其对创新绩效的影响研究[D].华南理工大学博士学位论文,2013.

[19] 付启敏,刘伟.供应链企业间合作创新的联合投资决策:基于技术不确定性的分析[J].管理工程学报,2011,25(3):172-177.

[20] 高佳.基于复杂网络的合作演化动力学研究[D].西安电子科技大学博士学位论文,2012.

[21] 谷慎,张俊,邓旭萍.双重二元结构下化解西部农村融资难的对策——基于演化博弈理论的研究[J].当代经济科学,2011,33(1):33-39,125.

[22] 顾远东,彭纪生.组织创新氛围对员工创新行为的影响:创新自我效能感的中介作用[J].南开管理评论,2010(1):30-41.

[23] 郭本海,方志耕,刘卿.基于演化博弈的区域高耗能产业退出机制研究[J].中国管理科学,2012,12(4):79-85.

[24] 郭晓林.产业共性技术创新体系及共享机制研究[J].华中科技大学博士学位论文,2006.

[25] 胡林浪.产业共性技术研发投资合作机制研究[J].华侨大学硕士学位论文,2009.

[26] 胡林浪. 中国共性技术研发投资市场化问题研究[J]. 市场周刊·理论研究，2008（4）：50－51.

[27] 胡艳果. 产业集群共性技术供给研究——基于浙江永康五金产业集群的分析[J]. 浙江工业大学硕士学位论文，2005.

[28] 黄鲁成，张静. 基于专利分析的产业共性技术识别方法研究[J]. 科学学与科学技术管理，2014，35（4）：80－86.

[29] 黄敏镁. 基于演化博弈的供应链协同产品开发合作机制研究[J]. 中国管理科学，2010，6（18）：155－162.

[30] 黄少安，韦倩. 合作行为与合作经济学：一个理论分析框架[J]. 经济理论与经济管理，2011a（2）：5－16.

[31] 黄少安，韦倩. 合作行为与合作经济学：一个理论分析框架[J]. 经济研究，2011b（2）：52－64.

[32] 黄少安，张苏. 人类的合作及其演进研究[J]. 中国社会科学，2013（7）：77－89.

[33] 黄玮强，庄新田，姚爽. 企业创新网络的自组织演化模型[J]. 科学学研究，2009，27（5）：793－800.

[34] 贾晓璇. 简论公共产品理论的演变[J]. 山西师范大学学报（哲学社会科学版），2008，38：31－33.

[35] 贾愚，张三峰. 产业成长视角的乳业质量演化博弈分析——演化方向、速度与创新策略[J]. 软科学，2013，27（12）：11－16.

[36] 蒋春燕. 中国新兴企业自主创新陷阱突破路径分析[J]. 管理科学学报，2011，14（4）：36－49.

[37] 蒋文能. 搭便车、集体行动与国家兴衰——奥尔森集体行动理论述评[J]. 学术论坛，2009（11）：75－79.

[38] 李纪珍，邓衢文. 产业共性技术供给和扩散的多重失灵[J]. 科学学与科学技术管理，2011，32（7）：5－10.

[39] 李纪珍，邓衢文. 产业共性技术供给和扩散的多重失灵[J]. 科学学与科学技术管理，2011，32（7）：5－10.

[40] 李纪珍. 产业共性技术：概念、分类与制度供给[J]. 中国科技论坛，2006（3）：45-47，55.

[41] 李纪珍. 产业共性技术发展的政府作用研究[J]. 技术经济，2005（9）：19-22.

[42] 李纪珍. 产业共性技术供给体系[M]. 北京：中国金融出版社，2004.

[43] 李纪珍. 产业共性技术供给体系研究[D]. 清华大学博士学位论文，2002.

[44] 李纪珍. 共性技术供给与扩散的模式选择[J]. 科学学与科学技术管理，2011，32（10）：5-12.

[45] 李立群，王礼力. 知识资源、组织氛围与农业企业经营绩效关系研究[J]. 统计与信息论坛，2014，29（5）：61-65.

[46] 李随成，禹文钢. 制造商对供应商长期导向的前因作用机理研究[J]. 管理科学，2011，24（6）：79-92.

[47] 李薇，邱有梅. 基于纵向合作的技术标准研发决策分析[J]. 软科学，2013，27（6）：48-52.

[48] 李晓冰. 产业集群企业共性技术合作供给行为研究——基于公共物品演化博弈模型[D]. 杭州电子科技大学硕士学位论文，2012.

[49] 李星北，齐二石. 考虑溢出效应的供应链合作创新演化博弈分析[J]. 北京交通大学学报（哲学社会科学版），2014，13（2）：8-14.

[50] 梁益琳. 创新型中小企业成长、融资约束与信贷策略研究[J]. 山东大学博士学位论文，2012.

[51] 刘金芳，徐枞巍，高波. 供应链整合创新的演化博弈分析[J]. 系统工程，2011，29（8）：8-13.

[52] 刘良灿，张同健. 组织隐性知识转移的演化博弈——基于互惠性企业环境[J]. 技术经济与管理研究，2011（2）：38-41.

[53] 刘满凤，石光宁. 产业共性技术"市场失灵"的经济学分析[J]. 科技进步与对策，2007（12）：69-71.

[54] 刘伟，邓鳞波. 共性技术 VS 专用性技术：基于三阶段非合作博弈的

供应商研发决策[J].管理工程学报,2011,25(4):158-162,221.

[55] 柳卸林.创新驱动需要系统谋划[N].经济日报,2013-04-16.

[56] 陆立军,赵永刚.基于产业共性技术创新视阈的产业集群升级研究[J].科技进步与对策,2012,29(11):50-53.

[57] 栾春娟.战略性新兴产业共性技术测度指标研究[J].科学学与科学技术管理,2012,33(2):11-16.

[58] 罗芳,王琦.产业集群的涌现性与产业集群共性技术创新体系研究[J].现代情报,2006,11(11):178-180.

[59] 罗瑾琏,张波,钟竞.认知风格与组织氛围感知交互作用下的员工创造力研究[J].科学学与科学技术管理,2013,34(2):144-151.

[60] 罗军.基于复杂社会网络的企业员工知识分享行为研究[D].重庆大学博士学位论文,2013.

[61] 罗小芳,李柏洲.企业原始创新产学研合作模式的选择——两种模式选择的演化博弈分析[J].软科学,2014,28(8):1-6.

[62] 马名杰.共性技术的内涵与评判标准[R].国务院发展研究中心调查研究报告(第153号),2004:102-118.

[63] 马名杰.政府支持共性技术研究的一般规律与组织[J].中国制造业信息化,2005(7):14-16.

[64] 马旭东.演化博弈论在制度变迁研究中的适用性分析[J].中央财经大学学报,2010(3):78-82.

[65] 曼瑟尔·奥尔森.集体行动的逻辑[M].陈郁,郭宇峰,李崇新译.上海:上海人民出版社,1994:96-97.

[66] 孟卫东,邱冬阳,赵世海.网络外部性下基于溢出效应的供应链合作研发模型[J].系统管理学报,2011,20(6):670-676.

[67] 欧瑞秋.网络博弈视角下的中国汽车企业对抗互动研究[D].华南理工大学博士学位论文,2010.

[68] 钱信军.绍兴:纺织产学研联盟"六管齐下"促创新[J].今日科技,2007(3):24-25.

［69］青木昌彦，彦奥野正宽．经济体制的比较制度分析（修订版）［M］．魏加宁等译．北京：中国发展出版社，2005．

［70］盛昭瀚，蒋德鹏．演化经济学［M］．上海：上海三联书店，2002．

［71］孙鳌．政府在产业集群共性技术供给中的作用［J］．南方经济，2005（5）：40－42．

［72］孙福全，李纪珍．如何促进我国产业共性技术的研发［J］．中国科技论坛，2006（5）：3－7．

［73］孙福全，彭春燕．产业共性技术研发组织模式与运行机制［J］．太原科技，2009（10）：1－4．

［74］孙晓华，郑辉．水平溢出，垂直溢出与合作研发［J］．系统工程学报，2012（1）：79－87．

［75］田国强．现代经济学的基本分析框架与研究方法［J］．经济研究，2005（2）：113－125．

［76］田宵依．基于无标度网络理论的共性技术创新网络研究［D］．中国科学技术大学硕士学位论文，2011．

［77］汪少华，佳蕾．浙江省企业集群成长与创新模式研究［J］．科研管理，2003（1）：129－133．

［78］王庆．论产业共性技术的合作研发机制［J］．东北大学硕士学位论文，2008．

［79］王先亮．体育用品共性技术创新与应用研究［D］．山东大学博士学位论文，2014．

［80］王子龙，许箫迪．政产学研协同创新的演化博弈分析［J］．科技与经济，2013，26（4）：16－20，35．

［81］魏永莲，唐五湘．共性技术筛选指标体系及模型研究［J］．科技管理研究，2009（4）：46－48．

［82］邬爱其．全球化下我国集群企业的合作关系演变［J］．科学学研究，2006，24（3）：374－380．

［83］吴建南，李怀祖．技术基础设施研究进展［J］．科研管理，1999，20

（1）：61 -67.

[84] 吴进. 基于义本分析的我国产业共性技术创新政策研究[D]. 华南理工大学硕士学位论文，2013.

[85] 吴强，张卫国. 大规模群体只是共享氛围形成机理研究——以间接互惠为视角[J]. 科技进步与对策，2014，31（5）：132 -136.

[86] 吴勇，陈通. 信息泄漏情形下企业研发决策行为[J]. 系统工程，2011，29（4）：114 -116.

[87] 项浙学，陈玉瑞. 论共性技术[J]. 浙江工业大学学报（哲学社会科学版），2003（6）：1 -4.

[88] 肖阿妮. 产业共性技术 R&D 合作组织形式及其运行机制研究[D]. 重庆大学硕士学位论文，2011.

[89] 谢识予. 经济博弈论（第二版）[M]. 上海：复旦大学出版社，2002：234.

[90] 谢识予. 经济博弈论（第二版）[M]. 上海：复旦大学出版社，2002：4.

[91] 谢识予. 经济博弈论（第三版）[M]. 上海：复旦大学出版社，2010：208 -249.

[92] 谢识予. 有限理性条件下的演化博弈理论[J]. 上海财经大学学报，2001，3（5）：3 -9.

[93] 徐冠华. 在全国 CAD/CIMS 应用工作会议上的讲话［R］.1999：12 -16.

[94] 许民利，王俏，欧阳林寒. 食品供应链中质量投入的演化博弈分析[J]. 中国管理科学，2012，20（5）：136 -141.

[95] 许肖瑜，周德群. 基于演化博弈的新兴产业进入问题研究[J]. 技术与创新管理，2008（11）：600 -606.

[96] 薛捷，张振刚. 国外产业共性技术创新平台建设的经验分析及其对我国的启示[J]. 科学学与科学技术管理，2006（12）：87 -92.

[97] 闫龙飞. 我国准公共品多元化供给研究[D]. 西南财经大学博士学位论

文，2012.

[98] 杨德勇，董左卉子．证券市场羊群效应的演化博弈分析[J]．北京工商大学学报（哲学社会科学版），2007，22（4）：21－26.

[99] 杨建君，聂菁．寡头垄断企业技术创新技术选择[J]．科学学与科学技术管理，2009（11）：94－99.

[100] 杨静，季晓芬，柳小芳，宝贡敏．国外知识共享氛围理论研究述评[J]．科学学与科学技术管理，2008（4）：122－115.

[101] 杨勇．企业的合作演化理论、模型及经验研究[D]．湖南大学博士学位论文，2009.

[102] 叶萌．欧洲、美国和日本典型产业共性技术供给模式分析[D]．华中科技大学硕士学位论文，2006.

[103] 易余胤，肖条军，盛昭瀚．合作研发中机会主义行为的演化博弈分析[J]．管理科学学报，2005，8（4）：80－86.

[104] 易余胤．基于演化博弈论的企业合作与背叛行为研究[M]．北京：经济科学出版社，2009.

[105] 殷辉．基于演化博弈理论的产学研合作形成机制的研究[D]．浙江大学博士学位论文，2014.

[106] 于斌斌，陆立军．产业集群共性技术供给机理研究——以绍兴纺织产业集群为例[J]．科研管理，2012，33（5）：132－138.

[107] 于成永，施建军．研发模式选择及其对创新绩效的影响：一个研究综述[J]．经济管理，2006（19）：6－11.

[108] 于全辉．基于有限理性假设的行为经济学分析[J]．经济问题探讨，2006（7）：20－23.

[109] 于同奎．间接互惠、有成本惩罚和社会合作的演化[D]．北京师范大学博士学位论文，2011.

[110] 于晓勇，尚赞娣，李金林．基于技术预见德尔菲调查的共性技术课题选择方法研究[J]．数学实践与认识，2011，41（4）：65－68.

[111] 虞锡君．产业集群内关键共性技术的选择——以浙江为例[J]．科研

管理，2006，27（1）：80－84.

[112] 张良桥，冯从义. 理性与有限理性：论经典博弈理论与进化博弈理论之关系[J]. 世界经济，2001（8）：74－78.

[113] 张良桥. 进化稳定均衡与纳什均衡兼谈进化博弈理论的发展[J]. 经济科学，2001（3）：103－111.

[114] 张良桥. 论进化稳定策略[J]. 经济评论，2003（2）：37－42.

[115] 张路，王浣尘，陈忠. 合作进化的研究进展[J]. 上海交通大学学报，1999，33（10）：1322－1328.

[116] 张梦龙. 基于公共物品属性视角的铁路改革结构特性研究[D]. 北京交通大学博士学位论文，2014.

[117] 张琼妮. 网络环境下区域协同创新平台模式与机制及政策研究[J]. 浙江工商大学博士学位论文，2014.

[118] 张芮. 创新氛围、知识二元性与服务创新关系研究[D]. 浙江工商大学博士学位论文，2014.

[119] 张维迎. 博弈论与信息经济学[M]. 上海：上海三联书店、上海人民出版社，1996.

[120] 张卫国，李江. 基于演化博弈的产学研合作稳定性分析[J]. 技术经济与管理研究，2009（5）：25－27.

[121] 张芷芬. 微分方程定性理论[M]. 北京：科学出版社，1985.

[122] 张治栋，张淑欣. 产业共性技术政府支持性研究[J]. 经济与管理，2013，27（3）：92－96.

[123] 赵鼎新. 社会与政治运动讲义[M]. 北京：社会科学文献出版社，2006：157.

[124] 赵佩华. 基于演化博弈理论的跨国公司技术转让策略研究[D]. 华南理工大学博士学位论文，2009.

[125] 赵昱. 创新资源国际流动格局、过程及对中国自主创新的影响[D]. 华东师范大学博士学位论文，2014.

[126] 郑成思. 知识产权保护实务全书[M]. 北京：中国言实出版社，

1995：11.

［127］郑月龙，张卫国. 新城镇化下新能源投融资机制的演化博弈研究［J］. 重庆大学学报（哲学社会科学版），2014，20（2）：15 - 24.

［128］郑月龙，张卫国. 中小企业团体贷款中违约行为的演化博弈分析［J］. 系统工程，2016，34（5）：8 - 14.

［129］朱鑫榕. 考虑水平溢出时下游企业合作研发的价格策略分析［J］. 经济问题，2013（11）：100 - 103.

［130］朱智贤. 心理学大辞典［M］. 北京：北京师范大学出版社，1989.

［131］Taylor P. , Jonker L. Evolutionarily Stable Strategy and Game Dynamics［J］. Mathematical Biosciences，1978（40）：145 - 156.

［132］Alchian A. A. Uncertainty，Evolution and Economic Theory［J］. The Journal of Political Economy，1950，58（3）：211 - 222.

［133］Alexander R. D. The Biology of Moral Systems［M］. New York：Aldine de Gruyter，1987.

［134］Archibugi D. Innovation Policy in Global Economy［M］. U. K：Cambridge University Press，1999.

［135］Argyle M. Cooperation：The Basis of Sociability［M］. London：Routledge，1991.

［136］Axelrod R. , Hamilton W. D. The Evolution of Cooperation［J］. Science，1981（211）：1390 - 1396.

［137］Axelrod R. The Complexity of Cooperation［M］. Princeton：Princeton University Press，1998.

［138］Barabási A. L. , Albert R. Emergence of Scaling in Random Networks［J］. Science，1999，286（5439）：509 - 512.

［139］Barker R. Explorations in Ecological Psychology［J］. American Psychologist，1965，20（1）：1 - 14.

［140］Basu K. Civil Institutions and Evolution：Concepts，Critique and Models［J］. Journal of Development Economics，1995（46）：19 - 33.

［141］ Binmore K. Game Theory and the Social Contract ［M］. The MIT Press Cambridge, Massachusetts London, England, 1994.

［142］ Blyton P. , Dastmalchian A. , Adamson R. Developing the Concept of Industrial Relations Climate ［J］. The Journal of Industrial Relations, 1987, 29 (2): 207 – 216.

［143］ Boyd R. P. , Richerson J. The Evolution of Reciprocity in Sizable Groups ［J］. Journal of Theoretical Biology, 1988, 132 (3): 337 – 356.

［144］ Brandt H. , Hauert C. , Sigmund K. Punishing and Abstaining for Public Goods ［J］. Proc Natl Acad Sci U S A, 2006, 103 (2): 495 – 497.

［145］ Brandt H. , Hauert C. , Sigmund K. Punishment and Reputation in Spatial Public Goods Games ［J］. Proc Biol Sci, 2003, 270 (1519): 1099 – 1104.

［146］ Bresnahan T. F. , Trajtenberg M. General Purpose Technologies: "Engines of Growth?" ［J］. Journal of Econometrics, 1995, 65 (1): 83 – 108.

［147］ Brock T. C. Cooperation between Non – kin Animal Societies ［J］. Nature, 2007 (462): 51 – 57.

［148］ Carayol N. , Roux P. Self – organizing Innovation Networks: When Do Small Worlds Emerge? ［J］. European Journal of Economic and Social Systems, 2005, 18 (2): 307 – 332.

［149］ Clements K. C. , Stephens D. W. Testing Models of Non – kin Cooperation: Mutualism and the Prisoner's Dilemma ［J］. Animal Behavior, 1995 (50): 527 – 535.

［150］ Cowen T. , Kroszner R. The Development of the New Monetary Economics ［J］. Journal of Political Economics, 1987 (95): 567 – 590.

［151］ Cressman R. Evolutionary Game Theory with Two Groups of Individuals ［J］. Games and Economic Behavior, 1995 (11): 237 – 253.

［152］ Cressman R. The Stability Concept of Evolutionary Game Theory: A Dynamic Approach ［M］. Berlin Heidelberg: Springer – Verlag, 1992: 14 – 17.

［153］ Darwin C. On the Origin of Species ［M］. London: John Murray, 1859.

[154] de Quervain D. J, Fischbacher U. , Treyer V. , Schellhammer M. , Schnyder U. , Buck A. , Fehr E. The Neural Basis of Altruistic Punishment [J]. Science, 2004, 305 (5688): 1254 – 1258.

[155] Dmiitriou L. , Tsekeris T. Evolutionary Game – theoretic Model for Dynamic Congestion Pricing in Multi – class Traffic Networks [J]. Netnomics, 2009 (10): 103 – 121.

[156] Doebeli M. , Hauert C. , Killingback T. The Evolutionary Origin of Cooperators and Defectors [J]. Science, 2004 (306): 859 – 862.

[157] Dreber A. , Rand D. G. , Fudenberg D. , Nowak M. A. Winners Don't Punish [J]. Nature, 2008, 452 (7185): 348 – 351.

[158] Dugatkin L. A. Cooperation among Animals: An Evolutionary Perspective [M]. Oxford: Oxford University Press, 1997.

[159] Egas M. , Riedl Ahe Economics of Altruistic Punishment and the Maintenance of Cooperation [J]. Proceedings of the Royal Society B: Biological Sciences, 2008, 275 (1637): 871 – 878.

[160] Faems D. , Van Looy B. , Debackere K. Interorganizational Collaboration and Innovation: Toward a Portfolio Approach [J]. Journal of Product Innovation Management, 2005, 22 (2): 238 – 250.

[161] Fehr E. Human Behaviour: Don't Lose Your Reputation [J]. Nature, 2004, 432 (7016): 449 – 450.

[162] Fiegna F. , Yu Y. T. N. , Kadam S. V. et al. Evolution of an Obligate Social Cheater to a Superior Cooperator [J]. Nature, 2006 (441): 310 – 314.

[163] Fowler J. H. Altruistic Punishment and the Origin of Cooperation [J]. Proc Natl Acad Sci U S A, 2005, 102 (19): 7047 – 7049.

[164] Freidman D. , Fung K. C. Intemational Trate and the Iternal Organization of Firm: An Evollutionary Approch [J]. Journal of lnternational Economics, 1996 (41): 113 – 137.

[165] Friedman D. Evolutionary Games in Economics [J]. Econometrics, 1991,

59 (3): 637 – 666.

[166] Friedman D. On Economic Applications of Evolutionary Game Theory [J]. Journal of Evolutionary Economics, 1998 (8): 15 – 43.

[167] Gadde L. E., Snehota I. Making the Most of Supplier Relationships [J]. Industrial Marketing Management, 2000, 29 (4): 305 – 316.

[168] Galbiati R., Vertova P. Obligations and Cooperative Behaviour in Public Good Games [J]. Games and Economic Behavior, 2008, 64 (1): 146 – 170.

[169] Galeotti A., Goyal S., Jackson M. O., Vega – Redondo F., Yariv L. Network Games [J]. The Review of Economic Studies, 2010, 77 (1): 218 – 244.

[170] Garay J., Varga Z. Strict ESS for N – species Systems [J]. Bio Systems, 2000 (56): 131 – 137.

[171] Gokhale C. S., Traulsen A. Evolutionary Games in the Multiverse [J]. Proceedings of the National Academy of Sciences of the United States of America, 2010, 107 (12): 5500 – 5504.

[172] Gomez – Gardenes J., Campillo M., Floria L. M., Moreno Y. Dynamical Organization of Cooperation in Complex Topologies [J]. Phys. Rev. Lett. 2007, 98 (10).

[173] Guth W., Mengerl F., Ockenfels A. An Evolutionary Analysis of Buyer Insurance and Seller Reputation in Online Markets [J]. Theory and Decision, 2007 (63): 265 – 282.

[174] Gächter S., Falk A. Work Motivation, Institutions, and Performance [A]. Institute for Empirical Research in Economics, Blümlisalpstr, 2000: 1 – 24.

[175] Hardin G. The Tragedy of the Commons [J]. Science, 1968, 162 (3859): 1243 – 1248.

[176] Hasnas I., Lambertini L., Palestini A. Open Innovation in a Dynamic Cournot Duopoly [J]. Economic Modelling, 2014 (36): 79 – 87.

[177] Hauert C., Doebeli M. Spatial Structure of often Inhibits the Evolution of Cooperation in the Snowdrift Game [J]. Nature, 2004, 428 (6983): 643 – 646.

[178] Hauert C., Michor F., Nowak M. A., Doebeli M. Synergy and Discounting of Cooperation in Social Dilemmas [J]. Journal of Theoretical Biology, 2006, 239 (2): 195 - 202.

[179] Hauert C., Szabó G. Prisoner's Dilemma and Public Goods Games in Different Geometries: Compulsory Versus Voluntary Interactions [J]. Complexity, 2003, 8 (4): 31 - 38.

[180] Hauert C., Traulsen A., Nowak M. A., Brandt H. H., Sigmund K. Via Freedom to Coercion: The Emergence of Costly Punishment [J]. Science, 2007, 316 (5833): 1905 - 1907.

[181] Helbing D., Szolnoki A., Perc M., et al. Punish, but Not Too Hard: How Costly Punishment Spreads in the Spatial Public Goods Game [J]. New Journal of Physics, 2010 (12): 3208 - 3214.

[182] Hinde R. A., Groebel J. Cooperation and Prosocial Behavior [M]. New York: Cambridge University Press, 1991.

[183] Hirshleifer J. Evolutionary Models in Economics and Law: Cooperative Versus Conflicts Strategies [J]. Research in Law and Economics, 1982 (4): 1 - 60.

[184] Hodgson G. M., Huang K. N. Evolutionary Game Theory and Evolutionary Economics: Are They Different Species? [J]. Journal of Evolutionary Economics, 2012, 22 (2): 345 - 366.

[185] Hofbauer J., Sigmund K. Evolutionary Games and Population Dynamics [M]. Cambridge: Cambridge University Press, 1998.

[186] Hogan S. J., Coote L. V. Organizational culture, innovation, and performance: A Test of Schein's Model [J]. Journal of Business Research, 2013, 67 (8): 1609 - 1621.

[187] Huber G. P. Organizational Learning: The Contributing Processes and the Literatures [J]. Organization Science, 1991, 2 (1): 88 - 115.

[188] Jackson M. O., Rodriguez Barraquer T., Tan X. Social Capital and Social Quilts: Network Patterns of Favor Exchange [J]. The American Economic Review,

2012, 102 (5): 1857 – 1897.

[189] Jackson M. O., Wolinsky S. A Strategic Model of Social and Economics Network [J]. Journal of Economic Theory, 1996, 71 (1): 44 – 74.

[190] Jansen J., Volberda H. W., Vanden B. F. Exploratory Innovation, Exploitative Innovation and Ambidexterity: the Impact of Environmental and Organizational Antecedents [J]. Schmalenbach Business Review, 2005, 57 (4): 351 – 363.

[191] Jovanovic B., Rousseau P. L. General Purpose Technologies [J]. NBER Working Paper, No. 11093, 2005. Website: http://www.nber.org/papers/w11093.

[192] Kandori M. "Evolutionary Game Theory in Economics" Advances in Economics and Econometrica: Theory and Application [J]. Seventh World Congress, Edited by Kreps D. and Wallis K., Cambridge Univercity Press, 1997 (2): 243 – 277.

[193] Keenan M. Identifying Emerging Generic Technologies at the National Level: the UK Experience [M]. Manchester, UK: The University of Manchester Press, 2002: 1 – 36.

[194] Krugman P. R. Increasing Returns and Economic Geography [J]. The Journal of Political Economy, 1991, 99 (3): 58 – 64.

[195] Kumiko Miyazaki. Interlinkages between Systems, Key Components and Domponent Generic Technologies in Building Competencies [J]. Technology Analysis & Strategic Management, 1994, 6 (1): 107 – 120.

[196] Lai W. H., Chang P. L. Corporate Motivation and Performance in R&D Alliances[J]. Journal of Business Research, 2010, 63 (5): 490 – 496.

[197] Lee K. H., Chan C. H., Hui P. M., Zheng D. F. Cooperation in N – person Evolutionary Snowdrift Game in Scale – free Barabási – Albert Networks [J]. Physica A, 2008 (387): 5602 – 5608.

[198] Lewin K., Kippit R., White R. Patterns of Aggressive Behaviour in Experimentally Created Social Climates [J]. Journal of Social Psychology, 1939, 10 (2): 271 – 299.

[199] Macy M., Flache A. Learning Dynamics in Social Dilemmas [J]. Proceed-

ings of the National Academy of Sciences of the United States of America, 2002 (99):
7229 - 7236.

[200] Manasakis C., Petrakis E., Zikos V. Downstream Research Joint Venture with Upstream Market Power [J]. Southern Economic Journal, 2014, 80 (3): 782 - 802.

[201] Mashall A. Principles of Economics 8th Edition [M]. London: Macmillan, 1948.

[202] Melander L., Tell F. Uncertainty in Collaborative NPD: Effects on the Selection of Technology and Supplier [J]. Journal of Engineering and Technology Management, 2014 (31): 103 - 119.

[203] Mesterton - Gibbons M., Dugatkin L. A. Cooperation among Unrelated Individuals: Evolutionary Factors [J]. Quarterly Review of Biology, 1992 (67): 267 - 281.

[204] Midavaine J., Dolfsma W., Aalbers R. Board Diversity and R&D Investment [J]. Management Decision, 2016, 54 (3): 558 - 569.

[205] Milinski M., Luthi J. H., Eggler R., Parker G. A. Cooperation under Predation Risk: Experiments on Costs and Benefits [J]. Proc Biol Sci, 1997, 264 (1383): 831 - 837.

[206] Milinski M., Semmann D., Bakker T. C. M., Krambeck H. J. Cooperation through Indirect Reciprocity: Image Scoring or Standing Strategy? [J]. Proceedings of the Royal Society B: Biological Sciences, 2001, 268 (1484): 2495 - 2501.

[207] Milinski M., Semmann D., Krambeck H. J. Reputation Helps Solve the "Tragedy of the Commons" [J]. Nature, 2002, 415 (6870): 424 - 426.

[208] Milliou C., Pavlou A. Upstream Mergers, Downstream Competition, and R&D Investments [J]. Journal of Economics & Management Strategy, 2013, 22 (4): 787 - 809.

[209] Nash J. F. Equilibrium Points in N - person Games [J]. Proceedings of the National Academy of Sciences of the United States of America, 1950, 36 (1):

48 – 49.

[210] Noailly J. , Bergh J. , Withagen C. Local and Global Interactions in an Evolutionary Resource Game [J]. Comput Econ, 2009 (33): 155 – 173.

[211] Nowak M. A. , May R. M. Evolutionary Games and Spatial Chaos [J]. Nature, 1992, 359 (6398): 826 – 829.

[212] Nowak M. A. , Sigmund K. Evolution of Indirect Reciprocity [J]. Nature, 2005, 437 (7063): 1291 – 1298.

[213] Nowak M. A. , Sigmund K. Evolutionary Dynamics of Biological Games [J]. Science, 2004 (303): 793 – 799.

[214] Nowak M. A. , Sigmund K. The Dynamics of Indirect Reciprocity [J]. Journal of Theoretical Biology, 1998 (194): 561 – 574.

[215] Nowak M. A. , Sigmund K. Tit for Tat in Heterogeneous Populations [J]. Nature, 1992, 355 (6357): 250 – 253.

[216] Nowak M. A. Evolving Cooperation [J]. Journal of Theoretical Biology, 2012 (299): 1 – 8.

[217] Nowak M. A. Five Rules for the Evolution of Cooperation [J]. Science, 2006 (314): 1560 – 1563.

[218] Nyborg K. , Rege M. On Social Norms: The Evolution of Considerate Smoking Behavior [J]. Journal of Economic Behavior & Organization, 2003 (52): 323 – 340.

[219] Ohtsuki H. , Iwasa Y. , Nowak M. A. Indirect Reciprocity Provides Only a Narrow Margin of Efficiency for Costly Punishment [J]. Nature, 2009, 457 (7225): 79 – 82.

[220] Peyton Young H. Conventional Contracts [J]. Review of Economic Studies, 1998 (65): 773 – 792.

[221] Porter M. E. Clusters and the New Economics of Competition [J]. Harvard Business Review, 1998, November – December, 77 – 91.

[222] Pritchard R. D. , Karasick B. W. The Effects of Organizational Climate on

Managerial Job Performance and Job Satisfaction [J]. Organizational Behavior and Human Performance, 1973 (9): 126 – 146.

[223] Proceedings of the National Academy of Sciences of the United States of America, 2005, 102 (19): 7047 – 7049.

[224] Rapoport A. , Chammah A. M. Prisoner's Dilemma: A Study in Conflict and Cooperation [M]. University of Michigan Press, 2009: 33 – 36.

[225] Riechmann T. Genetic Algorithm Learning and Evolutionary Games [J]. Journal Economic Dynamics Control, 2001 (25): 1019 – 1037.

[226] Rockenbach B. , Milinski M. The Efficient Interaction of Indirect Reciprocity and Costly Punishment [J]. Nature, 2006, 444 (7120): 718 – 723.

[227] Samuelson L. Evolutionary Games and Equilibrium Selection [M]. Cambridge, MALondon: MIT Press, 1997.

[228] Samuelson P. A. Diagrammatic Exposition of a Theory of Public Expenditure [J]. The Review of Economics and Statistics, 1955, 37 (4): 350 – 356.

[229] Samuelson P. A. The Pure Theory of Public Expenditure [J]. The Review of Economics and Statistics, 1954, 36 (4): 387 – 389.

[230] Santos F. C. , Pacheco J. M. Risk of Collective Failure Provides an Escape from the Tragedy of the Commons [J]. Proceedings of the National Academy of Sciences of the United States of America, 2011, 108 (26): 10421 – 10425.

[231] Santos F. C. , Pacheco J. M. Scale – free Networks Provide a Unifying Framework for the Emergence of Cooperation [J]. Physical Review Letters, 2005 (95) .

[232] Santos M. D. , Pinheiro F. L. , Santos F. C. , Pacheco J. M. Dynamics of N – person Snowdrift Games in Structured Populations [J]. Journal of Theoretical Biology, 2012 (315): 81 – 86.

[233] Santos M. D. , Rankin D. J. , Wedekind C. The Evolution of Punishment through Reputation [J]. Proceedings of the Royal Society B – Biological Sciences, 2011, 278 (1704): 371 – 377.

[234] Saravia A. Institutional Change from an Evolutionary Perspective: The

Mexican Experience [J]. Constit Polit Econ, 2008 (19): 129 – 147.

[235] Schneider B., Reichers A. E. On the Etiology of Climates [J]. Personnel Psychology, 1983, 36 (1): 19 – 39.

[236] Selten R. A note on Evolutionary Stable Strateies in Asymmetric Animal Conflicts [J]. Journal of Theoretical Biology, 1980 (84): 93 – 101.

[237] Selten R. Evolutionary Stable Strategies in Extensive Teo – person Games [J]. Mathematical Social Sciences, 1983, 5 (3): 269 – 363.

[238] Selten R. Evulotion, Learning and Economics Behavior [J]. Games and Economic Behavior, 1991 (3): 3 – 24.

[239] Selten R. Features of Experimentally Observed Bounded Rationality [J]. European Economic Review, 1998 (42): 413 – 436.

[240] Shadur M. A., Kienzle R., Rodwell J. J. The Relationship between Organizational Climate and Employee Perceptions of Involvement: The Importance of Support [J]. Group and Organization Management, 1999, 24 (4): 479 – 503.

[241] Sigmund K. Moral Assessment in Indirect Reciprocity [J]. Journal of Theoretical Biology, 2012 (299): 25 – 30.

[242] Simon H. A. Behavioral Model of Rational Choice [J]. Quarterly Journal of Economics, 1957, 69 (1): 99 – 118.

[243] Skyrms B. The Stag Hunt and the Evolution of Social Structure [M]. Cambridge: Cambridge University Press, 2004.

[244] Smith J. M., Price G. R. The Logic of Animal Conflicts [J]. Nature, 1974 (246): 15 – 18.

[245] Smith J. M. Evolution and the Theory of Games [M]. Cambridge: Cambridge University Press, 1982: 10 – 27.

[246] Smith J. M. The Theory of Games and the Evolution of Animal Conflicts [J]. Journal of Theoretical Biology, 1973 (47): 209 – 221.

[247] Souza M. O., Pacheco J. M., Santos F. C. Evolution of Cooperation under N – person Snowdrift Games [J]. Journal of Theoretical Biology, 2009, 260

(4): 581 - 588.

[248] Sugden R. The Economics of Rights, Cooperation and Welfare [M]. Oxford: Beack Well Publishing , 1996.

[249] Swinkels J. Adjustment Dynamics and Rational Play in Games [J]. Games and Economic Behavior, 1993, 5 (3): 455 - 484.

[250] Swinkels J. Evolution and Strategic Stability: From Maynard Smith to Kohlberg and Mertens [J]. Journal of Economic Theory, 1992, 57 (2): 333 - 342.

[251] Tassey G. Choosing Government R&D Policies: Tax Incentives vs. Direct Funding [J]. Review of Industrial Organization, 1996 (11): 579 - 600.

[252] Tassey G. Modeling and Measuring the Economic Roles of Technology Infrastructure [J]. Economics of Innovation and New Technology, 2008, 17 (7 - 8): 615 - 629.

[253] Tassey G. Technology Infrastructure and Competitive Position [M]. Norwell, MA: Kluwer Academic Publishers, 1992.

[254] Tassey G. The Economics of R&D Policy [M]. Washington, DC: Baker & Taylor Books, 1997.

[255] Tassey G. Underinvestment in Public Good Technologies [J]. Journal of Technology Transfer, 2005, 30 (1/2): 89 - 113.

[256] Trivers R. The Evolution of Reciprocal Altruism [J]. Quarterly Review of Biology, 1971, 46 (1): 35 - 57.

[257] Van Segbroeck S. , Pacheco J. M. , Lenaerts T. , Santos F. C. Emergence of Fairness in Repeated Group Interactions [J]. Physical Review Letters, 2012, 108 (15): 1 - 5.

[258] Von Neumann J. , Morgenstern O. The Theory of Games and Economic Behavior (2nd eds.) [M]. Princeton: Princeton University Press, 1947.

[259] Wang W. X. , Ren J. , Chen G. R. , Wang B. H. Memory - based Snowdrift Game on Networks [J]. Phys Rev E, 2006 (74): 056113.

[260] Watts D. J. , Strogatz S. H. Collective Dynamics of "Small - world"

Networks[J]. Nature, 1998, 393 (6684): 440 – 442.

[261] Weibull J. W. Evolutionary Game Theory [M]. Cambridg: The MIT Press, 1995: 35 – 67.

[262] Xianyu B., Yang J. M. Evolutionary Ultimatum Game on Complex Networks under Incomplete Information [J]. Physica A, 2010 (389): 1115 – 1123.

[263] Zenger T. R. Explaining Organizational Diseconomics of Scale in R&D: Agency Problems and the Allocation of Engineering Talent, Ideas, and Effort by Firm Size [J]. Management Science, 1994 (6): 708 – 729.

[264] Zheng D. F., Yin H. P., Chan C. H., Hui P. M. Cooperative Behavior in a Model of Evolutionary Snowdrift Games with N – person Interactions [J]. Europhysics Letters, 2007 (80): 18002.

[265] Zhong L. X., Zheng D. F., Zheng B., Xu C., Hui P. M. Networking Effects on Cooperation in Evolutionary Snowdrift Game [J]. Europhysics Letters, 2006, 76 (4): 724 – 730.